북한 현대사 산책
4

북한 현대사 산책

4

김정일과 고난의 행군

●

안문석 지음

인물과
사상사

1980~1990년대 북한은 권력 이양기이면서 체제 위기의 시기였다. 1974년 후계자로 결정된 김정일은 1980년 제6차 당대회에서 대중에게 공개되면서 후계자로 공식화되었다. 이후 김일성의 권력은 김정일로 서서히 옮아갔다. 김정일은 국가기관을 중심으로 권력을 이어받으면서 1983년에는 중국을 방문해 중국의 지도부와 대면對面 교류도 시작했다. 1990년에는 국방위원회 제1부위원장에 선출되고, 1991년에 조선인민군 최고사령관에 올라 군권을 장악했다. 1993년에는 위상이 강화된 국방위원장에 취임해 사실상 국가기관을 관장하게 되었다.

1994년 김일성이 사망하면서 그의 시대는 종언을 고했다. 한반도의 반쪽에서는 '민족의 영웅'으로, 다른 반쪽에서는 '민족의 비극을 낳은 전범'으로 평가를 받고 있는, 한반도 현대사의 가장 문제적 인물 김일성은 82세의 나이로 사망하고 그의 모든 권력은 김정일에게 넘어갔다. 김정일은 3년 동안 전면에 나서지 않은 채 북한을 통치하다가 1997년 당 총비서에 취임하고 1998년에 헌법을 전면 개정해 제도를 정비한 후 공식적으로 자신의 체제를 출범시켰다. 국방위원장을 북한 사회 전반을 통치하는 직책으로 강화시킨 뒤 그 자리에 취임해 북한을 통치하기 시작했다.

1970년대 중반부터의 문제였지만, 1980년대와 1990년대 북한이 겪게 된 가장 중대한 문제는 경제난이었다. 식량난, 에너지난, 외화난이 겹친 경제 침체는 북한 사회 전반을 옥죄었다. 1970년대에는 외자를 빌려오기도 하고, 1984년 합영법과 1991년 라진·선봉 경제특구를 통해 외자 유치를 추진하기도 했지만, 효과는 신통치가 않았다. 사회 기반시설이 부족하고 투자수익의 본국 송금이 불안한 북한에 자금을 투자할 외국 기업은 많지 않았다.

1990년대의 북한 경제는 훨씬 어려워졌다. 1990년대 중반에는 특히 식량난이 극심했다. 배급 체계는 붕괴되고 주민들은 식량을 구하기 위해 장마당으로, 산으로, 심지어는 중국으로 가야 했다. 굶어죽는 사람도 많았다. 북한 당국은 '고난의 행군'을 외치며 주민들의 희생과 악전고투를 요구했지만, 당국의 장악력은 떨어지고 사회 이완 현상은 점점 심해졌다. 서구와 중국의 지원으로 위기를 겨우 넘길 수 있었다.

경제난의 원인은 근본적인 데 있었다. 경직된 사회주의 경제 체제, 고갈된 내부 자원, 사회주의권의 붕괴에 따른 지원 중단 등이 가장 큰 원인이었다. 하지만 북한은 근본 문제에 대한 개혁에는 인색했다. 단편적인 변화로 외자를 도입하고 무역을 활성화시켜 보려고 했다. 자립적 민족경제와 자력갱생이라는 전통적 구호로 자기식의 경제 활성화를 달성해보려고 했다. 그야말로 거대한 문제에 대한 전통적 처방은 철저한 부조화였다. 그래서 북한 경제는 활로를 찾지 못했고, 지금도 크게 다르지 않은 모습으로 남아 있다.

체제 위기와 경제난을 미국과의 관계 개선을 통해 풀어보려는 전략도 추진했다. 특히 1980~1990년대 그런 모습이 확연했다. 1990년대 초 본격화된 핵 문제가 이를 잘 보여주었다. 북한은 핵 문제를 통해 미국과 직접 협상을 해서 2가지를 얻으려고 했다. 하나는 체제 안전 보장이다. 동구 사회주의 국가들과 소련의 붕괴로 북한의 위기의식은 매우 높았다. 미국과의 협상을 통해 불가침·체제 안전에 대한 보장을 받아야 생존할 수 있다고 보았다. 또 하나는 경제적 지원이다. 미국이 가하던 경제제재를 해제하고, 미국이 주도하는 경제 지원을 받게 되면 생존할 수 있다고 생각했다. 1994년 북미제네바합의로 이러한 목적은 어느 정도 달성되는 것으로 보였다. 하지만 합의 이행은 쉽지 않았다. 서로 불신이 컸다. 이행 과정은 터덕거렸고 조지 W. 부시George W. Bush 행정부가 들어선 뒤 합의는 이행되지 않게 되었다.

남한과의 관계는 전략적 활용과 경계의 단계를 넘지 못했다. 경제가 어려워지고 체제에 대한 위기의식이 높아질수록 남한과의 긴장 관계를 이용해 북한 내부의 단속을 강화하려고 했다. 그래서 1983년 아웅산 테러, 1987년 KAL기 폭파사건, 1996년 강릉 잠수함 침투사건 등이 지속적으로 발생했다. 때론 대화의 장에 나왔다. 1990년부터 진행된 남북고위급회담은 화해와 평화에 대한 희망을 주기도 했다. 1991년 말 채택된 '남북기본합의서'는 남북이 서로를 인정하고 화해와 협력으로 갈 수 있는 주요 내용을 담아냈다. 하지만 그런 해빙 분위기도 2년 남짓에 지나지 않았다. 체제 위기의 상황에서 북한은 흡수통일을 염려했고, 그래서 북한은 김대중 정부 초반까지도 경계의 자세를 견지했다. 그러한 상황에서 남북의 진정성 있는 대화는 진행되기 힘들었다.

또한 남북의 긴장과 견제의 상황에서 남한 내 수구 세력은 모략을 했고, 정부기관 내에도 그런 세력이 존재했다. 이들은 대화의 국면에서 이를 돌려놓으려 애썼다. 1992년 국가안전기획부장 특보 이동복의 훈령 조작이 대표적이다. 국가안전기획부 내의 수구 세력은 결속을 보이면서 조작된 훈령으로 평양에서 이미 합의한 이산가족상봉을 무산시켰다. 남북 화해보다는 긴장 국면이 대통령 선거에서 보수를 결집시키는 데 유리하다고 판단했기 때문이다. 그들은 그런 정략적 목표로 민족의 숙원을 대체할 만큼 '용감'했다. 그런 '용감한' 세력은 지속적으로 남한 정부 내에 있어왔다. 그들은 1994년 북한의 '서울 불바다' 발언은 앞뒤 자르고 언론에 제공해 북한을 악마화했고, 1995년 중국 베이징에서 쌀 회담이 진행될 때는 이를 방해하려고 했다.

1980~1990년대의 북한 역사와 북한과 남한의 관계사를 관찰하다 보면 당시 북한의 인식, 경제 상황, 대외 전략, 대남 전략이 지금도 크게

변화하지 않고 있음을 인식하게 된다. 북한을 대하는 남한 내의 세력 가운데 수구가 존재하고 그들이 남북 화해로 인한 북한의 수혜를 꺼리면서 남북 긴장으로 인한 보수의 결속을 즐기고 있는 것도 그때의 상황과 별로 달라지지 않은 것 같다. 진보하는 역사가 북한과 남북 관계에서는 멈춘 것인가?

2016년 12월
전북대학교 작은 연구실에서
안문석

차 례

1980~1981년

제1장

×××

김정일 후계 공식화

총리회담 제안

　1979년 박정희 대통령 시해 사건 이후 남한 정국은 한 치 앞도 내다보기 어려운 상황이었다. 살얼음판처럼 긴장의 연속이었고, 그런 가운데서도 급속하게 정세는 변화하고 있었다. 1979년 12·12 쿠데타로 군부를 장악한 신군부는 정권 장악에 나섰고, 학생과 민주 세력은 이에 저항하고 있었다. 1980년 5월에는 신군부의 정권 장악에 반대하는 대대적인 항쟁이 광주에서 전개되었다. 신군부는 이를 강제 진압하면서 비상계엄을 전국으로 확대하고 정국을 장악했다. 1980년 8월 최규하 대통령이 물러나고 신군부의 리더 전두환이 통일주체국민회의에서 이른바 '체육관 선거'에 의해 새로운 대통령으로 선출되었다.

　이러한 남한의 혼란 정국을 관찰하면서 북한은 우선 남한의 정세를 파악해볼 필요를 느꼈다. 또 남한의 혼란이 확산되는 것이 나쁠 것이 없었다. 그런 차원에서 1980년 1월 남한에 대화를 제의했다. 조국평화통일위원회 위원장 김일이 남한의 국무총리 신현확과 육군참모총장 이희성 등 각계 인사 12명 앞으로 회담을 하자는 편지를 보냈다. 당시 민주공화당 총재, 민주공화당 상임고문, 신민당 총재, 민주통일당 총재, 통일사회당 위원장, 통일사회당 고문, 민주주의와 민족통일을 위한 국민연합 공동의장, 천주교중앙협의회 회장 등도 편지 수신인에 포함되었다. 또, 정무원 총리 리종옥은 남한 총리 신현확에게 편지를 보내 총리회담을 제안했다. 정치협상회의를 열고, 당국 간 회담도 하고, 나아가 고위급 당국회담도 열어보자는 것이었다.

북한의 제안에 남한은 긍정 반응을 보였다. 긴장 정국이지만 북한에는 오히려 안정감 있는 모습을 보일 필요가 있었다. 총리회담을 위한 실무 접촉을 제안했다. 북한도 여기에 응해 1980년 2월 판문점에서 제1차 접촉을 열 수 있었다. 하지만 남한은 남북 대화에 관심을 쏟을 만한 여유가 없었고, 북한은 총리회담을 열겠다는 진정성이 없었다. 회담의 명칭부터 회담 장소와 의제 그 어떤 것도 합의하기 어려웠다. 특히 북한은 5월부터는 남한 총리의 자격을 문제 삼았다. 당시 신현확 총리가 5월 21일에 사임하고, 박충훈이 총리서리로 임명되어 있었다. 국회가 휴회 중이어서 동의를 받지 못하고 있었다. 북한은 총리회담에 총리서리는 참석할 수 없다고 주장했다. 광주민중항쟁이 격화되고 여기에 투입된 공수특전단의 유혈 진압이 진행되던 5월 22일에도 판문점에서는 실무 접촉이 이어졌다. 하지만 실무 접촉은 양측의 입장 차가 워낙 커서 8월까지 열리고 중단되었다.

남한의 정세 파악을 위해 접촉에 응한 북한은 어느 정도 남한의 상황을 알아볼 수 있게 되었고, 더는 접촉을 진행하는 것이 득이 될 것이 없다고 판단했던 것으로 보인다. 실무 접촉이 지속되거나 실제 총리회담이 열리는 것은 남한의 안정에 도움을 주는 것이었다. 그러한 정세 판단에 따라 북한은 9월 말 방송을 통해 실무 접촉 중단을 선언했다. 북한은 10월로 예정된 당대회를 준비해야 하는 상황이었다. 여기서 고려민주연방제 통일 방안도 제시했다. 그렇게 1980년은 북한이 남한에 대화를 제안하고 남한의 생각을 떠보는 시기였다.

1981년에는 남한이 적극적이었다. 대통령 전두환은 개헌에 따라 새로 도입된 대통령선거인단 선거에 의해 제12대 대통령에 선출되는 과정을 준비하고 있었다. 이러한 분위기에 맞춰 1월 12일 남북한 당국 최고 책임자 상호 방문을 북한에 제안했다. 김일성에게 아무런 조건 없이 서울을 방문할 것과 남한 대통령도 평양을 방문할 용의가 있음을 제의한 것이다. 하지만 북한은 주한미군 철수, 반공정책 포기, 민주인사 석방 등을 내세우며 거절했다. 6월에도 남한은 남북한 당국 최고 책임자 간 직접 회담을 제안했다. 판문점이나 제3국에서 정상이 만나자는 것이었다. 역시 북한은 거부했다.

전두환 정권의 가장 큰 약점은 정당성의 결여였다. 10·26 사태 이후의 혼란 상황을 이용해 군사쿠데타를 통해 권력을 장악한 것은 다른 어떤 조치로도 보완이 어려웠다. 그런 상황에서 전두환 정권은 남북 간의 대화를 통해 일정 부분이나마 정당성 결여를 완화하려고 했다. 특히 정상회담이 이루어진다면 국민들의 관심을 내정에서 통일 문제로 완전

전두환 정권은 1981년에 북한에 남북정상회담을 제안했는데, 이는 군사정권의 정당성 결여를 완화하려는 시도였다. 1980년 9월 1일 제11대 대통령 취임식에서 선서하는 전두환.

히 돌려놓을 수 있었다. 남북회담이 열리지 않는다고 해도 남한이 굵직한 회담을 북한에 제안하는 것, 민족의 통일에 관심을 쏟는 것만으로도 전두환 정권으로서는 일정 부분 긍정적인 효과를 기대할 수 있었다. 그러한 포석으로 전두환 정권은 1981년에 남북정상회담을 제안한 것이다. 북한은 이러한 남한의 의도를 간파하면서 회담, 특히 정상회담에 응할 경우 남한 정권의 정당성과 안정성 확보에 도움을 준다고 판단해 회담 제안에 응하지 않았던 것으로 보인다.

'후계자 김정일' 공식 천명

북한에서는 1980년 10월 10일 제6차 당대회가 열렸다. 제5차 당대회 이후 10년 만에 열리는 것이었다. 각 지방의 대표 3,062명이 참석했고, 세계 여러 나라에서 177개 대표단이 참석했다. 대회는 5일간 계속되었다. 첫날 행사에 김정일이 모습을 드러냈다. 외부 세계에 처음 얼굴을 공개한 것이다. 김정일은 주석단 맨 앞줄 왼쪽 끝에 앉았다. 김일성, 김일, 오진우에 이어 서열 4위였다. 1974년 2월 후계자로 정해진 뒤 자신의 권력 기반 공고화에 주력하던 김정일이 이렇게 당대회 주석단에 등장하고, 공식 권력 서열 4위로 발표되면서 그가 김일성의 후계자임이 대내외에 공식적으로 천명된 것이다.

김정일이 후계자로 공식화되었을 뿐만 아니라 그의 후계체제도 제6차 당대회를 통해 상당 부분 정리되는 모습이었다. 대회 마지막 날 당규약이 개정되고 중앙지도기관에 대한 선거가 진행되었는데, 김일성의 통치 기반을 강화하는 방향으로 이루어졌다. 우선 당 규약 개정으로 당중앙위원회 정치위원회가 없어지고 정치국이 신설되었다. 정치국은 내부에 상무위원회를 두었다. 당을 총체적으로 지도하는 핵심기구를 마련한 것이다. 이는 김일성과 김정일을 중심으로 한 소수 핵심 그룹이 북한을 통치할 수 있도록 하기 위한 것이었다.

당대회에서 선출된 248명의 중앙위원이 전원회의를 열어 주요 직책에 대한 선거를 실시했다. 당중앙위원회 총비서에는 김일성이 다시 선출되었다. 정치국 상무위원에는 김일성, 김일, 오진우, 김정일, 리종옥이 선출되었다. 박성철, 최현 등은 정치국 위원이 되었다. 비서국 비서로는 김일성과 김정일 등 10명이, 군사위원회 위원에는 역시 김일성과 김정일 등 19명이 선출되었다. 당의 핵심기구인 정치국, 비서국, 군사위원회에 주요 지위를 가진 이는 김일성 외에는 김정일이 유일했다.

그리고 5명의 정치국 상무위원 가운데 부주석 김일은 건강에 문제가 있어 활동할 수 없는 상태였고, 인민무력부장 오진우는 김정일의 최측근이었으며, 정무원 총리 리종옥은 테크노크라트로 실권이 없는 인물이었다. 정치국 상무위원회는 김일성과 김정일 2명으로 구성된 것이나 마찬가지였다. 대회 집행부 명단에 서열 4위로 기록되어 있었다지만, 김정일이 김일성 바로 다음의 권력자였던 것이다. 실제로 1981년 10월 사회주의노동청년동맹 제7차 대회부터는 공식적으로 김일성 바로 다음의 서열을 차지하게 되었다.

이렇게 제6차 당대회를 통해 김정일의 권력이 확대되었을 뿐만 아니라 정권을 받쳐주는 엘리트들의 세대교체도 이루어졌다. 제5차 당대회에서는 항일빨치산 세력이 정치국(정치위원회) 위원의 90퍼센트(10명 중 9명)을 차지하고 있었지만, 제6차 당대회에서는 53퍼센트(19명 중 10명)로 줄었다. 비서국의 비서 가운데에서도 제5차 당대회 당시에는 9명 중

북한은 1980년 10월 10일 제6차 당대회에서 김정일이 김일성의 후계자임을 대내외에 공식적으로 천명했다. 정치국 상무위원에 추대된 김정일.

7명이 항일빨치산 세력이었는데, 제6차 당대회에서는 김일성 한 사람만 남게 되었다.[1]

이러한 세대교체의 과정에서 새롭게 권부에 진입한 인물들은 항일혁명 세력의 자녀들이 대부분이었다. 김환, 연형묵, 오극렬, 김강환, 강성산, 서윤석, 홍시학, 최상욱, 리봉원, 오용방 등이 여기에 속했다. 그 가운데 대표적 인물인 오극렬은 김일성의 항일빨치산 동료로 조선인민군에서 혁명전사의 전범으로 제시된 오중흡의 아들이다. 전문 분야에서 전문적인 식견을 지니면서 활동의 폭을 넓혀간 젊은 엘리트들도 있었다. 리종옥, 김영남, 허담, 윤기복, 조세웅, 황장엽 등이 그들이다. 이들은 김정일이 1980년대 후계체제를 공고화하는 데 핵심적인 역할을 했다.

고려민주연방제 제안

북한의 통일 방안은 줄곧 '연방제'였다. 하지만 그 내용은 변화해왔다. 1960년에 내놓은 '연방제'는 통일로 가는 과도적 정부 형태로 연방제를 실시하자는 것이었다. 1973년의 '고려연방제'는 연방제 형태로 통일국가를 구성하자는 것이지만, 남북의 현존하는 체제를 '당분간' 그대로 두고 하나의 국가를 만들어내자는 것이었다. 통일국가를 구성한다는 점에서 연방제가 단순한 과도적 형태는 아니었다. 또, '당분간' 다른 체제를 그대로 둔다고 한 것은 통일국가를 구성한 이후에 체제 통합을 위한 작업을 계속한다는 의미를 갖고 있었다. 연방국가로 통일국가를 이루고 이후 체제 통합도 추진한다는 것이다.

이러한 통일 방안을 제시해왔던 북한이 1980년 10월 제6차 당대회에서 제시한 것이 '고려민주연방제' 통일 방안이다. 완성형 연방국가로 '고려민주연방공화국'을 창설하자는 제안이었다. 남북 두 지역정부의 사상과 제도의 차이를 인정하면서 연방통일국가를 구성해내자는 것인데, 이전의 통일 방안들이 갖고 있던 '과도적 대책'이나 '당분간' 등의 어휘를 완전히 빼내 완성통일국가 형태임을 강조했다. 북한은 '고려민주연방제'를 제안하면서 체제를 하나로 통합하기 위한 노력을 강조하지 않고, 오히려 자본가들의 소유와 기업 활동도 보장한다고 밝혔다. 이는 서로 다른 체제의 연방국가 구성을 최종적인 통일 형태로 간주한다는 것을 말한다.

그 내용을 자세히 보자. 첫째, 남북이 동등하게 참여하는 '민족통일

정부'를 세우고, 그 아래 남북이 동등한 권한과 의무를 갖는 지역정부를 구성해 연방공화국을 창립하는 방법으로 통일을 이룩하자는 것이었다. 둘째, 남과 북 동수의 대표들과 적절한 수의 해외 동포들로 '최고민족연방회의'를 구성하고, 상임기구로 '연방상설위원회'를 조직해 연방국가가 전반적인 사업을 관장하고 남북 지역정부를 지도한다는 내용이었다. 셋째, 최고민족연방회의의 의장과 연방상설위원회 위원장은 남북이 윤번제로 맡고, 통일연방국가는 비동맹·중립국 노선을 유지한다는 것이었다.

통일연방국가가 역점을 두고 실시해야 할 10대 시정 방침도 제시했다. ① 자주적 대외정책 실시, ② 전 지역에서 민주주의 실시와 민족대단결 도모, ③ 경제적 합작과 교류 실시·민족경제의 자립적 발전 보장, ④ 과학·문화·교육 분야의 교류 실현·과학기술과 민족문화예술, 민족교육의 통일적 발전, ⑤ 교통·체신의 연결과 전국 범위의 교통·체신 수단의 자유로운 이용 보장, ⑥ 노동자·농민을 비롯한 근로대중과 전체 인민들의 생활안정 도모와 복지 증진, ⑦ 군사적 대치 상태 해소와 민족연합군 조직·외래 침략으로부터의 민족 보위, ⑧ 해외 동포들의 민족적 권리와 이익 옹호, ⑨ 통일 이전의 대외 관계의 처리와 두 지역정부의 대외 활동의 통일적 조절, ⑩ 평화애호적 대외정책의 실시 등이었다.

남북이 각각 다른 체제를 유지한 채 군사를 통합하고 외교권도 연방국가가 갖는 형태로 통일을 한다는 것이 핵심 내용인데, 이는 실제로 가능성이 매우 낮은 것이었다. 더욱이 군사와 외교권을 각 지역정부가 갖고 있으면서 경제나 문화 등 기능적인 부문만 연방국가가 통일적으로 운영하는 형태의 연방제도 거치지 않고 높은 단계의 연방국가를 구성한다는 것은 실현 가능성이 아주 낮았다.

북한의 고려민주연방제는 남한의 반공법과 국가보안법 철폐, 남한 정권 퇴진과 민주 정권으로 교체, 북미평화협정 체결과 주한미군 철수 등을 전제 조건으로 한 제안이었다. 따라서 고려민주연방제 제안은 남북의 통일을 위한 진정성이 담긴 제안이라기보다는 남북 관계에서 통일 이슈를 선점하고, 남한 내의 반정부 세력에 이른바 '남조선혁명'을 이루기 위한 투쟁에 힘을 보태기 위한 제안이었다. 또한 김정일이 후계자로 공식화되는 국면에서 통일을 위한 새로운 구상을 제시함으로써 김정일 후계체제를 다양한 측면에서 공고화하기 위한 것이었다.

자주 · 친선 · 평화의 외교 이념

북한은 제6차 당대회에서 외교 외념도 체계화해 발표했다. 김일성이 보고를 통해 "자주, 친선, 평화, 이것이 우리 당 대외 정책의 기본 이념"이라고 선언했다. 물론 자주, 친선, 평화의 개념이 이때 처음 제시된 것은 아니다. 1966년 제2차 당대표자회에서 자주노선을 선언하면서 자주는 사실상 북한 외교 정책 이념의 핵심 개념으로 자리를 잡고 있었다. 친선은 북한이 실제 외교 활동을 벌이면서 수시로 강조해오던 개념이었다. 평화는 북한이 평화애호국가임을 강조하면서 일정 정도 북한의 주요 외교 이념이 되어 있었다. 그런데 제6차 당대회에서 자주, 친선, 평화의 3가지 개념을 하나로 묶어 북한 외교의 기본 이념으로 발표한 것이다.

그 내용을 자세히 살펴보자. 자주는 북한이 외교 정책을 독자적으로 결정하고 스스로 판단해 외교 활동을 전개하겠다는 것이다. 친선과 평화보다도 앞서는 북한 제1의 외교 원칙이라고 할 수 있다. 주체사상의 핵심 개념이기도 하다. 정치 · 외교 분야에서 스스로 사고하고 판단하는 것이 '자주'라면서 사상에서의 '주체', 경제에서의 '자립', 국방에서의 '자위' 등과 함께 핵심 개념으로 강조했다. 김일성은 제6차 당대회에서 외부에서 민족적 이익 침해와 내정간섭의 배제를 자주의 내용으로 강조했다. 나아가서 완전평등과 상호존중의 원칙에 의한 대외 관계의 발전, 타국의 민족적 자주권과 존엄에 대한 존중까지도 포함하는 개념이었다.

친선은 주로 사회주의 국가들과의 외교 관계를 원활히 추진한다는 개념이었다. 하지만 사회주의 국가에 국한되는 개념은 아니었다. 사회주의 국가를 친선의 가장 중요한 대상으로 간주하면서 다음으로 비동맹국가와 제3세계 순으로 친선의 대상을 설정했다. 또한 자본주의 국가들과도 친선 관계를 맺어 경제적 · 문화적 교류를 발전시켜나갈 것임을 밝혔고, 특히 주한미군이 철수하고 통일에 방해가 되지 않는다면 미국과도 좋게 지낼 용의가 있다고 강조했다. 그 밖에도 북한과 지리적으로 인접한 아시아 국가들과의 선린 관계도 발전시켜나가겠다는 의도를 갖고 있었다. 요컨대 사회주의 국가와의 친선이 가장 중요하지만,

세계의 다양한 국가와 다양한 세력과 다각적으로 친선 관계를 형성하겠다는 것이다.

평화는 제국주의의 침략과 전쟁 정책이 없는 상태를 말하는 것이다. 그래서 북한은 제국주의 침략과 전쟁 정책을 반대하는 투쟁을 강화하고, 모든 군사 블록을 해체하기 위한 노력을 강화하겠다고 했다. 그 연장선상에서 외국의 군사기지를 철폐하고, 외국 군대를 철수하는 것도 중요하게 여겼다. 또 핵무기의 완전 폐지, 비핵지대와 평화지대의 창설, 신흥 세력 분쟁의 평화적 해결 등도 강조했다. 이러한 것들이 종합적으로 이루어질 때 세계 평화가 달성될 수 있다는 것이다.

이렇게 제6차 당대회에서 체계화된 자주·친선·평화의 외교 이념은 1982년 4월 당중앙위원회와 최고인민위원회 합동회의에서 다시 한번 반복되고, 1983년 9월 정부 수립 35주년 기념식에서 재차 강조되면서 북한의 외교 이념으로 자리 잡았다.

김정일 개인숭배 본격화

제6차 당대회에서 후계자로 공식화된 이후 김정일에 대한 개인숭배도 북한 사회에서 본격적으로 전개되었다. 우선 『로동신문』을 비롯한 각종 매체들이 1960~1970년대 김정일의 활동을 선전했다. 물론 남다른 능력으로 중요한 일을 지도해주었다는 내용이다. 이즈음 그를 지칭하는 용어는 '영광스러운 당 중앙'이었다. 1974년 2월 후계자로 확정된 직후 쓰이던 '당 중앙'이라는 호칭에 수식어를 더한 형태였다.

1981년에도 김정일의 치적에 대한 선전은 계속되었는데, 호칭은 '친애하는 지도자 김정일 동지'가 주로 쓰였다. '친애하는 지도자 동지'는 1969년에 처음 등장한 용어다. 김정일이 문화예술계를 장악해가면서 문화예술인들이 김정일을 그렇게 부르기 시작했다. 김정일에 대한 화려한 수식어의 시작이기도 했다. 하지만 그런 호칭이 널리 사용되는 분위기는 아니었다. 하지만 후계자로 공식화된 이후 1981년에는 종전의 '친애하는 지도자 동지'가 '친애하는 지도자 김정일 동지'로 약간 변경되어 널리 사용되었다. 1982년에는 그에 대한 첫 전기 『인민의 지도자』(전2권)가 출간되고 이후 여러 전기가 잇따라 출판되었다. 그즈음 김정일의 저작물들도 출판되어 인민들로 하여금 이를 학습하도록 했다.

김정일의 출생과 성장에 특별한 의미를 부여하는 작업도 해나갔다. 중앙인민위원회는 김정일의 40회 생일을 맞아 1982년 2월 15일 정령을 발표하고 김정일의 출생지를 백두산 밀영이라고 밝혔다. 혁명의 성지 백두산의 정기를 타고났음을 강조하기 위한 조치였다. 동시에 그에게 조선민주주의인민공화국 영웅 칭호도 수여했다. 백두산 밀영은 혁명사적지가 되었다. 그의 성장이나 주요 활동과 관련된 곳도 사적지로 조성되었다. 그가 어린 시절을 보낸 평양의 어은산 지역이 혁명사적지가 되었다. 자강도 강계시에 조성된 장자산혁명사적지는 김정일이 6 · 25 전쟁 당시 전선 원호 사업을 펼쳤다는 곳이다. 그가 장자산으로 피난을 가다가 잠시 체류했다는 평안북도 구장군의 덕골에도 덕골혁명사적지가 조성되었다. 이러한 과정을 거쳐 김일성은 1986년 5월 김일성

제6차 당대회 이후 김정일에 대한 개인숭배가 본격적으로 전개되었는데, 특히 '당 중앙'
이라는 호칭 대신 '친애하는 지도자 김정일 동지'가 널리 사용되었다.

고급당학교 창립 40주년 기념연설을 통해 후계자 문제가 완전히 해결
되었다고 선언했다.

> 우리 당에서 혁명 위업의 계승 문제가 만족스럽게 해결되었습니다.
> 우리 당의 사상과 영도를 계승할 수 있도록 당 수뇌부가 튼튼히 꾸려
> 지고 당의 조직사상적 기초가 반석같이 다져졌으며 당의 영도 체계가

확고히 수립되었습니다. 이것은 우리 당 건설에서 이룩된 빛나는 성과이며 위대한 승리입니다.[2]

이것으로 그치지 않고 1987년에는 구호口號나무 발굴 작업이 벌어졌다. 항일무장투쟁 당시 항일빨치산들이 김정일의 출생을 축하하면서 나무껍질을 벗겨 각종 구호를 써놓았다면서 이에 대한 발굴 사업을 전개한 것이다. 예를 들면, '2천만 백의민족 대통운 백두광명성 출현', '아 조선아, 아 민족아, 삼천리 광복하고 영원무궁하면 만민의 태양 김일성, 미래태양 백두광명성, 백두항일여걸 김정숙 장군께 영원충효하여야 하오' 등의 구호가 쓰인 나무들을 발굴해내는 것이었다.

백두광명성은 김정일을 의미하는 용어였다. 항일투사들이 오래전에 김정일이 민족의 지도자가 될 것을 내다보고 축하했음을 선전하기 위한 사업이었다. 수십 년 전에 먹으로 쓴 글씨가 남아 있다는 것은 믿기 어려운 일이다. 김정일의 후계자로서 권위를 강화하기 위한 상징 조작이라고 보아야 할 것이다. 그에 대한 정통성 확보가 중요한 만큼 1980년대 내내 북한 정권은 김정일 개인숭배운동에 주력하지 않을 수 없었다.

당 규율 강화

후계자로 대내외에 공개된 지 2개월 정도 되는 시점이 되자, 김정일은 당 규율을 강화하는 작업을 진행했다. 이른바 '당의 기초 축성 사업'이었다. 당원들의 김일성과 김정일에 대한 충성심을 강화하고 당이 정한 규율하에서 일사분란하게 움직일 수 있도록 하는 사업이었다. 1980년 12월 3일 김정일은 당 조직지도부와 선전선동부, 평양시 당위원회 책임일꾼협의회에서 당의 기초를 쌓는 작업을 힘 있게 밀고나갈 것을 주문했다. 이 사업은 1970년대부터 진행되던 것인데, 이때부터 더욱 강력하게 추진되었다.

우선은 새로운 간부들을 대거 양성·기용했다. 경력보다는 젊음과 대담성을 가진 능력 있는 사람들을 간부로 등용해 당에 새로운 바람을 일으키려고 한 것이다. 이를 위해 북한은 1981년 6월 대규모의 당 간부 양성기관 강습을 마련했다. 각급 당 조직에서 간부 후보를 선정해 당 간부 양성기관으로 보내면 여기서 교육을 실시해 간부로 키워내는 것이었다. 김정일은 당 간부 양성기관에 편지를 보내 "학생들을 참다운 주체형의 혁명가로 키우는 것은 당의 기초를 튼튼히 쌓기 위해서도 중요한 문제로 나선다"면서 "당의 기초를 쌓는 데서 가장 중요한 문제는 어떤 역경 속에서도 변함없이 당을 충실하게 받들어나갈 수 있는 핵심들을 키우고 그 대열을 끊임없이 확대해나가는 것"이라고 강조했다.[3]

기존의 당 간부들에 대한 사상교육도 강화했다. 당에 대한 충성심을 높이기 위한 작업이었다. 이를 위해 김정일은 1981년 8월 말 당의 주요 간부들에게 외화 〈헤롯 대왕〉을 보여주기도 했다. 이 영화는 고대 유대 교회 안에서 벌어진 권력투쟁과 그 속에서 발생한 간신과 충신들의 첨예한 대립을 묘사한 영화였다. 이를 보여준 뒤 김정일은 신념과 의리를 강조하고, 사상이 철저하면서도 신념과 의리가 있는 사람만이 참된 혁명가가 될 수 있다고 역설했다. 당을 중심으로 공고하게 단결해야 함을 강조한 것이다.

당 간부들에 대한 사상교육은 모범적인 인물을 제시하고 이를 따르게 하는 방식으로도 진행되었다. 김혁, 차광수, 김책 등 3명을 당 간부들이 배우고 따라야 하는 모범으로 제시했다. 김혁은 김일성과 항일무장투쟁을 함께한 인물로 김일성의 청년시절에 많은 영향을 준 혁명 전우였다. 차광수도 김일성의 항일빨치산 동료로 충실하게 김일성을 보좌한 인물이다. 김책은 김일성보다 아홉 살이나 많은데도 항일무장투쟁 당시부터 북한 건설과 6 · 25 전쟁까지 김일성을 충실히 보좌한 인물이다. 이런 인물들을 모범으로 내세워 철저히 따르도록 한 것이다.

이와 함께 당 간부들과 당원들이 당의 규칙을 충실히 지키고 당 생활을 충실히 해줄 것도 요구했다. 이러한 당 생활의 충실성 속에서 당과 김일성 · 김정일에 대한 충성심도 배양될 수 있다고 보았기 때문이다. 김정일은 1981년부터 이러한 작업을 지속적으로 전개해 1984년 3월에는 당의 기초를 쌓는 사업이 끝났다고 선언했다. 당의 규율이 충분히 잡혔음을 공표한 것이다. 그러면서도 김정일은 당의 기초를 튼튼하게 다지기 위한 투쟁은 계속해야 한다고 강조했다. 1차적인 규율 잡기는 끝났지만 유사한 캠페인은 계속될 것임을 이야기한 것이다. 실제로 북한에서 당원과 당 간부들을 사상적으로 단속하는 것은 무엇보다 중시되었고, 이후에도 이들을 체제의 수호자로 철저하게 교육하고 단속하는 작업은 진행되었다.

도경제지도위원회 설치

1981년 9월 북한은 그동안 중앙집권화되어 있던 경제관리 체제를 일부 완화하는 조치를 취했다. 각 도에 도경제지도위원회를 설치한 것이다. 중앙의 경제 관련 '부'나 '위원회'에서 하던 기능을 대폭 도경제지도위원회로 이전했다. 지방에 많은 권한을 위임해 책임지고 경제를 운용하게 함으로써 경제 침체를 벗어나 보려는 정책이었다. 이는 그동안의 경제지도 체제가 현실과 유리된 상태에서 운영되었음을 인정하는 것이기도 했다.

실제로 김일성은 1970년대 경제와 관련된 지시를 하면서 국가계획위원회가 기본적인 통계 수치도 제대로 파악하지 못하고 있다고 여러 차례 지적했다. 『로동신문』 1981년 11월 14일자는 "오늘 일꾼들이 위에 앉아 단순히 명령 지시나 하는 것과 같은 행정 만능의 사업 방법을 없애고 당적·정치적 방법에로 결정적으로 전환할 것을 절실히 요구하고 있다"며 관료주의적 행태를 비판했다. 도경제지도위원회의 설치는 이러한 문제점을 개선하면서 중앙의 통일적 지도와 지방의 창발성을 결합시켜보겠다는 의도를 갖고 있었다.

북한은 경제 침체의 여러 원인 가운데 하나가 지도간부들의 책임의식 결여라고 보았는데, 도경제지도위원회에는 이러한 문제를 해결하려는 의지도 담겨 있었다. 정무원의 각료급 고위 간부들에게 각 도·직할시의 경제지도위원회를 맡겨서 책임지고 경제를 일으키도록 했다. 평양시 경제지도위원장에는 평양시 행정위원장이던 안송학을, 개성시 경제지도위원장에는 화학공업 부부장 김창교를 임명했다. 또, 남포시에는 금속공업부장 윤서를 파견했다. 평안북도 경제지도위원장에는 채취공업부장 염재만을 보내고, 황해남도에는 정무원 사무장 김윤혁을 파견했다. 황해북도에는 화학공업 부부장 서재홍, 자강도에는 제2경제위원회 부위원장 한성룡, 량강도에는 도인민위원회 서기장 전호철, 강원도에는 제4기계공업 부부장 김학위, 함경남도에는 광업부장 조창덕, 함경북도에는 당 부장직에 있던 최진성을 내려보냈다.

북한은 1981년 12월 28일 도경제지도위원회의 설립을 공식화하면서 "수령의 혁명사상과 업적을 옹호·보위하고 계승·발전시키는 당 중앙이 사회주의 경제 건설에서 새로운 일대 앙양昻揚을 일으키기 위하여, 그리고 현실 발전의 요구에 따라 대안의 사업 체계를 일층 철저하게 관철하기 위하여 공업 지도 체계를 새로 개편하는 획기적인 조치를 취했다"고 밝혀 이 조치도 김정일이 주도한 것임을 분명히 했다. 도경제지도위원회는 1985년 지방행정경제위원회로 명칭이 바뀌어 운영되다가 1998년 9월 제8차 헌법 개정 당시 지방행정경제위원회는 폐지되어 지방인민위원회로 그 기능이 흡수되었다. 지방행정에서 경제 부문을 분리했다가 경제 활성화의 효과를 보지 못하자 다시 통합한 것이다.

외교부장
허담의
1981년

허담은 1970년대와 1980년대 북한 외교의 주역이었다. 1970년 외무상이 되어 1983년까지 그 자리에 있었다. 1983년에는 당 정치국 위원 겸 비서국 대남 담당 비서가 되어 대남 사업을 총괄했다. 1985년에는 김일성의 특사로 서울을 방문해 전두환을 만나 정상회담 관련 논의를 하기도 했다. 김일성의 고종사촌인 김정숙의 남편이기도 하다.

1981년 그의 직책은 정무원 외교부장이었다. 김일성·김정일과도 친밀한 사이였다. 특히 김정일을 보좌하는 일에 누구보다 정성을 다했다. 김정일을 찬양하는 회상기를 남기기도 했다. 유고로 남긴 회상기는 그의 사후에 『김정일 위인상』이라는 책으로 출간되었다. 허담이 북한 외교를 담당하면서 김정일과 함께했던 시간들을 기록해놓았는데, 김정일에 대한 철저한 찬양 일색이다. 1981년 8월 13일의 일이다. 김정일은 함경남도 현지 지도를 마치고 평양에 도착했다. 김정일은 허담을 보면서 말했다.[4]

"수령님께서 현지 지도하실 때마다 이용하시는 열차를 한 번 타보았는데 열차가 지내(너무) 수수하게 꾸려지고 또 몹시 들추었습니다(흔들렸습니다). 연세가 높으신데도 계속 좋지 못한 열차를 타고 현지 지도를 하시지만 나는 지금까지 거기에 깊은 관심을 돌리지 못하였습니다."

김일성의 특별열차가 볼품이 없고 아래위로 심하게 흔들려 불편하다는 이야기였다. 허담도 특별열차를 여러 차례 타보았지만 당시 북한의 상황을 알고 있어 그러려니 했다. 하지만 김정일은 그날부터 특별열차를 새로 마련하고 그야말로 특별하게 꾸미는 일에 몰두했다. 우선 김일성을 설득해야 했다. 김일성은 돈이 든다면서 만류했다. 하지만 김정일은 김일성을 설득했다.

"다른 일은 못해도 수령님께서 현지 지도하실 때 편히 타고 다니실 열차만은 꼭 새로 꾸려야 하겠습니다. 외국을 방문하실 때에도 새로 꾸린 열차를 타고 가셔야 합니다."

이러한 설득에도 김일성은 선뜻 허락하지 않았다. 그러자 김정일은 김일성의 허락도 없이 스스로 결정해 열차를 바꾸었다. 겨울에는 따뜻하고 여름에는 시원하게 하는 냉온풍 장치도 달았다. 숙식이나 회의도 문제없이 할 수 있도록 했다. 그렇게 해서 유명한 김일성 특별열차가 만들어지게 되었다.

이 열차가 처음 사용된 것은 1982년 9월 김일성이 중국을 방문할 때였다. 허담도 동행했다. 신의주에서 단둥으로 넘어가 베이징으로 갔다. 열차는 주요 지역에 여러 번 멈추었다. 환영 나온 중국의 고위 인사를 만나기 위해서였다. 그때마다 김일성은 열차 내 접견실에서 손님을 맞았다. 당시 중국공산당 총서기 후야오방胡耀邦이 특별지시를 내려 중간 역들에 귀빈실을 차려놓았지만 이용하지 않았다. 중국 측은 베이징에 도착하자마자 철도부장이 나서서 열차의 구조를 보고자 했다. 철도부장은 열차의 접견실, 식당, 회의실 등을 둘러보고는 '달리는 집무실'이라고 보고했다고 한다.

김일성은 그 후에도 외국 방문에 꼭 이 특별열차를 이용했다. 비행기를 싫어하기도 했지만, 필요한 시설을 잘 갖추어 놓은 열차가 편리했기 때문이다. 심지어는 1984년 5월 16일부터 7월 1일까지 50일에 걸쳐 소련, 폴란드, 동독, 체코슬로바키아, 헝가리, 유고슬라비아, 불가리아 등을 순방할 때도 이 특별열차를 이용했다.

허담은 1984년 외교부장을 마치고 대남 담당 비서가 되어 있었기 때문에 김일성을 수행하지는 않았다. 하지만 순방국의 열차에 대한 반응을 알고 싶어 수행했던 사람들에게 물었다. 소련에서는 '혜성'으로 불렸다는 이야기를 전해 들었다. 특별열차의 불빛이 유난히 밝아 그렇게 불렸다는 것이다. 폴란드에서는 '무지개'로 일컬어졌다고 한다. 아시아의 끝에서 유럽까지 횡단하면서 친선의 무지개를 펴놓았다는 의미였다고 한다. 그런 이야기를 전해 들으면서 허담은 김정일의 효심과 충성심이 무지개나 혜성과 같은 것이라고 생각하기도 했다. 김정일은 김일성에게 무한한 충성을, 허담은 김정일에게 무한한 충성을 다하는 모습이었다. 시스템이나 절차보다는 효성이나 충성심, 정, 의리와 같은 정서적인 부분이 1980년대 초 북한 상층부를 움직이는 주요 요소였음이 허담의 기록을 통해서 좀더 명료하게 확인된다.

1982~1983년

제2장

× × ×

김정일, 외교에 나서다

수세적 대남 정책

제5공화국 출범과 함께 시작된 남한의 공격적인 대화 공세는 1982년
에도 계속되었다. 남한은 1982년 1월 22일 새로운 통일 방안으로 '민
족화합민주통일방안'을 제시했다. 민족자결·민주 절차·평화적 방법
을 통일의 원칙으로 하면서 양측의 주민 대표로 '민족통일협상회의'를
구성해 통일헌법을 만들고, 이 헌법에 따라 총선거를 통해 통일국가를
이룩하자는 내용이었다. 이 방안의 특징은 그동안 북한이 제안해왔던
군중회의 방식을 수용했다는 것이다. 다양한 세력이 참여하는 연석회
의 형식의 '민족통일협의회의'를 구성하자는 것이 그것이다. 이는 당시
전두환 정권의 공세적인 모습과 국력 경쟁에서 우위를 확보했다는 자
신감을 표현한 것이라 할 수 있다.

이 방안은 호혜 평등, 체제 인정·내정 불간섭, 군사 대치 해소, 교류

협력과 사회 개방, 상주 연락대표부 설치 등을 규정하는 '남북한 기본 관계에 관한 잠정협정'을 체결해 통일에 이를 때까지 남북한이 점차적으로 관계를 강화하자는 제안도 담고 있었다. 남한은 2월 1일 '민족화합민주통일방안'에 기반을 두고 있으면서 민족화합을 위해 당장 실현할 수 있는 사업을 실행할 것을 제의했다. 이를 위한 구체적인 시범 실천 사업 20개 항목도 제시했다.

① 서울-평양 간 도로 연결, ② 이산가족 우편 교류와 상봉, ③ 설악산·금강산 관광 개발, ④ 해외 동포들의 조국 방문 공동 주관과 판문점을 통한 쌍방 자유 방문, ⑤ 자유교역을 위한 인천항·진남포항 개방, ⑥ 모략 방송 장치·방송 청취 통제장치 제거를 통한 쌍방 정규 방송 자유 청취, ⑦ 86아시안게임·88올림픽대회에 북한 선수단 판문점을 통한 참가, ⑧ 외국인들에게 판문점 통과 자유 왕래 보장, ⑨ 남북 공동어로 구역 설정, ⑩ 정치인, 경제인, 청년학생, 근로자, 문예인, 체육인 등 각계 인사 상호 친선 방문, ⑪ 기자들의 상대방 지역 자유로운 취재 활동 보장, ⑫ 민족사 공동 연구, ⑬ 종목별 체육친선 교환경기 개최와 국제경기대회에 단일팀 구성 참가, ⑭ 일용생산품 교역으로 쌍방 주민 생활편의 도모, ⑮ 자연자원의 공동 개발과 공동 이용, ⑯ 동일 제조업체 간 기술자 교류와 생산품 전시회 교환 개최, ⑰ 비무장지대 내 공동 경기장 시설 건설과 친선경기, ⑱ 비무장지대 내 생태계 연구를 위한 공동 학술조사, ⑲ 비무장지대 내 군사시설 완전 철거, ⑳ 군비통제 조치 협의와 군사 책임자 간 직통전화 설치 운용.

남북 간에 할 수 있는 실제적인 사업을 대부분 망라한 것이었다. 추후 남북 관계 발전에 따라 조금씩 이루어진 사업들이기도 하다. 하지만 당시에는 실현되지는 못했다.

북한은 이와 같은 남한의 제안에 직답을 하지 않은 채 자신들의 방식으로 대응했다. 남한의 공세적이고 전격적인 제안에 적극적으로 대응하지 못한 것이다. 그래서 나온 것이 2월 10일 조국평화통일위원장 김일이 발표한 '남북 정치인 100인 연합회의' 개최였다. 다시 그들이 선호하는 연석회의를 내세운 것이다. 자신들이 지명한 남측 50명과 북측 50명이 만나 회의를 열자는 것이었다.

남한은 북한의 제안도 일부 수용하는 모습을 보였다. 2월 25일 남북한 고위대표회담을 제의하면서 북한이 주장한 '남북 정치인 100인 연합회의' 문제도 논의하자고 했다. 당국뿐만 아니라 정당, 사회단체 대표 등도 참여할 수 있다는 의견도 전달했다. 하지만 북한은 부정적이었다. 이런 분위기는 1983년까지 이어졌다. 1월 북한이 '남북 정당·사회단체 연석회의'를 주장하고, 남한은 2월 '당국 및 정당·사회단체 대표회의'를 역제의했다. 북한은 당국이 포함되는 것을 싫어했고, 대표들만 참석하는 대표회의에도 부정적이었다. 그래서 남한의 대화 공세에도 1983년이 지나도록 남북 대화는 열리지 못했다.

주체사상탑과 개선문

평양에 가면 어디서나 눈에 띄는 대표적인 건축물이 있는데, '주체사상탑'이다. 김일성의 70회 생일인 1982년 4월 15일에 완공되었다. 150미터의 높은 화강암 탑신 위에 20미터 높이의 횃불 모양 봉화탑이 있다. 탑신에는 '주체'라는 글자가 새겨져 있고, 봉화탑은 직경 11미터의 붉은 유리로 되어 있다. 전체 높이가 170미터로 세계에서 가장 높은 석탑이다. 주체사상을 시대를 향도嚮導하는 사상으로 칭송하는 의미의 기념탑이다.

주체사상탑의 건설을 발기하고 건축 과정을 총괄한 이는 김정일이다. 김정일은 이미 1979년 3월 아이디어를 내고 건축 준비 작업을 시작했다. 우선은 어디에 세울지를 정해야 했다. 관계자들은 관광 효과를 고려해 문수거리에 세우자고 했다. 하지만 김정일은 철저하게 김일성의 입장에서 생각했다. 김일성이 평양의 중심을 김일성광장으로 보고 있기 때문에 김일성광장 맞은편에 건설하는 것이 좋겠다고 생각했다. 이론이 있을 수 없었다. 그래서 김일성광장 맞은편 동평양지구 대동강 기슭으로 위치가 정해졌다.[1]

탑의 맨 위를 봉화탑으로 해서 언제나 불꽃이 활활 타오르게 한다는 것도 김정일의 아이디어였다. 1980년 4월 30일에 공사가 시작된 이후 김정일은 수시로 공사장에 들러 관계자들을 고무하고 독려했다. 그런 과정을 거쳐 1982년 4월 쿠바의 호세 마르티 기념탑보다 60미터가 높은 주체사상탑이 완성되었다.

평양의 개선문도 마찬가지의 과정을 거쳐 세워졌다. 주체사상탑과 같은 시기에 김정일이 발기했다. 역시 위치가 문제였는데, 관계자들은 평양시 입구나 부지 조성이 쉬운 용흥네거리가 좋겠다고 생각했다. 하

김정일은 세계에서 가장 높은 석탑인 '주체사상탑'과 파리의 개선문보다 10미터나 높은 '개선문'을 건설해 김일성에 대한 한없는 칭송과 추앙을 표현했다. 김일성 70회 생일을 기념하기 위해 건설한 개선문.

지만 김정일은 모란봉경기장 앞 네거리로 정했다. 모란봉경기장은 김일성이 해방 후 평양에 들어와 1945년 10월 14일 처음으로 시민들 앞에서 연설한 곳이다. 김일성에게는 마음속 깊이 남아 있는 곳이었고, 1945년에는 '평양공설운동장'이었고, 1969년부터는 모란봉경기장으로 불렸다.

개선문의 건축 양식은 민족적 양식을 많이 반영하도록 했다. 특별히 공사를 관장하는 당원들로 당원돌격대까지 만들어 철저하게 건설 사업을 수행하도록 했다. 본격적인 공사는 1980년 10월 27일에 시작되었다. 개선문의 본체를 세운 뒤, 탑의 남쪽 면에는 김일성이 제시한 건당,

건국, 건군 노선에 따라 국가 건설에 앞장서는 북한 주민들의 모습을 형상화한 부각상이 새겨졌고, 북쪽 면에는 개선 연설을 하는 김일성에게 환호하는 유격대원들의 모습을 형상화한 부각상을 새겨 넣었다. 1982년 4월 김일성 생일 직전에 개선문이 완성되었다. 높이 60미터, 너비 50미터, 폭 36.1미터였다. 프랑스 파리의 개선문보다 10미터나 높은 것이었다.

이 두 거대기념물은 김일성의 사상과 투쟁사에 대한 찬양이었다. 김일성의 사상인 주체사상과 김일성의 혁명투쟁사를 상징하는 초대형 건축물을 세움으로써 김정일은 김일성에 대한 한없는 칭송과 추앙을 표현하려고 했다.

비슷한 시기에 김정일은 평양에 대형 산부인과 병원인 '평양산원'과 목욕탕·빙상경기장 등을 건설하고, 모란봉경기장도 증축해 김일성경기장으로 이름을 바꾸었다. 김일성 생일 즈음에 이러한 대규모 건축물들을 만들어냄으로써 김정일은 주민들에게 김일성의 위대성을 각인시키고 동시에 후계자 김정일 자신의 권위도 확보하려고 했다.

80년대속도 창조운동

1982년에 시작된 북한의 또 하나의 속도전은 '80년대속도 창조운동'이다. 1982년 6월에 당 조직지도부와 선전선동부 책임일꾼협의회가 열렸는데, 여기서 김정일이 혁명의 새로운 대고조를 일으킬 것을 주문했다. 새로운 속도전을 시작하라는 것이었다. 그래서 시작된 것이 '80년대속도 창조운동'이다.

현장에서 선봉대가 된 것은 함경북도 청진의 김책제철소였다. 1982년 7월 김책제철소의 근로자들이 결의 대회를 열고 '80년대속도 창조운동'의 기수가 될 것을 결의하고, 전국의 근로자들에게도 동참을 호소했다. 이후 전국의 생산현장에서 이 운동이 펼쳐졌다. 천리마운동선구자대회, 전국청년열성자회의, 인민경제 부문별열성자회의 등이 잇따라 열렸다. 북한은 '80년대속도 창조운동'을 위해서는 3가지 기본 조건이 필요하다면서 ① 당 정책에 대한 절대성·무조건성 정신, ② 자력갱생의 혁명정신, ③ 치밀하고 책임적인 조직·정치 사업 등을 갖출 것을 당원들과 인민들에게 요구했다.

운동의 활력을 위해서는 하나의 본보기가 필요했다. 함경남도 단천군의 검덕광업종합기업소가 선택되었다. 납, 아연 등을 캐내는 북한의 대표적인 유색금속 광산기업이다. 이 기업소에 제3선광장選鑛場을 건설하는 사업에 '80년대속도 창조운동'을 적용했다. 김정일이 직접 나서서 행정부처와 조선인민군을 동원하고, 자재를 조달하는 일을 총지휘했다. 여러 가지 작업을 동시에 진행하는 이른바 입체전적立體戰的 방법을 활용했다. 선광장은 1년 만에 완공되었다. 보통 속도로 했으면 10년은 걸려야 했던 것을 1년 만에 끝냈다고 한다.[2]

이렇게 하나의 본보기를 만들어놓고 모두 이를 따라 하도록 했다. 이미 진행해오던 '3대 혁명 붉은기쟁취운동', '숨은 영웅 따라 배우기 운동' 등과 결부시켜 진행했다. 이런 여러 캠페인을 동시에 진행함으로써 혁명적 분위기를 이어가면서 높은 노력동원 효과를 기대한 것이다.

검덕광업종합기업소에 이어 김책제철소, 무산광산 등에서도 '80년 대속도 창조운동'이 적용되어 상당한 효과를 보게 되었다. 지금도 북한이 자랑하는 평안남도 남포의 서해갑문도 새로운 속도전을 적용해 5년 만에 완공할 수 있었다.

법적 통제 강화

북한은 주로 당 조직을 통한 주민들의 사상교육을 통해 북한 체제를 단속했다. 수시로 실시된 대중동원과 군중운동에도 생산력 증가와 함께 체제 단속의 목적이 있었다. 북한은 여기에다 법적 통제도 강화하기 시작했다. 1972년의 '사회주의 헌법'에 "국가는 사회주의 법률 제도를 완비하고 사회주의 법무 생활을 강화한다"는 조항이 마련되었지만, 실제로 법적 통제가 강화된 것은 1982년 12월부터다. 12월 15일 김정일은 '사회주의 헌법' 발표 10주년을 맞아 '사회주의 법무 생활을 강화할 데 대하여'라는 글을 발표했다. 그 내용은 사회주의 헌법의 요구에 맞게 사회주의 법무 생활을 더욱 강화해 사회주의의 완전 승리를 이루어 나가자는 것이었다.

이를 계기로 국가가 제정한 법을 철저하게 준수하도록 하는 사업이 본격적으로 전개되었다. 1977년에 설치된 '사회주의 법무생활 지도위원회'가 더욱 활성화되었다. 이 위원회는 도·시·군에 설치된 것으로,

당 책임비서와 인민위원장, 사회안전 책임자, 인민위원회 법무 담당 부위원장 등이 위원으로 참여했다. 해당 지역에서 발생하는 각종 법규 위반 행위에 대한 처벌 방침을 결정하고, 당의 지시와 법률 집행에 필요한 유권해석의 권한도 갖고 있었다. 국가기관의 복지부동과 관료주의에 대한 감시 역할도 했다. 위원들의 회의는 한 달에 한 번 정도 열렸다.

'사회주의 법무생활 지도위원회'가 나서서 법 집행에 대한 검열감독 사업을 벌였다. 위반 사항에 대해서는 법규를 적용해 엄중 처벌했다. 무임금노동 등의 처벌을 내렸다. 위반 행위에 대한 단속과 처벌뿐만 아니라 법무 해설원을 양성해 주민들에 대한 학습도 강화했다. 전국적으로 10만 명에 이르는 해설원을 양성했다. 이들이 각 기관, 공장, 기업소, 협동농장 등을 찾아다니며 사회주의 노동법과 노동 규율 등 주민들이 알아야 할 규정들에 대한 학습을 실시했다. 규범 학습을 통해 사회주의 생활양식의 틀을 벗어나는 생활의 위험성을 경고하고, 북한 정권이 원하는 이른바 '혁명적 기풍'의 인간형을 형성해나가려고 한 것이다.

법적 통제 강화 작업에도 군중운동을 적용했다. 1983년 12월부터는 '모범준법군 칭호 쟁취운동'을 전개한 것이다. 사회주의 법규를 모범적으로 준수하는 군郡에 '모범준법군'의 칭호를 주는 운동이었다. 이 운동이 본격 진행되면서 함경북도 경성군, 평안북도 창성군, 황해북도 은파군, 남포시 천리마 구역 등이 '모범준법군'의 칭호를 받았다. 이러한 사업의 목적은 분명했다. 북한식 사회주의 규범과 규정에 의해 주민들을 일률적으로 통제하고, 그것을 통해 정권을 효율적으로 운영하기 위한 것이다.

가까워지는 북한과 중국

문화대혁명 당시의 갈등을 극복하고 1960년대 말부터 회복되기 시작한 북중 관계는 1970년대에 긴밀한 관계로 발전하지 못했다. 북한은 후계체제를 정리하는 작업에 우선적인 관심을 돌려야 하는 상황이었다. 중국도 마오쩌둥毛澤東·저우언라이周恩來의 사망과 4인방(장칭江淸, 장춘차오張春矯, 왕훙원王洪文, 야오원위안姚文元) 숙청 등 정치적 격변으로 대외 관계는 우선순위에서 밀려나 있었다.

1980년대가 되면서 북한과 중국 모두 내부 문제를 정비하고 외교에 비중을 둘 수 있는 여유를 마련했다. 또, 서로가 서로에게 필요한 환경이 되었다. 북한은 1980년 제6차 당대회에서 김정일을 후계자로 공식화하면서 이에 대한 중국의 지원이 필요했다. 중국은 1978년 덩샤오핑鄧小平 체제 출범 이후 개혁개방과 경제발전에 주력하고 있었던 만큼 전통의 우방 북한과 관계를 돈독하게 할 필요가 있었다.

이러한 필요에 따라 양국 지도자들의 교류가 빈번해졌다. 1982년 4월 덩샤오핑이 당 총서기 후야오방과 함께 평양을 방문했다. 후야오방이 1981년 11월 총서기에 선출된 이후 김일성과 상견례를 하는 차원의 방문이었던 것으로 보인다. 이에 대한 답방으로 김일성은 1982년 9월 베이징을 방문했다. 덩샤오핑과 후야오방 등 중국의 최고 지도부와 회담을 갖고 양국의 협력 방안을 논의했다.

1983년 6월에는 후계자로 공식화된 김정일이 중국을 방문해 덩샤오핑, 후야오방 등 최고 지도부에 자신을 알렸다. 그해 9월에는 전국인민

1982년 4월 덩샤오핑과 후야오방이 평양을 방문하면서 북중 관계는 가까워지기 시작했다. 1983년 6월 중국을 비공식 방문한 김정일이 덩샤오핑과 이야기를 나누고 있다.

대표대회 상무위원장 평전彭眞이 대표단을 이끌고 평양을 찾았다. 1984년에도 교류는 이어져 5월에는 후야오방이 평양을 방문하고, 11월 에는 김일성이 베이징을 방문했다. 후야오방은 1985년 5월에도 북한 의 신의주를 방문해 김일성·김정일과 회담을 했다.

이렇게 빈번한 교류로 1980년대 전반 북한을 방문한 중국의 대표단 은 180여 개나 되었고, 중국을 방문한 북한 대표단도 130여 개에 이르 렀다. 1970~1975년 사이 양국의 대표단 교류가 184회였던 것에 비하 면, 1.6배 이상 늘어난 것이다.[3]

양국이 교류가 많아지고 가까워진 데에는 중국과 소련 간의 지속적인 갈등도 일정한 역할을 했다. 중국과 소련은 서로 북한과의 관계를 강화하려고 했고, 그런 가운데 북중 관계는 친밀해졌다. 그렇다고 해서 양국 사이에 걸림돌이 없었던 것은 아니다. 사회주의 발전 과정을 두고 벌어진 북한과 중국의 노선 다툼은 상당히 심각했다. 북한은 1980년대 북한의 사회발전 단계를 '사회주의 완전 승리를 향한 단계'로 규정했다. 사회주의 제도를 실현한 상태에서 완전한 사회주의로 나아가기 위해 유일체제를 강화하고 속도전적 경제발전전략을 계속 강행했다. 반면에 중국은 중국의 사회발전 단계를 '사회주의 초급 단계'로 보고 개혁개방노선을 적극 수용했다. 초급 단계에서는 물질적 토대의 확보가 무엇보다 중요하다고 보고 세계와 교류를 통해 경제력 향상을 추진한 것이다.

이러한 노선 차이는 갈등으로 가기 쉬운 것이었다. 실제로 중국은 서구와의 교류를 확대해간 반면, 북한은 사회주의·비동맹국가들을 중심으로 외교를 전개하면서 중국에 대해 제국주의와의 타협 가능성을 거론하며 비판하기도 했다. 이러한 균열 요소가 존재했음에도 양국은 갈등을 피하고 관계를 증진했는데, 이는 문화대혁명 당시의 갈등으로 인한 불편과 불이익에 대해 양국 지도부의 깊은 인식이 있었기 때문일 것이다.

김정일의 첫 중국 방문

김정일의 1983년 6월 방중은 첫 중국 방문이면서 외교 무대 데뷔식이었다. 일반에 공개하지 않는 비공식 방문이었다. 1982년 4월에 방북했던 중국공산당 총서기 후야오방의 초청에 따라 이루어진 것이다. 김정일로서는 고등중학교 학생이던 1959년에 김일성의 소련 방문에 동행하면서 처음으로 외국을 방문하고, 1965년에 김일성을 따라 인도네시아를 방문한 이래 세 번째 외유였다.

김정일은 기차를 타고 베이징에 도착했다. 당시 김정일 곁에는 인민무력부장 오진우와 당 중공업 담당 비서 연형묵이 밀착 수행을 하고 있었다. 공항에는 후야오방이 여러 고위급 인사를 대동하고 직접 영접을 나와 있었다. 역 구내에서는 많은 군중이 환영을 해주었다. 다음 날까지 김정일은 베이징에 머물면서 덩샤오핑, 후야오방, 국가주석 리셴녠李先念, 펑전 등 중국의 최고 지도자들과 환담하고, 중국공산당 정치국 상무위원, 정치국 위원, 후보위원, 서기처 서기, 국무원 부총리, 국무위원 등 중국의 최고위층 인사들을 대부분 만났다. 비공식 방문이었지만, 중국은 김정일을 국빈 방문과 같은 수준으로 대우해주었다. 데뷔식 치고는 너무 화려했다. 이는 북한과 중국의 혈맹 관계를 잘 보여주는 사례이기도 했다.

실제로 김정일이 덩샤오핑을 만났을 때 "과분한 환영을 받다보니 근로자들에게는 생산에 지장을 받게 하고 학생들에게는 공부에 지장을 받게 하여 안 되었다"면서 "원래 비공식 방문으로 하자고 토의하였는데 약속을 지키지 않은 셈"이라고 말했다. 덩샤오핑은 "신문에 보도하지 않으면 비공개가 아니겠는가"라고 말을 받았다고 한다.[4]

김정일은 중국의 최고 지도부와 면담하면서 북중 관계의 발전 방안과 한반도 통일 문제 등에 대한 의견을 교환하고, 북한의 정치적 · 경제적 상황을 설명하기도 했다. 6월 3일 베이징을 떠나 김정일은 칭다오靑島, 난징南京, 상하이上海, 항저우杭州 등을 방문했다. 칭다오에서는 북해함대를 방문해 해군의 운영 상황과 칭다오가 자랑하는 칭다오맥주공장 · 통조림공장 등을 방문해 생산 과정을 자세히 살폈다.

베이징으로 돌아와서는 중국 국무원 총리를 지낸 저우언라이의 미망인 덩잉차오鄧穎超를 찾았다. 당시 그녀는 80세의 고령이면서도 중국인민정치협상회의 전국위원회 주석을 맡고 있었다. 두 사람은 김일성과 저우언라이의 교류를 화제로 삼아 환담했다. 그녀는 만류를 물리치고 계단 아래까지 내려와 김정일을 배웅했다고 한다.

김정일은 중국 방문 중에도 김일성에게 하루에도 몇 차례씩 보고를 했다. 면담자와 내용, 방문 기관과 관찰 내용 등을 보고서로 작성해 김일성에게 보냈다. 중국에서 생산된 산뜻한 옷과 신발을 보고는 평양에 있는 관계자에게 직접 전화를 걸어 관련 내용을 전해주면서 지시 사항을 전하기도 했다. 김정일은 첫 중국 방문을 마치고 6월 13일 북한으로 돌아갔다.

아웅산 폭탄 테러

1983년 10월 9일 아침, 미얀마 양곤Yangon의 아웅산 묘지에 남한의 각료급 인사 5명을 비롯한 고위 관료들이 도열해 있었다. 대통령 주치의, 『동아일보』와 『중앙일보』 등 주요 언론의 기자들, 경호원들도 함께 있었다. 옆 사람과 가벼운 담소를 나누기도 하고 주변의 풍경을 감상하는 이도 있었다. 대통령 전두환의 도착을 기다리고 있었다. 대통령보다 조금 일찍 미얀마 주재 한국 대사 이계철을 태운 차량이 먼저 들어왔다. 이때 미얀마 악단의 트럼펫 연주자가 진혼곡을 연주했다. 혼자 연습을 한 것이다. 그 순간 '꽝' 하면서 거대한 폭발음이 울렸다. 파편이 사방으로 튀고 건물의 지붕이 무너졌다. 현장에 있던 사람들 가운데 부총리 겸 경제기획원 장관 서석준, 외무부 장관 이범석, 대통령 비서실장 함병춘 등 17명이 사망했다. 또 많은 사람이 부상을 입었다.

테러범들은 전두환을 겨냥하고 있었다. 전두환의 동선을 미리 파악하고 건물의 지붕 위에 폭탄을 설치해두었다. 진혼곡이 울리자 헌화식이 시작된 것으로 잘못 알고 폭탄의 스위치를 눌렀다. 그 바람에 전두환은 화를 면했다. 전두환은 바로 귀국길에 올랐다.

대형사건이 발생한 만큼 미얀마 당국의 대응은 빨랐다. 조선인민군 대위 강민철 등 용의자를 체포했다. 북한과 미얀마는 비슷한 면이 많았다. 국제사회와 교류를 피하면서 독특한 사회주의 체제를 유지하고 있었다. 그래서 양국은 가까웠다. 고위 관료들의 교환 방문이 빈번하게 이루어지고 유엔에서도 서로 지원하는 사이였다. 하지만 대통령을 노

북한은 미얀마 양곤의 아웅산 묘지에서 폭탄을 터트려 전두환을 암살하려고 했다. 남한의 고위 인사 17명이 사망하고 많은 사람이 부상을 입었다. 폭발 사고 직전 참배를 위해 기다리고 있는 남한의 고위 관료들.

린 테러가 일어나 17명의 남한 고위 인사가 사망하자 미얀마는 냉정해졌다.

　10월 17일 조선인민군 정찰국 소속 장교들에 의한 범죄라고 발표했다. 대위 신기철은 인근에서 사살되었고, 소좌 김진수와 대위 강민철은 체포되었다. 미얀마는 북한과 외교 관계를 단절했고, 12월 9일에는 김진수와 강민철에게 사형선고를 내렸다. 김진수는 자백을 거부해 1986년에 사형이 집행되었고, 강민철은 순순히 자백해 사형집행이 미루어지고 복역하다가 2008년에 간질환으로 사망했다.

　그런데 북한은 왜 그런 백주 테러를 감행했을까? 광주민중항쟁의 영향 때문이라고 보아야 할 것이다. 1980년 5월 광주에서 대규모 항쟁이 발생해 군이 동원되어서야 진압될 수 있었다. 이는 북한으로 하여금 남한에서도 혁명이 일어날 수 있다는 기대를 갖게 했다. 실제로 북한은 광주민중항쟁에 대해서 이렇게 평가했다.

> 광주인민봉기는 조직적이며 대중적인 무장 항전까지 벌림으로써 남조선 인민들의 반파쇼민주화투쟁이 새로운 높은 단계에 들어섰으며 남조선 인민들은 자신의 투쟁으로 유신파쇼통치 체제를 뒤집어엎고 민주주의적 자유와 권리를 능히 쟁취할 수 있다는 것을 보여주었다. 봉기는 남조선 인민들 속에서 파쇼통치 체제에 대한 반항심과 민주주의적 자유와 권리에 대한 요구가 매우 높으며 어떤 형태의 투쟁에도 일떠설 수 있는 각오가 되어 있다는 것을 실증하였다. 광주인민봉기를 계기로 남조선 인민들은 민주주의는 오직 투쟁을 통하여 쟁취하여야 하며 투쟁하면 반드시 승리할 수 있다는 진리를 보여주었다.[5]

이렇게 북한은 광주민중항쟁에 대해 남한 정권 전복의 가능성까지 보여준 것으로 평가하고 있었지만, 남한에 직접 군사적 공격을 가할 수는 없었다. 남한의 군사적 · 경제적 능력이 1950년대와는 판이하고, 주한미군도 버티고 있었다. 그래서 북한이 택한 것이 전두환 암살이었다. 북한은 아웅산 폭탄 테러 이전에 필리핀, 캐나다, 가봉에서 이미 세 차례나 전두환 암살을 기도했다.[6] 그런 실패 뒤에 다시 아웅산에서 테러를 실행한 것이다.

아이러니한 것은 테러 하루 전날 북한이 남북미 3자회담을 제안했다는 것이다. 북한은 중국을 통해 미국에 3자회담을 제안했는데, 이는 종전 남한을 배제한다는 정책의 수정이었다. 그런데 다음 날 바로 테러를 저지른 것이다. 3자회담의 진정성은 인정받기 어려웠다. 덩샤오핑도 중국을 통해 미국에 3자회담을 제안해놓고 테러를 자행한 북한에 격분했다. 몇 주 동안 북한 측과 면담도 하지 않았다.[7]

대남 테러와 대남 외교 공세가 한꺼번에 실행된 것인데, 이는 북한 내부에도 강경파와 온건파가 존재한다는 것을 시사하는 사례이기도 하다. 어느 나라에나 있는 현상인데, 북한처럼 권력이 한 사람에게 집중되어 있는 전제국가에서도 관료들 사이에는 강온强穩의 대립이 항상 있을 수 있다. 관료 세력 사이에 '밀고당기기pulling and hauling'가 있고 그 사이에서 정책이 결정된다고 하는 관료 정치 모델Bureaucratic Politics Model이 적용될 수 있는 것이다. 군부는 통상 강경한 입장을, 외무성은 통상 온건한 입장을 갖고 있다. 각자 조직의 규모를 유지하고 확장하기 위해 그런 입장을 견지하는 것이다.

관료 정치 모델의 주장은 각 관료 세력 사이의 흥정과 타협을 통해 양측 주장 사이 어느 지점에서 합의가 이루어져 정책이 된다는 것이다. 북한과 같은 권위주의 체제에서는 관료들의 합의 자체가 정책이 되는 경우보다는 최고 정책 결정자의 선택이 중요한 역할을 한다. 강경과 온건 가운데 한쪽 방향으로만 선택할 수도 있지만, 사안에 따라 둘을 섞어서 실행할 수도 있다. 아웅산 폭탄 테러와 3자회담 제안을 모두 한 것은 후자의 경우에 해당한다고 할 수 있다.

북한의 북미회담 제안 약사

북한이 1983년 10월 8일 남북미 3자회담을 제안하고 다음 날 아웅산 폭탄 테러를 범해 남한과 미국과 중국을 모두 놀라게 했지만, 북한의 미국에 대한 대화 시도는 오래전부터 시작되었다. 그 지향점은 한반도 평화협정을 체결하려는 것이다. 때로는 양자, 때로는 3자 간의 회담을 제안해 정전협정을 대체하는 평화협정을 체결하려고 했다.

1950년대까지 북한은 경제를 일으키는 데 매진했다. 경제가 어느 정도 성과를 거두자 1960년대에는 한반도 문제에도 주도권을 행사하려고 했다. 1962년 북한은 남북 간 평화협정 체결의 필요성을 제기했다. 남북이 직접 만나 전쟁을 종식시키고 평화 체제로 전환하자는 것이다. 이는 북한의 남한에 대한 자신감 속에서 나온 방침이었다. 이에 대해 남한은 북한이 그들의 전통적인 주장인 주한미군 철수를 실현하려는 전략으로 이해하고 응하지 않았다.

그러자 북한은 1973년부터 미국과 직접 대화를 시도했다. 당시 북한은 미중 간의 화해로 데탕트의 바람이 불게 된 국제정치 환경에서 미국과의 관계 개선을 통해 외교의 활로를 찾으려고 했다. 거기에 북한의 살 길이 있다고 본 것이다. 평양 주재 루마니아대사관이 작성한 문서를 보면, 조선노동당 비서 김영주는 1973년 초 프랑스 파리에 머물면서 미국 백악관 국가안보보좌관 헨리 키신저Henry Kissinger를 만나 협상을 하려고 했다.[8]

헨리 키신저를 만나 정전협정을 평화협정으로 전환하는 회담을 하고, 주한미군 철수도 이루어내려고 한 것이다. 헨리 키신저는 김영주를 직접 만나지는 않았지만, 중국을 통해 "한반도의 안보 여건이 충분히 성숙되면 단계적으로 주한미군을 감축하고 궁극적으로 완전히 철수할 것"이라면서 "주한미군의 단기적 주둔"을 수용하도록 북한을 설득해보았지만 뜻대로 되지 않았다.[9]

중국과 관계 개선에 주력한 미국은 한반도 문제는 남북한 사이의 대화와 협상에 맡긴다는 기본적인 입장을 갖고 있기도 했다.[10] 따라서 헨리키신저의 설득이 그렇게 적극적이었다고 보기는 어렵다. 또, 북한의 대화 공세를 주한미군 철수를 위한 전략 차원으로 이해하려는 경향도 강했다. 그래서 직접 대화를 하자는 북한의 제안을 지속적으로 거절했다.

1974년 3월에 북한은 미국 의회에 서한을 보내 평화협정을 위한 양자 협상을 제의했다. 판문점이나 제3국에서 회담을 열어 주한미군 철수와 평화협정 체결 문제 등을 협상해보자는 제안이었다.[11] 미국은 이 제안도 거부했다. 북한은 1975년 10월에도 중국 측에 외교부장 허담과 키신저의 면담을 주선해달라고 요청했다.[12] 그렇지만 미국은 북한의 제안을 계속 거부했다. '한반도 문제는 남북한이 직접 해결하라'는 것이었다.

1976년에는 미국이 남북미 3자회담을 제안했다. 당시 북한은 군사력을 증대하면서 한미군사훈련 중단을 요구하고 있었다. 이에 대응하기 위해서는 북한의 정세와 의도를 정확히 파악할 필요가 있었다. 1979년에도 박정희 대통령과 지미 카터 대통령이 공동으로 한반도 긴장 완화를 논의하기 위한 남북미 3자회담을 제의했다. 하지만 북한은 이 제안

1979년 박정희 대통령과 지미 카터 미국 대통령은 공동으로 한반도 긴장 완화를 논의하기 위한 남북미 3자회담을 제의했지만, 북한은 거부했다. 1979년 6월 한국을 방문한 지미 카터와 박정희.

을 거부하고, 평화협정을 위한 북미 협상을 주장했다.

북한은 1983년 10월 8일 남북미 3자회담을 제안하고, 그해 12월과 1984년 1월 이를 거듭 촉구했다. 이때 북한이 3자회담을 제안한 것은 주한미군 증강을 막기 위해서였다. 1984년 5월 동독공산당 서기장 에릭 호네커Erich Honecker에게 김일성이 밝힌 내용이다. 대화 제안으로 주한미군이 남한에 주둔하는 이유를 약화시키려는 생각도 있었다. 미국이 거부하면 한반도 통일에 반대하는 모습으로 보일 수 있는 것이어서 김일성은 그것도 노리고 있었다. 또, 남한의 반정부 세력을 강화하기 위한 목적도 있었다.[13]

하지만 아웅산 폭탄 테러의 여파가 여전한 상황이어서 로널드 레이건 행정부는 북한의 진정성을 의심했다. 그래서 3자회담을 거부했다.

대신 남북미중의 4자회담을 제의했다. 기본적으로는 남북 간의 양자 협상으로 한반도 평화회담이 시작되어야 하지만, 그것으로 불충분하다면 미국과 중국이 포함되는 4자회담이 추진되어야 한다고 했다. 북한은 이것을 거부했다. 중국의 참여는 안 된다는 것이었다. 이렇게 1970~1980년대 북한과 미국은 회담 제의와 거부가 반복되면서 양국 사이의 불신은 매우 깊어졌다. 거기에다 1990년대 초 발생한 북핵 문제와 이를 해결하기 위한 협상 과정과 합의 이행 과정에서 불신이 증대되어 북한과 미국 사이의 불신은 훨씬 구조화되는 모습을 보였다.

공작원

김현희의

1982~1983년

1987년 11월 KAL기를 폭파시켜 115명을 사망하게 한 김현희는 1980년 18세에 조선노동당 조사부의 공작원으로 선발되었다.[14] 평양외국어대학교 일본어과 2학년에 다니고 있을 때였다. 이후 평양에 있는 금성정치군사대학(1992년 김정일정치군사대학으로 개칭)에 소속되어 공작원 교육을 받았다. 초기에는 사상교육과 체력 훈련 위주였다. 오전 6시부터 밤 11시까지 교육과 훈련이 이어졌다.

『항일무장투쟁 시기의 회상기』(전36권), 『인민들 속에서』(전30권), 『인민의 자유와 해방을 위하여』(전30권) 등 김일성의 위대성을 선전하는 책을 읽고 토론하는 시간이 많았다. '김일성 주체철학', '김정일 혁명역사' 등의 과목도 있었고, 공작 실무에 필요한 '대외정보 사업' 등의 과목도 배웠다. 체력 단련을 위해 매일 야간에 10킬로그램의 배낭을 매고 4킬로미터 산악행군을 했고, 무술 훈련도 했다. 저수지에서 수영 훈련도 하고 사격 훈련도 했다.

금성정치군사대학에서 1년간 교육을 마치고 이후에는 평양 근교에 있는 '동북리 9호 초대소', '동북리 특각 3호 초대소' 등에서 교육을 받았다. 여기서는 남한의 신문도 읽고, 녹음기를 이용해 일본어 공부도 많이 했다. 가끔은 영화도 보았다.

1982년이 다 되어갈 무렵 김현희는 이은혜라는 이름을 가진 일본인에게서 일본어 교육을 집중적으로 받았다. 이은혜는 납북된 일본인이었다. 1979년쯤 일본의 어느 해변을 거닐던 중 북한의 배에 의해 납치되었다. 김현희는 이은혜에게서 일본어를 배우면서 일본 신문과 잡지도 읽었다. NHK 라디오 방송도 들으면서 일본어 공부에 집중했다. 얼마 후에는 모든 일상생활 용어를 일본어로만 했다. 매주 토요일에는 시험도 보아야 했다.

1982년 무렵 김현희는 처음으로 커피를 맛보았다. 이은혜가 커피를 좋아해 자주 마셨는데, 김현희도 마시게 되었다. 북한에서는 커피를 찾아보기 힘들었다. 영화에서나 볼 수 있었다. 이은혜는 외국인이어서 특별히 구할 수 있었다. 이은혜는 아침식사를 하지 않고 블랙커피 한 잔에 과자 몇 개만 먹었다. 살을 빼기 위해서였다. 북한에서는 살이 좀 포동포동한 여성을 미인이라고 했다. 워낙 먹을 것이 부족한 탓이었을 것이다. 그래서 밥을 굶어가면서 살을 뺀다는 것은 생각할 수 없었다. 김현희도 이은혜를 따라 블랙커피를 자주 마시게 되었는데, 그러다 보니 속이 쓰려 따로 간식을 먹었다.

경제 사정이 어려운 가운데서도 공작원들에 대한 대우는 좋았다. 먹는 것과 입는 것은 모자라지 않았다. 평양에는 '9·15 병원'이라는 공작원 전문병원이 있어 아프면 거기서 치료를 받았다. 한번은 이은혜가 허리 통증으로 9·15병원에 입원해 문병을 갔다. 입원환자에게 주는 식사가 서양식이었다. 치즈와 채소 등이 나왔다. 김현희는 처음 치즈를 먹어보았다. 짜고 시어서 먹기 어려웠다. 이후에는 초대소에서도 가끔 구할 수 있어 맛을 들이게 되었다.

저녁식사 후에는 산책하기도 했는데, 평양 인근 농촌의 생활상을 볼 수 있는 기회가 되었다. 주민들의 생활은 형편 없었다. 단층집 하나를 2~3개로 나누어 사는 경우가 많았다. 장판도 두꺼운 종이로 여러 군데 기운 경우가 많았다. 부엌에는 찬장 하나, 까맣게 그을린 솥, 냄비 1~2개 정도가 대부분이었다.

그렇게 교육을 받던 김현희는 1982년 4월 조선노동당 당원이 되었다. 이후 사기가 더 높아져 5시간 정도만 자고 일본어 공부와 일본인화 교육에 매진했다. 1983년 3월에는 이은혜의 원어민 교육도 끝나게 되었다. 이후에는 평양 인근에 있는 '룡성 40호 초대소'로 옮겼다. 여기서는 무전 실습, 실탄 사격, 장거리 산악행군, 자전거 타기, 사진 촬영 등 공작에 필요한 것들을 훈련했다.

김현희는 중국어 집중 교육과 마카오 등지에서 해외 현지 훈련 등을 거쳐 '남조선 비행기를 제끼라'는 명령을 받고 1987년 11월 유고슬라비아 베오그라드를 거쳐 이라크 바그다드에 도착했다. 이후 아부다비와 방콕을 경유하는 대한항공 858기에 탑승해 시한폭탄을 설치한 뒤 아부다비공항에서 내렸다. 그리고 얼마 후 대한항공 여객기는 미얀마 안다만 해역 상공에서 폭발해 승무원과 승객 115명이 모두 사망했다.

1984~1985년

제3장

×××

경제난을 타개하다

합영법 제정

북한은 1970년대의 경제난 극복을 위해 외자를 도입했다. 일본, 스웨덴, 핀란드, 스위스 등에서 차관을 들여왔다. 기계장비 등이 주로 들어왔고, 국제금융기관의 장기 차관도 활용했다. 하지만 차관을 갚기는 어려웠다. 1973년 제1차 석유파동의 영향으로 세계경제가 침체기에 빠졌고, 1974년부터는 북한의 주요 수출품인 비철금속의 가격이 떨어졌다. 석유 가격 상승으로 공장을 가동하는 데 드는 비용도 높아졌다. 북한은 낮은 기술 수준 때문에 서방에서 차관으로 도입한 기계장비도 제대로 활용하지 못했다. 이러한 여러 원인으로 북한 경제는 지속적으로 하락세를 면할 수 없었다.

북한은 이러한 상황을 극복하기 위해 '합영법合營法'을 마련했다. 1984년 9월 최고인민회의 상설회의에서 '조선민주주의인민공화국 합영법'을 제정·공포한 것이다. 그 핵심 내용은 외국인의 직접투자와 합작투자를 허용한다는 것이다. 합작기업 형태는 유한회사로 하면서 이사회가 최고의결기관이었다. 합영 비율은 제한이 없었다. 합작 업종은 전자, 자동차, 금속, 채취, 기계, 화학, 식료품 가공, 피복, 일용품, 건설, 운수, 관광 등의 분야였다. 합영법의 직접적인 목표는 외자를 끌어들이는 것과 서방의 선진기술을 도입하는 것이었다. 서방기업이 투자를 하면서 합영을 하게 되면, 선진공업기술도 함께 들어올 수 있었다.

　합영법은 자력갱생과 자립적 민족경제를 기본 방침으로 하는 북한 경제에 중요한 변곡점이 되었다. 종전에는 기피 대상이던 서구 자본주의 국가들의 자본을 받아들이고 이들과 기업을 공동으로 경영한다는 것이니 획기적인 변화였다. 경제성장을 위해서는 대외 개방도 하겠다는 북한 지도부의 의지를 표현한 것이었다. 김일성이 1985년 6월 일본의 시사 잡지 『세카이世界』 편집국장과 인터뷰를 했는데, 여기서 합영법 도입의 의도를 여실히 밝혔다.

　　우리 공화국은 사회주의 나라들뿐 아니라 우리나라를 우호적으로 대하는 자본주의 나라들과도 경제기술적 교류와 협조를 발전시켜나가고 있습니다. 우리는 세계 여러 나라들과의 경제기술적 교류와 협조를 더욱 확대발전시키기 위하여 지난해에 '조선민주주의인민공화국 합영법'을 채택하고 공업과 건설, 운수, 과학기술, 관광업을 비롯한 여러 분야에서 다른 나라들과 합영을 장려하고 있습니다. 합영법이 발표된 다음 많은 나라들에서 우리나라와 경제 합작과 기술 교류를 진행할 것을 새롭게 요구해 나서고 있습니다. 이것은 매우 좋은 일이라고 생각합니다. 우리는 우리나라를 우호적으로 대하며 우리나라와 경제기술적 교류와 협조를 발전시킬 것을 요구하는 나라들에 대하여서는 사상과 이념, 제도의 차이에 관계없이 언제나 환영할 것이며 평등과 호혜의 원칙에서 경제적 합작과 교류를 진행하여 나갈 것입니다.[1]

사상과 이념의 차이를 불문하고 자본주의 국가들과도 합작하겠다는 의사를 김일성이 분명히 밝혔다. 그만큼 북한의 경제 사정이 급해졌음을 말해주는 것이기도 했다. 북한은 1985년 3월에는 합영법 시행세칙을 마련하는 한편, 외국인 소득세법과 합영회사 소득세법도 마련했다. 5월에는 외국인 소득세법세칙과 합영회사 소득세법세칙까지 갖추면서 외국인의 투자를 받을 준비를 마쳤다. 북한의 경제 엘리트들이 중국의 선전深川경제특구를 방문해 그 운영 실태를 파악하기도 했다.

합영법이 발효된 이후 프랑스, 오스트리아, 스웨덴, 서독, 덴마크, 인도, 일본 등이 관심을 갖고 합영 대상을 물색했다. 프랑스의 건설회사와 호텔 건설에 합의하기도 했다. 하지만 서방국가들과의 협의는 크게 진전을 이루는 경우가 드물었고, 조총련 관계자들의 진출만이 어느 정도 활기를 띠는 정도였다. 가장 큰 이유는 사회 기반시설의 부족이었다. 도로와 항만 등 서방의 자본을 끌어당길 만한 기본 여건이 제대로 갖추어지지 않았다. 또, 투자수익 반출에 대한 보장이 미약했다. 그 때문에 북한 지도부의 기대와는 달리 서방국가들과의 합작은 거의 이루어지지 않았다.

연합기업소 전면 도입

북한의 기업체는 공장, 기업소, 연합기업소로 나뉜다. 공장은 일정한 품목을 생산하는 비교적 작은 경제 단위를 말하고, 기업소는 생산·교통·운수·유통 등의 분야에서 독립적으로 경영 활동을 하는 기업체를 말한다. 연합기업소는 국가적으로 중요한 공장을 모⿔공장으로 하고 업종과 지역별로 유사한 공장들을 묶어서 형성된 대규모 공장 트러스트trust를 말한다. 생산과 유통을 원활하게 해서 효과적인 성장을 추진하기 위한 것이다.

북한은 1973년 연합기업소 제도를 처음 채택해 1974년에 설립하기 시작했다. 이때 만들어진 것이 황해제철연합기업소, 강선제강연합기업소, 김책제철연합기업소, 2·8비날론연합기업소 등이다. 이 가운데 김책제철연합기업소는 함경북도 청진에 세운 것으로, 김책제철소를 모공장으로 해서 무산광산, 청암광산, 강철설계사업소, 금속연구소 등의 부속기관을 묶어 연합기업소로 설립한 북한의 대표적인 야금冶金 기지다.

북한은 몇 개의 연합기업소를 시범적으로 운영한 뒤 1984년에 이를 본격 도입했다. 1984년 11월 정무원이 '관리국과 연합기업소를 새로 내오려는 결정'을 발표하면서 연합기업소 제도가 북한 경제에 전면적으로 도입되었다. 자재 공급이 원활하지 않은 상황에서 대규모 공장 트러스트 제도를 도입해 자체적으로 자재 공급 문제를 해결하고 계획과 생산도 자력갱생 방식으로 하려는 의도에서 도입한 것이다.

세부적으로는 부문별 관리를 효율적으로 진행하고, 독자적인 경영 활동의 확대를 통해 근로자들의 물질적인 욕구를 자극하려는 측면도 있었다. 또한, 당 조직 중심의 경영 체제인 '대안의 사업 체계'를 보완해 지배인의 역할을 강화하려는 의도도 작용했다. 실물경제를 모르는 당비서가 경제 단위를 책임지면서 발생하는 비효율을 극복하기 위한 것이었다.

구체적인 형태는 3가지였다. 첫째는 모공장을 중심으로 그에 딸린 기업을 묶어서 만든 형태였다. 둘째는 일정 지역의 동종제품 생산 기업소와 그에 딸린 기업소들을 묶어서 조직한 형태였다. 셋째는 동종제품을 생산하는 기업소들을 전국적으로 묶어서 만든 형태였다. 세 번째 형태가 가장 많았다. 대표적인 것이 함경북도 청진의 청진화학섬유연합기업소다. 모공장은 청진화학섬유공장인데, 여기에 부속된 공장들이 길주펄프공장, 화성탄광, 상화탄광, 화성화학공장, 길주경제림공장 등이 하나로 묶여 청진화학섬유연합기업소가 되었다.

연합기업소는 규모가 크고 동종 기업소와 유관 기업소가 서로 계획과 생산을 연계시켜 운영하는 것이기 때문에 산업에 미치는 효과가 크다. 연합기업소가 제대로 운영되면 경제성장에 크게 기여할 수 있었다. 반대로 한 부분에 문제가 발생하는 경우 파급 효과도 커서 경제성장에 부정적인 영향도 줄 수 있는 체제였다. 북한의 연합기업소는 초기에는 일정한 효과를 거두었지만, 1990년대 중반 원료와 연료 조달이 어려워지면서 한 부분의 문제가 다른 부분에 영향을 주어 대부분 제대로 운영되지 못하는 상황에 처하게 되었다. 현재는 특급기업소를 중심으로 한 소수의 연합기업소만 운영되고 있다.

제2차 7개년 계획 미완

1978년에 시작해 1984년에 종결하기로 되어 있던 제2차 7개년 계획에 대해 북한은 '성과적으로' 수행했다고 밝히고 있다. 북한의 발표가 늘 그런 것처럼 이를 액면 그대로 믿기는 어렵다. 실제로 그 목표를 제대로 달성하지 못했다. 이후 북한의 조치를 통해 알 수 있다. 북한은 1985~1986년을 조정기로 설정했다. 제2차 7개년 계획 기간에 목표를 제대로 달성하지 못한 부문에 대해 목표를 채울 수 있는 기간을 설정한 것이다. 물론 북한은 이를 직접 언급하지 않고, 간접적으로 말했다. 제2차 7개년 계획을 성공적으로 수행한 뒤 제3차 7개년 계획을 위한 준비 기간으로 1985~1986년을 설정했다는 것이다.

> 위대한 수령님께서는 제2차 7개년 계획 수행에서 이룩된 빛나는 성과에 기초하여 1985년과 1986년의 두 해 동안 인민경제발전을 일부 조절하고 사회주의 경제 건설의 더 높은 목표를 성과적으로 점령하기 위한 튼튼한 준비를 갖추도록 하시었다. 이것은 제2차 7개년 계획 기간에 사회주의 경제 건설에서 거둔 성과를 공고히 하고 이미 마련해 놓은 경제 토대의 위력을 전면적으로 발양시켜 제6차 당대회가 제시한 사회주의 경제 건설의 10대 전망 목표를 성과적으로 실현하기 위한 현명한 방침이었다.[2]

실제로는 1985~1986년에 산업의 주요 부문에서 미완된 부분을 보완하는 작업을 진행했다. 주로 동력공업, 연료공업, 철도운수 부문에서 미달이 많았다. 흑색금속공업에서도 보완이 필요했다. 김일성은 당중앙위원회 제6기 제10차와 제11차 전원회의에서 이 부문에서 분발을 독려했다.

성장 동력을 확보하는 길은 발전소를 더 건설하는 수밖에 없었다. 순천화력발전소와 위원발전소 건설이 추진되었고, 1986년 12월에는 청진화력발전소가 완공되어 가동에 들어갔다. 청진화력발전소가 가동됨에 따라 김책제철연합기업소 등 북부 지역의 공장과 기업소에 전력을 공급할 수 있었다. 또 청진시의 중앙난방도 실시할 수 있게 되었다. 순천갑문발전소와 향산갑문발전소 등 갑문발전소도 건설하고, 수력발전소도 건설했다. 특히 중소형 수력발전소 건설에 주력했다. 이와 함께 풍력발전소도 건설했다. 연료를 확보하기 위해서는 석탄공업을 발전시켜야 했다. 안주지구탄광연합기업소 등 탄광들도 확장했다. 탄맥炭脈을 찾아 유망한 새 탄광을 개발하는 사업도 함께 진행했다.

철도운수 부문의 발전을 위해서는 여전히 철도전기화가 중요했다. 경사철로가 많은 북한에서 전기화하지 않고는 기차가 속도를 내기 어려웠고, 전기화하면 연료를 절약할 수 있을뿐더러 노동력도 절약할 수 있었다. 그래서 북한은 지속적으로 철도전기화에 관심을 쏟고 있었다. 1986년에 철도전기화를 집중 추진해 세포-평강 사이, 남덕천-덕남 사이, 홍의-학송 사이의 철도를 전기화했다. 또, 덕달-청단 사이 등에는 새로운 철도를 건설했다.

흑색금속공업의 핵심은 제철산업이었다. 제철산업 발전에도 매진해

1986년에 김책제철연합기업소에 용광로를 추가로 설치하는 등 확장 공사를 마무리지었다. 청진제강소와 성진제강연합기업소의 철 생산 능력도 확대했다. 이런 식으로 1985~1986년에 부족한 부문을 상당 부문 보충해 어느 정도 산업 간 균형을 맞출 수 있었다. 그런 연후에 1987년부터 제3차 7개년 계획에 들어갔다.

최초의 남북 이산가족상봉

한동안 끊어졌던 남북 관계를 이어준 것은 남한의 큰 수해였다. 1984년 8월 말에서 9월 초 서울에 엄청난 비가 쏟아졌다. 하루 300밀리미터가 내리기도 했다. 침수 피해가 발생하고 산사태도 발생했다. 피해는 저지대 서민들의 몫이었다. 190명이나 사망하고 20만 명이 수재민이 되었다. 북한 지역에도 폭우가 내려 많은 피해를 입었다. 남한은 북한에, 북한은 남한에 구호 물자를 지원하겠다고 나섰다. 북한은 거절했다. 반면 남한은 지원을 받겠다고 했다. 북한은 쌀, 시멘트, 의류, 의약품 등을 보냈다. 쌀 5만 석, 시멘트 10만 톤, 직물 50만 미터 등 많은 양이었다.

구호 물자를 실은 북한의 트럭 수백 대가 남북한을 가르는 군사분계선을 넘었다. 6 · 25 전쟁이 끝난 후 31년 만의 일이었다. 군사분계선의 도로는 그동안 이용하지 않아 콘크리트 도로는 곳곳에 잡초가 나 있었다. 북한이 보낸 쌀에서는 벌레가 나오기도 하고 시멘트는 질이 낮아

제3장 **경제난을 타개하다**

쓸모가 없었다. 하지만 남한 정부는 문제 삼지 않았다. 이를 계기로 남북 간의 대화 분위기가 형성되었기 때문이다.

'사회주의 체제가 우월하다', '북한이 훨씬 잘 산다' 이런 것을 이야기하고 싶어서 북한은 엄청난 양의 구호 물자를 보내주었는데, 내부적으로는 이 물자를 조달하기 위해 많은 애를 먹었다. 당시 국가안전기획부 요원으로 물자 수령에 관여했던 전 국가정보원 차장 김은성은 "당황한 김정일은 전 행정기관과 지방 관서官署에 '수재물자 인도 · 인수는 북한 보위부와 남조선 안기부와의 전쟁이다. 이유 여하를 불문코 최단시간 내에 물품을 징발하라'고 전통傳通을 내리고 공문을 보내는 등 난리를 쳤다"고 말했다. 그야말로 북한은 그 많은 물자를 모으기 위해 '죽을 똥을 쌌다'는 것이다.[3] 체제의 우월성을 과시하고 김정일의 지도자로서 위치를 강화하기 위해 제안했던 북한의 수해물자 지원이 북한 주민들에게 큰 경제적 부담이 되었던 것이다.

전두환 정권의 기대대로 북한의 수해물자 지원과 남한의 수령은 남북 대화로 연결되었다. 물자를 전달하면서 북한적십자회 중앙위원장이 "이를 계기로 다각적인 교류와 협력을 해보자"고 제안했다. 남한이 이를 수락했다. 경제회담, 적십자회담 예비접촉, 적십자 본회담 등이 순차적으로 열렸다. 1970년대 초반에 이어 두 번째로 '남북 대화의 시기'를 맞은 것이다.

경제회담은 남북한의 물자 교류와 경제협력을 위한 회담이었다. 교역을 위한 경의선 철도 연결과 남포항 · 인천항 등의 개방도 논의했다. 이렇다 할 결실을 만들어내지는 못했지만, 1986년 1월 20일 북한이 회

1985년 5월 적십자회담 본회담에서 광복 40주년을 기념해 이산가족 고향방문단과 예술공연단의 교환 방문을 합의하고, 9월 20일 최초로 남북 이산가족상봉이 이루어졌다. 평양 고려호텔에서 북한에 두고 온 두 아들을 아버지가 얼싸안고 있다.

담 중단을 선언할 때까지 1년 남짓 동안 다섯 차례 회담이 열렸다.

적십자회담은 큰 성과를 보았다. 1985년 5월 서울에서 열린 본회담에서 광복 40주년을 기념해 이산가족 고향방문단과 예술공연단의 교환 방문을 실시하기로 합의했다. 이후 평양에서 열린 회담 과정에서 북한이 남한 대표단에 대규모 체제 선전 매스게임을 관람하게 하는 등 적십자회담을 정치적 목적으로 이용하려고 하면서 회담이 위기를 맞기도 했지만 이산가족 고향방문단은 성사되었다. 결국 9월 20일 남한의 고향방문단 35명, 북한의 고향방문단 30명이 군사분계선을 넘어 자신의 고향을 찾았다. 남북의 이산가족이 처음으로 상봉한 것이다. 그 밖에도 남북한 국회회담을 위한 예비접촉이 두 차례 열렸고, 88서울올림픽 공동 개최를 논의하기 위한 남북체육회담이 네 차례나 열리기도 했다.

제3장 **경제난을 타개하다**

이렇게 남북 대화가 활기를 띤 것은 2가지 요인 때문이었다. 첫 번째 요인은 국제적 요인으로 소련의 변화였다. 1985년 3월 콘스탄틴 체르넨코Konstantin Chernenko가 사망한 이후 소련공산당은 미하일 고르바초프Mikhail Gorbachev를 새로운 서기장으로 선출했다. 고르바초프는 페레스트로이카perestroika(개혁)와 글라스노스트glasnost(개방)를 역점적으로 추진하면서 경제성장을 추진하고 있었다. 대외적으로는 서방국가와의 평화공존 정책을 적극 추진하고 있었다. 1970년대 초 미중이 화해하면서 만들어낸 데탕트와 같은 국제 환경이 조성되었다. 이런 상황은 북한과 남한에도 갈등과 긴장을 벗어나 새로운 관계를 형성할 필요성을 느끼게 했다.

두 번째 요인은 1984년 말부터 시작된 남북 간의 고위급 비밀 접촉이었다. 정상회담을 위한 밀사 파견과 비밀 접촉이 양측의 정상이 직접 관여하는 가운데 긴박하게 진행되고 있었다. 그런 영향으로 적십자회담을 비롯한 여러 회담이 활기 있게 진행될 수 있었다.

남북정상회담을 위한 밀사들의 활약

1909년생인 임창영은 황해도 사람이다. 중국 상하이임시정부에서 일하기도 했고, 1930년대 미국으로 건너가 프린스턴대학 정치학과를 졸업하고 이 대학의 교수가 되었다. 해방 후 서재필의 비서로 있다가 다시 미국으로 건너갔다. 4 · 19 혁명이 일어난 뒤 1960년 9월 유엔 주재 한국 대사로 임명되었다. 1961년 5·16 쿠데타가 발발하자 뉴욕주립대학 교수가 되어 박정희 정권 반대 활동을 시작했다. 이후 미국에서 반독재민주화운동의 중심적인 역할을 했다.

임창영이 1984년 12월에 노구를 이끌고 평양을 방문했다. 1977년 방북 이후 두 번째였다. 그는 김일성과 만나 4시간 동안 이야기를 나누었다. 남북한의 정상회담에 관한 것이었다. 임창영은 김일성에게 남북정상회담을 제의했다. 임창영은 전두환의 밀사로 김정일에게 그런 제안을 했다. 남한 정부의 독재에 반대하는 운동을 하던 임창영이 전두환의 밀사로 김일성을 만나 정상회담을 제의한 것이다. 이런 일을 기획한 이는 주미 한국 대사관의 공사 손장래였다.[4] 국가안전기획부에서 파견한 인물이었다. 육군사관학교 9기 출신으로 전두환의 2년 선배였다. 북한에서 좋아할 만한 인물을 밀사로 보내 김일성을 만나게 하고 그 자리에서 남북정상회담을 제안하도록 한 것이다.

임창영의 제안에 김일성도 동의했다. 김일성은 1985년 신년사에서 "남북 대화가 인민들의 기대와 조국통일의 이념에 맞게 잘 진행된다면 점차 보다 높은 급의 회담으로 발전할 수 있을 것이며 나아가서 북과 남의 고위급 정치회담도 실현될 수 있을 것"이라고 말했다. 남북정상회담을 시사한 것이다.

김일성의 긍정 신호를 받은 뒤 국가안전기획부가 본격적으로 움직이기 시작했다. 1985년 2월부터는 장세동이 국가안전기획부장이 되어 남북정상회담 성사에 주력했다. 장세동은 부임 직후인 3월에 박철언을 정무비서관으로 임명해 대북 비밀 교섭을 전담시켰다. 박철언은 서울대학교 법대를 수석 졸업한 검사 출신으로 노태우의 처조카였다. 42세에 불과했지만 야심만만한 인물이었다. 그의 북한 상대는 한시해였다. 그는 50세로 오랫동안 남북 대화와 외교 분야에서 일했고, 유엔 주재 옵서버대표부 대표를 지낸 인물이었다. 당시에는 당 중앙위원이었다.

박철언은 한시해와 자주 만났다. 판문점, 평양, 서울, 싱가포르 등 장소를 바꿔가며 접촉했다. 직통 전화도 가설해 연락을 주고받았다. 1985년 9월에는 조선노동당 대남 담당 비서 허담이 김일성의 밀사로 서울을 방문했다. 한시해 등 4명도 함께 왔다. 허담은 경기도 시흥에 있는 동아그룹 회장 최원석의 별장에서 전두환을 만났다. 김일성이 많은 별장을 갖고 있다는 이야기를 듣고 전두환도 그런 능력이 있음을 보여주고 싶어해 최원석의 별장이 면담 장소로 정해졌다. 허담은 김일성의 친서를 전했다. 평양에서 남북정상회담을 하자는 내용이었다.

당시 면담 자리에서 허담은 한반도 긴장완화 방안 등에 대해 이야기했고, 장세동이 아웅산 폭탄 테러에 대해 사과를 요구했을 때에는 "그걸 사과하라고 하면 정상회담을 망칠 수 있다"고 맞받기도 했다. 전두환은 "한국은 원자탄을 제조할 수 있는 기술적 능력을 이미 소지하고 있다"면서, "북한은 우리와 전쟁하게 되면 일주일 안에 끝낼 수 있다는 식으로 판단하고 있으나 이는 불가능한 말"이라고 말했다.[5] 1980년 정권 장악 직후 전두환은 박정희가 추진하던 핵개발 프로그램을 중단시켰다. 당시 정당성이 부족한 전두환 정권은 미국의 인정을 받을 필요가 있었고, 그러기 위해서는 미국이 싫어하는 핵개발 프로그램을 중단해야 했다. 그러면서도 전두환은 북한에는 기술적인 능력이 충분이 있음

1985년 3월 국가안전기획부장 정무비서관에 임명된 박철언은 남북정상회담을 성사시키기 위해 대북 비밀 교섭을 전담했다. 1985년 10월 17일 김일성(왼쪽), 허담(가운데)과 건배하고 있는 박철언.

을 말하고 있었다.

　10월에는 장세동과 박철언 등 대표단 5명이 북한을 방문했다. 김일성을 만나 2시간 30분 동안 환담하며 전두환의 친서를 전했다. 김일성은 여전히 남북정상회담에 호의적이었다. 그러면서도 북한은 그들이 부담스러워하는 한미합동군사훈련인 팀스피리트를 취소해줄 것을 요청했다.

　이후 북한은 팀스피리트 훈련을 문제 삼았다. 이 훈련은 전두환이 대통령에 취임한 이후 강화되어 한미 양국의 20만 병력이 참가하는 대규모 훈련이 되었다. 북한은 이를 대북 침략 연습으로 규정했다. 훈련이

제3장 **경제난을 타개하다**

시작되면 북한도 여기에 대응해 전군에 비상령을 내리고 예비병력까지 동원했다. 농사를 준비해야 하는 기간에 준비를 못할 정도였다. 경제적으로 어려운 북한에 심각한 타격이었다. 그래서 중단을 꾸준히 요구한 것이다. 남한은 여기에 응하지 않았다. 게다가 10월 20일 부산 청사포 앞바다에 북한 반잠수정이 접근하다가 남한군에 격침당하는 사건이 발생했다. 이후 전두환의 태도는 달라졌다.

북한이 요구하는 팀스피리트 훈련 중단은 성사되지 않았고, 남한의 북한에 대한 신뢰는 땅에 떨어졌다. 남북정상회담은 물 건너갈 수밖에 없었다. 북한은 1986년 1월 20일 남한과 미국이 자신들을 향한 '핵전쟁 훈련'인 팀스피리트 훈련을 중단하지 않는다면서 남한과의 모든 회담을 중단한다고 선언했다. 가시권에 있는 것 같던 남북정상회담은 완전히 사라졌고, 1년 이상 진행된 해빙 분위기도 그렇게 막을 내렸다.

소련의 경제적인 지원과 관계 회복

니키타 흐루쇼프Nikita Khrushchyov 집권 당시 북소 관계는 요원했다. 1964년 흐루쇼프가 물러나고 레오니트 브레즈네프Leonid Brezhnev가 소련공산당 서기장이 된 이후 북소 관계는 회복되기 시작했다. 하지만 과거 스탈린 시대의 북소 관계로 돌아가지는 못했다. 1970년대의 북소 관계는 나쁘지는 않지만, 그렇다고 아주 긴밀한 관계도 아니었다. 그러다가 1980년대에 들어서는 그 관계가 좀더 긴밀해졌다.

1984년 5월에 김일성은 소련을 방문했다. 국무원 총리, 외교부장, 인민무력부장 등 고위 관료, 경호원, 통역관, 안마사까지 대동한 대규모 방문이었다. 사절단 규모는 300명이 넘었다. 당시는 로널드 레이건 미국 대통령의 중국 방문 문제가 논의되고 있을 때였다. 이런 상황에서 김일성은 소련에 접근해 관계 진척을 노린 것이다. 모스크바를 방문한 김일성은 콘스탄틴 체르넨코 소련공산당 서기장을 비롯한 지도부와 회담하고 양국의 협력 방안을 논의했다. 당시 김일성이 만난 사람 가운데에는 고르바초프도 있었다. 그는 소련공산당 정치국원이었다.

김일성은 소련 지도부와 회담하면서 중국의 미래에 대해 많은 이야기를 했다고 한다. 중국이 사회주의를 포기하지 않을까 우려도 했다고 한다.[6] 로널드 레이건을 초청하고 미국과 일본의 자본주의 국가들과 관계를 진전시켜가는 중국을 보면서 김일성은 중국이 사회주의의 길에서 이탈하지 않을까 걱정했던 것으로 보인다. 김일성은 미국이 주장하던 남북미중 4자회담에 대해 반대하는 입장도 피력했다. 한반도의 운명을 결정하는 자리에 중국이 끼어드는 것에 대해 부정적인 생각을 갖고 있었다.

소련 지도부에서 경제적인 지원에 대한 약속도 받았다. 우호 가격으로 석유와 석탄 등을 도입하기로 하고 재정 지원도 받기로 했다. 군사적인 지원도 합의했다. 소련의 고성능 전투기 MIG-25 60대 지원이 대표적이다. 소련은 이집트, 리비아, 시리아 등에는 전투기를 지원했지만, 북한에는 전투기를 공급하지 않고 있었다. 남침에 대한 우려 때문이었다. 하지만 소련은 남한이 보유한 F16에 대한 대항마의 필요성에 공감해 전투기를 지원하기로 한 것이다. 또, 지대공미사일 SAM3와 사정거리 80킬로미터 정도의 스커드미사일도 지원을 약속했다.

김일성의 방소 목적은 경제도 경제였지만, 소련과 남한의 관계 진전을 막으려는 것도 있었다. 소련과 중국은 남한과 접촉하면서 관계 발전의 계기를 모색하고 있었다. 남한 정부가 그것을 원했고, 소련과 중국도 경제적인 교류가 필요한 상황이었다. 이를 알고 있던 김일성은 소련의 남한에 대한 접근을 막을 필요가 있었다. 그 무렵 소련의 한 언론인이 남한 외교관 2명과 함께 프랑스 파리의 고급 레스토랑에서 식사를 하는 장면이 북한 측에 목격되었다. 북한은 소련 외무부에 강력히 항의했다.

소련 외무부는 "사전 허가 없이 무분별하게 한국인과 접촉하는 것은 국익을 손상시키고 소련의 외교정책에 대한 북한의 신뢰를 저버리는 처사"라는 내용으로 해외공관에 전문을 돌렸다.[7] 북한은 소련과 남한의 접촉에 그만큼 민감했고, 소련도 북한의 입장을 충분히 인식하고 있었다. 김일성은 그런 상황에서 다시 한 번 소련과 남한의 관계에 대한 자신의 입장을 전달한 것이다.

김일성이 소련에 이어 곧바로 폴란드, 동독, 체코슬로바키아, 헝가리, 유고슬라비아, 불가리아 순방길에 오른 것도 동구 사회주의 국가들의 남한에 대한 접근을 막으려는 목적이 있었던 것으로 보인다. 어쨌든 1985년 김일성의 모스크바 방문은 경제, 군사, 대남 관계 등 여러 가지 측면의 다양한 목적을 가진 것이었다. 북한으로서는 얻은 것이 많은 외교였다.

1985년 11월 강성산은 모스크바를 방문해 고르바초프를 만나 김일성의 메시지를 전하고, 양국 협력을 촉진하는 3개의 협정을 체결했다. 당시 소련의 권력은 고르바초프로 넘어가 있었다.

1985년 11월에는 정무원 총리 강성산이 모스크바를 방문했다. 소련의 권력은 1985년 3월 고르바초프로 넘어가 있었다. 강성산은 고르바초프를 만나 김일성의 메시지를 전하고, '경제 및 기술적 협조에 관한 협정' 등 양국 협력을 촉진하는 3개의 협정을 체결했다. 이와 같은 북소 경제협력의 증진은 1985~1986년 제2차 7개년 계획 기간에 부족했던 부문을 보완하고 있던 북한에 큰 도움이 되었다. 그 덕분에 북한은

1987년부터는 제3차 7개년 계획을 시작할 수 있었고, 그 기간에도 소련과의 경제적인 유대는 북한의 경제계획 시행에서 중요한 역할을 했다.

북한의 대남 활동

북한은 1945년 10월 조선공산당 북조선분국을 창설할 당시부터 민주기지론을 추구해왔다. 북한 지역의 혁명 역량을 먼저 강화해 이를 바탕으로 남한까지 공산화한다는 방침이다. 1970년대에는 남한혁명론(지역혁명론)으로 전환되었다. 남한 지역 스스로 역량을 강화해 혁명이 일어나도록 한다는 것이다. 남한에서 '민족해방 인민민주주의혁명'이 발생하고, 이후 사회주의 혁명이 일어나도록 한다는 것이다. 그래서 이를 '민족해방 인민민주주의혁명론'이라고도 한다.

이러한 북한의 전략에 따라 남한 내에서 혁명 역량을 강화하는 조직이 필요해 1960년대에 만들어낸 조직이 통일혁명당이다. 통일혁명당은 1968년 남한 당국의 대대적인 단속에 따라 조직원들이 대거 구속되었다. 이후 호남 지역을 중심으로 통일혁명당이 재건되어 활동하다가 1971년에 다시 관련자들이 검거되었다. 이후에도 통일혁명당의 활동은 지속되었다. 하지만 이때부터는 북한 대남조직의 산하기구로 조직되어 활동하면서 남한의 지하당으로 선전되었다. 1980년 4월에는 일본 대표부를 설치해 해외로 진출했다.

통일혁명당은 1985년 7월 한국민족민주전선(민민전)으로 개칭되었다. 반미민족해방운동을 적극적으로 추진한다는 의미에서 명칭을 바꾼 것이다. 기본 목표도 달라졌다. '한국의 친미 정권 타도 후 민족민주정권을 수립하고 이후 통일 달성'이 기본 목표가 되었다. 통일혁명당의 목표는 '한국의 반봉건적 사회제도 전복, 인민민주주의혁명 수행'이었다. 민민전은 통일혁명당에 비해 남한의 친미성을 더 강조하고 이를 타도하는 것이 민족의 이익에 부합한다고 강조했다. 1980년 광주민중항쟁 이후 남한 사회에서 반미 감정은 이전보다 훨씬 표면화되었는데, 이러한 남한 사회의 상황을 활용해 남한 내 혁명 활동을 강화하려는 의도가 있었던 것으로 보인다. 민민전은 그러한 기본 목표 아래 민족민주정권 수립, 민주정치 실현, 자립적 민족경제 건설, 국민생활 안정, 민족교육 발전, 민족문화 건설 등 10개항을 행동 강령으로 삼았다.

민민전은 남한 사회에서 반미 감정과 반정부 감정을 고취하기 위한 활동을 강화하고, 주한미군 철수와 국가보안법 철폐, 국가안전기획부 해체 등의 주장도 지속적으로 전개했다. 산하에 칠보산연락소를 두고 있었는데, 이 조직은 3개 국과 150여 명의 인원을 갖추고 있었던 것으로 알려졌다. 1980년대 후반에는 해외 조직도 확대해 쿠바, 시리아, 평양, 베트남, 마다가스카르 등에 대표부를 개설했다.

민민전은 2005년 3월 반제민족민주전선(반제민전)으로 다시 명칭이 바뀌었다. 민민전 중앙상무위원회 확대회의는 6·15 공동선언 후 우리 민족끼리의 통일시대에 맞는 반외세 자주통일 운동단체가 많이 출현하고 각계 민중의 반미·반일 투쟁이 새로운 높은 단계로 발전하고 있는 현실을 반영해 개칭하기로 했다고 밝혔다. 또, 일제 식민지 통치 이래 100여 년 동안이나 외세의 지배하에 자주권을 유린당하고 있는 우리 민족에게 유일한 살 길은 반제자주의 길이라고 강조했다. 이에 따라 민민전 평양 지부는 반제민전 평양 지부로 바뀌고, 민민전 일본 대표부도 반제민전 일본 대표부로 개칭되는 등 해외 지부의 명칭도 한꺼번에 바뀌었다.

북한이 민민전을 반제민전으로 개칭한 것은 김대중 · 노무현 정부 동안 남북의 협력이 활성화하는 상황에서 이른바 '우리 민족끼리'의 길을 강화하면서 미국과 일본 등의 자본주의 제국들과의 투쟁을 강조하기 위한 것이었다. 물론 이를 통해 남한 내의 혁명 활동도 강화할 수 있다고 보았다. 북한은 2005년 신년 공동 사설에서 2005년을 '주한미군 철수 원년'으로 삼겠다고 역설했는데, 반제민전 개칭도 이러한 반제국주의 투쟁 의지를 반영한 것이다. 이렇게 북한은 한반도 상황 변화에 따라 남한의 혁명 활동을 독려하기 위한 조직의 명칭을 변화시키면서 효과적인 대남 활동을 하고 있었다.

글로벌화의 상징, 고려호텔

북한도 관광업에는 관심을 많이 써왔다. 북한이 어려워하는 원료와 연료 조달과 크게 관련이 없는 데다 부가가치가 크기 때문이다. 게다가 백두산, 금강산, 묘향산, 칠보산 등 훌륭한 관광자원을 많이 갖고 있었다. 김일성은 생전에 중앙인민위원회 회의를 소집해 관광업의 중요성을 강조하면서 평양, 금강산, 묘향산 등을 주요 관광지로 제시하기도 했다. 관광 코스도 직접 거론하면서 평양-원산, 평양-묘향산, 평양-개성, 평양-백두산 등의 코스를 제시하기도 했다. 문제는 관광 인프라다. 항공과 도로, 철도 등이 부족하고 부실했다. 게다가 호텔도 부족했다.

그런 가운데서도 평양에 있는 고려호텔은 북한에서 가장 좋은 호텔로 알려져 있다. 해외방송도 시청할 수 있고 방이 넓으며 시설이 좋다. 국제전화도 갖춰져 있다. 위치도 신시가지 음식점 거리와 가까워 외국인들의 기호에 알맞은 호텔이다.

이 호텔은 1985년 8월에 건설되었다. 평양역 옆에 세워진 이 호텔은 45층 건물 2개가 윗부분이 연결되어 있는 형태로 건설되었다. 높이 140미터, 연건축 면적이 8만 4,000제곱미터이며, 객실은 510개다. 1등실 54개, 2등실 222개, 3등실 224개다. 한꺼번에 1,000명 정도 수용이 가능하다. 지하 1층에는 실내 수영장, 사우나실, 게임룸 등의 편의시설이 마련되어 있고, 1층은 프론트데스크, 양복점, 스탠드바, 식당, 팩스실 등으로 이루어져 있다. 2층과 3층에는 회의장, 당구장, 영화관, 식당등이 있고, 4층부터 43층까지는 객실이다. 44층과 45층에는 한 시간에 한 번씩 회전하는 전망대가 있다.

현관홀은 지하에서 3층까지 관통되어 있고, 홀의 천정을 통해 45층 건물을 올려다볼 수 있도록 되어 있다. 홀 안에 분수와 폭포 등이 있는 정원이 있고, 이 정원은 뒤뜰로 연결되어 있다. 각종 음식점과 맥주집들이 있는 창광거리가 호텔 바로 앞에 있다.

1985년 9월 남북 대화의 중요한 결실인 '이산가족 고향방문단과 예

북한은 1980년대 들어 관광업을 발전시켰는데, 고려호텔은 해외 관광객을
유치하기 위한 것으로 글로벌화의 상징이 되었다.

술공연단' 교환 방문 당시 남한의 방문단과 공연단이 준공 한 달 만에
여기서 머물기 시작한 이래 이 호텔은 남북 대화와도 지속적인 인연을
맺어왔다. 1999년 8월에는 통일축구대회 전국민주노동조합 대표단이
여기에 머물렀고, 그해 10월에는 통일농구대회 현대-기아 선수단이,
2000년에는 평화친선음악회에 참가한 남한 공연단이 여기에 묵었으며,

2000년과 2007년 남북정상회담 당시 프레스센터가 설치되기도 했다.

북한은 1980년대 접어들어 관광업의 발전을 추진해 해외의 관광객을 끌어들이는 데 주력했다. 국제 수준의 호텔이 없이는 해외 관광객을 유치할 수 없었다. 고려호텔의 완공은 북한의 해외 관광객 유치를 겨냥한 것이었다. 북한에도 세계 수준의 호텔이 있음을 상징적으로 보여주려는 목적이었다. 말하자면 북한 글로벌화의 상징으로 고려호텔을 건설한 것이다.

이후 북한에도 보통강호텔, 청년호텔, 서산호텔, 량강호텔, 량각도호텔, 창광산호텔, 평양호텔, 대동강호텔, 모란봉호텔, 해방산호텔 등 많은 호텔이 지어졌다. 보통강호텔도 평양을 방문한 외국인이 많이 이용하는데, 고려호텔보다는 등급이 낮다. 량각도호텔은 프랑스와 합작해 지은 것으로 알려졌다. 105층 규모인 류경호텔은 1980년대 말 프랑스의 자본과 기술로 착공되었지만, 공사비 문제로 완공되지 않았다.

북한은 자신의 기준에 따라 전국의 숙박시설을 특급, 1급, 2급으로 구분해놓고 있다. 객실도 특등실, 1등실, 2등실, 3등실로 구분하고 있다. 별의 개수로 호텔의 등급을 매기지는 않는다. 호텔이나 여관이라는 명칭이 등급과 관련 있는 것도 아니다.

핵확산금지조약 가입

북한이 소련에서 핵기술을 도입한 것은 1950년대의 일이다. 1956년

3월 소련의 두브나Dubna 핵연구소와 협정을 맺고 북한의 과학자들을 연수시켰다. 1959년 9월에는 소련과 '원자력의 평화적 이용에 관한 협정'을 체결했다. 1964년에는 소련의 도움으로 평양 북쪽 100킬로미터 지점에 있는 영변에 원자력연구단지를 마련했다. 1965년에는 소련에서 IRT-2000형 연구용 원자로를 도입했다.

1974년에는 국제원자력기구IAEA에 가입하고, 원자력법을 제정해 원자력을 평화적 목적에 이용하도록 규정했다. 1977년에는 IAEA와 '부분적 핵안전협정'을 체결했다. IAEA는 핵확산금지조약NPT에 가입하지 않은 나라를 대상으로 '부분적 핵안전협정'을 맺고 정기적인 사찰을 실시했는데, 북한도 여기에 가입하고 사찰을 받은 것이다. 주로 연구용 원자로로 핵물질을 축적하는지에 대해 사찰을 받았다.

1980년 7월 북한은 영변에 5메가와트mW 원자로를 건설했다. 핵폐기물 처리장도 만들었다. 얼마 안 돼 미국이 이를 알게 되었다. 미국은 소련에 압력을 넣어 NPT에 가입하도록 해달라고 요청했다. 소련은 북한에 NPT 가입을 설득했고, 북한은 1985년 12월에 가입했다. NPT는 핵보유국의 확산을 저지하기 위해 미국이 주도해 만든 조약으로 1970년 3월에 발효되었다. 전문과 본문 11개조로 구성된 NPT는 핵무기 비보유국에는 핵무기를 개발하지 못하게 하고, 미국, 영국, 프랑스, 소련, 중국 등 핵보유국에는 핵무기와 그 관련 기술을 제3자에게 양도하지 못하도록 했다. 핵보유국의 기득권을 보호하는 성격을 갖고 있어 지금도 불평등성을 지적받고 있기도 하다.

북한도 1985년 12월 NPT에 가입함으로써 핵무기를 개발하지 않겠다는 의도를 분명하게 피력했다. 당시 북한은 프랑스, 캐나다, 스웨덴 등의 경수로를 도입하기 위해 이들 나라와 먼저 접촉했다. 원자력발전 기술은 이들 서방 선진국이 앞서 있었기 때문이다. 하지만 대공산권수 출통제위원회COCOM의 규제 때문에 어려워져 소련과 교섭했다. 소련은 핵 관련 기술을 지원할 용의가 있지만, NPT에 가입하고 IAEA와 핵안 전협정을 체결해야 한다고 주장했다. 그래서 NPT에 가입한 것이다.[8]

NPT 가입 이후 북한은 1985년 12월 소련과 '원자력발전소 건설을 위한 경제기술 협력협정'을 체결했다. 440메가와트 원자로 2기를 소련 에서 도입하는 문제에 대한 협의에 들어갔다. 북한은 새 핵단지로 함경 남도 신포군를 정해놓고 여기에 원자로를 건설하려고 했다. 1986년에 는 영변에 5메가와트 원자로를 완공해 가동에 들어갔다. 12월에는 정무 원에 원자력공업부를 신설해 원자력개발을 공식화했다. 하지만 탈냉 전의 조류 속에 소련이 멸망하면서 신포핵단지 조성 계획은 무산되었 다. 이에 따라 북한은 스스로 영변에 50메가와트와 200메가와트 원자 로를 건설하는 작업에 착수했다. 이러한 영변 핵단지의 활동을 1989년 프랑스의 상업위성 SPOT2가 촬영하고, IAEA와 북한과 미국이 관여하 는 북핵 위기가 싹트기 시작했다.

외교관 고영환의 1985년

고영환은 북한 외교관이었다. 외교관 양성기관인 평양외국어대학교 프랑스어과를 졸업하고 외교부에 들어가 탈북할 때까지 14년간 외교관 생활을 했다. 자이르와 콩고 주재 북한 대사관에서 외교관으로 근무하고, 외교부에서 중부아프리카과장을 지냈다. 김일성과 김정일의 프랑스어 통역관을 하기도 했다. 콩고 주재 1등 서기관으로 근무하던 1991년에 탈북했다. 북한 외교관으로는 처음이었다.

1985년 고영환은 외교부에서 소련 관련 부서에서 일하고 있었다. 하루는 북한을 시찰하러 온 소련 사람들을 안내하게 되었다.[9] 평안남도 북창군에 있는 북창화력발전소로 소련인들을 데려갔다. 여성 안내원이 열심히 설명을 했다.

"이 웅장한 화력발전소는 수령님의 원대한 뜻에 의하여 우리의 기술, 우리의 힘, 우리의 자재로 100% 건설된 위대한 창조물입니다."

그러자 소련 사람들이 질문했다.

"이 공장을 누가 지었다고 했지요?"

안내원은 같은 말을 반복했다.

"우리나라에서 우리의 기술과 힘으로……."

소련 사람들은 일제히 웃었다.

"아니요. 이것은 우리 소련이 건설해준 것이오. 그런 거짓말을 다른 나라 사람들한테나 할 것이지 우리한테도 그러면 되겠소?"

안내원은 얼굴이 빨개졌다. 하지만 다시 "우리 기술과 힘으로……"를 반복했다. 해설집을 외운 대로 반복하다 보니 관성적으로 같은 말을 하려고 한 것이다. 고영환이 나서서 그녀를 저지했다.

당시 소련과의 관계가 좋아지면서 소련의 원조가 많았다. 그러다 보니 생긴 해프닝이었다. 하지만 소련 지도부가 알게 되면 썩 좋아할 만한 일은 아니었다. 이 일을 보고받은 김정일은 몹시 화를 냈다. "외교부가 무슨 일을 그렇게 천편일률적으로 해"라고 소리쳤다. 곧바로 외교부에는 지방대외사업지도국이라는 부서가 생겨났다. 지방 사람들이 외국인들을 접할 때 잘못되는 일이 없도록 지도하는 부서였다.

그 무렵 중국과의 관계에서 중요한 일은 중국과 남한 관계가 가까워지는 것을 막는 것이었다. 하루는 외교부가 발칵 뒤집혔는데, 남한의 대규모 관광단이 중국 쪽 백두산 정상에 올라 "대한민국 만세!"을 외친 것이다. 북한에 백두산은 특별한 의미였다. 김일성과 김정숙이 항일투쟁을 전개했다는 성지였다. 김정일이 태어났다는 곳이기도 하다. 그런 '신성한 영역'에서 "대한민국 만세!" 소리가 울려퍼졌으니 난리가 날 만도 했다. '중국이 더럽게 놀고 있다', '중국이 우리를 팔아먹으려 한다' 등의 불만이 북한 외교관들의 입에서 튀어나왔다. 외교부장 김영남이 외교성원협의회를 소집했다. 중국국장 배용재가 불려 일어났다. 김영남은 소리쳤다.

"뙤놈들의 번지레한 말만 믿고 방심을 해서 이렇게 된 거 아니오! 어떻게 '항일의 성지'에 괴뢰도당이 올라가서 만세를 부르도록 나뒀단 말이오!"

배용재는 아무 말도 하지 못했다. 김영남은 방심하고 있다간 등에 칼을 맞게 될 것이니 다각적·전면적 외교를 벌여야 한다고 강조했다. 남한과 중국 사이에는 인적·물적 교류가 점점 늘고 있어 북한 외교부는 이에 대한 대응책 마련에 골몰하고 있었다.

얼마 후 다시 외교성원협의회가 열렸다. 중국국장이 대응책을 발표했다. 김일성과 김정일이 중국의 덩샤오핑, 양상쿤楊尙昆, 리펑李鵬 등 최고 지도부와 빈번하게 교류해 유대를 더욱 강화하는 것과 선양瀋陽에 총영사관을 설치해 남한의 동북3성 침투에 대비하자는 내용이었다.

김영남은 새로운 방안이 담겨 있지 않다며 나무랐지만 딱히 묘안이 있을 수 없었다. 세계의 조류는 평화공존·탈냉전의 방향으로 흐르고 있었다. 북한은 이후 중국과 예술단·체육단 등 교류를 더 강화하고 선양에 총영사관을 설치했다. 한편으로는 중국과의 긴장 관계에 대비하기 위해서 자강도 강계시에는 1개 군단이 신설·배치되었다.

외교관이 외교 현장에서 본 1985년의 북한은 소련과의 관계가 강화되는 와중에 그에 따른 세부 정보들이 필요한 부분에 정확히 전달되지 않는 모습이었다. 또, 남한과 중국의 관계 강화에 대해 당황한 가운데 이런저런 대응책을 마련하고 있었다.

1986~1987년

제4장

×××

김일성의 준퇴진

카스트로 방북

　북한이 여전히 이념적 동질성을 유지한 채 교류하고 있는 나라는 중국, 쿠바, 베트남 정도다. 북한으로서는 중국이 가장 중요한 우방이고 경제적 지원국이기 때문에 중국에 대한 외교에 비중을 많이 두고 있었다. 하지만 중국과는 때로는 미묘한 갈등도 겪어왔다. 문화대혁명 당시에는 중국의 김일성 개인숭배 비판으로 관계가 악화되기도 했다. 북한이 주체사상을 바탕으로 독자적인 노선을 추구하면서 중국의 경계를 받기도 했다. 베트남과는 1979년 캄보디아 공격으로 단교를 한 적도 있고, 1980년대 중반 개혁개방 추진, 베트남 - 남한 관계 발전 등으로 우호 관계를 유지하면서도 균열적 속성도 지니고 있었다.

　하지만 쿠바와는 이념적 혈맹 관계를 여전히 유지하고 있었다. 쿠바는 남한과의 수교도 거부한 채 북한과의 유대를 강조하고 있었다. 양국이 그런 관계로 발전한 계기가 1986년 3월 피델 카스트로Fidel Castro 쿠바 국가평의회 의장의 방북이다. 카스트로는 김일성과 회담을 갖고 친선협력조약을 체결했다. 둘 다 혁명운동을 했던 경력을 갖고 있어서 개인적인 대화도 길게 나누었다. 항일빨치산 활동 당시 이야기를 하면서 카스트로가 의식주는 어떻게 해결했느냐고 물었다. 김일성은 만주의 추운 겨울에 먹을 것과 입을 것 없이 고생하던 이야기를 했다. 카스트로는 탄복했다. 그러면서 쿠바는 그렇게 춥지 않고 먹을 것을 구하는 것도 그다지 어렵지 않다고 했다.[1]

북한은 쿠바에 AK 소총 10만 정과 탄약을 공짜로 지원하기도 했다. 쿠바는 소련에 무기지원을 요청했는데 거절당했다. 소련은 미국과의 관계 진전을 기대하고 있는 상황에서 쿠바에 무기지원을 하기는 어려웠다. 그런데 북한이 무기를 지원해준 것이다.

북한과 쿠바의 친선 관계의 역사는 1960년으로 거슬러 올라간다. 1959년 쿠바혁명이 성공한 바로 다음해 북한은 쿠바와 수교했다. 그리고 그해 12월 카스트로의 혁명 동지 체 게바라Ché Guevara가 북한을 방문했다. 체 게바라는 상공부 장관을 맡고 있었다. 한겨울에 두꺼운 코트를 입은 체 게바라가 평양의 야외에서 댕기머리 평양 처녀와 함께 춤을 추는 장면이 아직도 사진으로 남아 있다. 1967년 체 게바라가 볼리비아에서 미국의 지원을 받은 정부군에 체포되어 처형당했을 때 김일성은 체 게바라를 '국제적인 혁명가이며 라틴아메리카의 영웅'이라고 회고하기도 했다.

1960년대 쿠바 미사일 사태 이후 소련이 쿠바에 대한 군사적인 지원

북한은 쿠바와 1960년에 수교하고, 그해 12월 체 게바라가 북한을 방문했다. 김일성은 체 게바라를 '국제적인 혁명가이며 라틴아메리카의 영웅'이라고 칭송했다.

을 중단하자, 쿠바는 자구책으로 아시아 · 아프리카 · 남미의 민족해방운동 세력들이 참여하는 국제연대회의를 조직했는데, 북한도 여기에 참여했다. 유엔 등 주요 국제기구에서도 북한은 쿠바를, 쿠바는 북한을 도왔다. 1960년 수교와 체 게바라 방북, 1986년 카스트로 방북으로 연결된 북한과 쿠바의 친선 관계는 지금도 이념적 동질성의 바탕 위에서 다른 어느 나라 사이의 관계 못지않게 긴밀한 상태를 유지하고 있다.

협력과 불신의 이중구조

고르바초프 시대의 외교를 '신사고외교新思考外交'라고 부른다. 국제 사회와의 협력과 서구와의 평화공존을 기본 원칙으로 하는 외교정책이었다. 이에 따라 미국과의 핵 군축에도 적극적으로 임하고, 동유럽 사회주의 국가들에는 체제 선택의 자유를 인정했다. 그야말로 종전의 소련 외교와는 완전히 다른 새로운 사고에 기반을 둔 외교였다.

'신사고외교'를 실행하던 고르바초프를 김일성이 직접 만나 정상회담을 한 것은 1986년 10월이다. 특이하게 이때는 김일성이 비행기를 타고 모스크바를 방문했다. 1984년 5월 체르넨코와의 정상회담에서도 소련의 남한에 대한 접근을 우려했던 김일성은 고르바초프와의 정상회담에서는 이를 더 심각하게 말했다. 남한에 있는 미군과 미국의 핵무기를 철수할 수 있도록 미국에 압력을 넣어달라는 요청도 했다. 한소 관계의 발전에 소외감과 위기감을 크게 느끼고 있었던 것이다.[2] 그도 그럴 것이 고르바초프의 '신사고외교'는 자본주의 국가와의 협력도 적극 추진한다는 내용을 담고 있었고, 소련의 경제적 필요는 남한과의 관계 강화를 종용하고 있었다.

김일성이 고르바초프를 만나기 수개월 전 소련공산당 정치국은 이미 남한과의 관계를 확대하기로 결정해놓고 있었다. 남한이 세계 군사전략 균형에서 중요한 요인으로 등장했기 때문에 남한에 대한 정치적·경제적 유화책을 확대해야 했다. 이러한 정책 기조를 갖고 있었기 때문에 소련은 남한과의 교역을 점차 강화하고, 제3국을 통한 남한 기업들

1986년 10월 김일성은 고르바초프와의 정상회담에서 남한에 있는 미군과 미국의 핵무기를 철수할 수 있도록 미국에 압력을 넣어달라고 요청했다. 소련을 방문해서 고르바초프를 만나고 있는 김일성.

과의 협력 사업도 확대하고 있었다. 그럼에도 고르바초프는 시치미를 떼고 김일성과의 회담에서 "소련은 결코 남한과 어떠한 관계도 맺지 않을 것"이라고 했다.[3]

고르바초프의 북한에 대한 인식은 이중적이었다. 후진적인 개인숭배를 지속하는 것에 대해서는 부정적이었다. 그러면서도 사회주의 동맹국이기 때문에 상호협조해야 한다는 생각도 하고 있었다. 김일성을 만나기 전인 10월 초 고르바초프는 아이슬란드 수도 레이캬비크에서 로널드 레이건 대통령과 회담을 갖고 군축 방안을 논의했는데, 이러한 움직임에 대해 소련의 군부는 비판적이었다. 서방에 지나치게 양보한다는 것이었다.

　김일성과의 협력은 이러한 여론을 일정 부분 완화할 수 있었다. 또한 레이건 행정부의 신냉전 전략, 즉 소련에 대한 압박과 군비 경쟁의 강화 전략은 고르바초프로 하여금 사회주의 동맹국과의 협력을 강화하도록 했다. 그래서 고르바초프는 김일성에게 지원을 약속했다. MIG-25를 개량한 MIG-29 30대를 제공하기로 했다. SU-25 전투기, SAM 미사일, 첨단레이더 등도 지원하기로 했다. 6·25 전쟁 당시 무기 지원을 대규모로 한 이후 가장 큰 군사원조였다. 해군합동훈련도 정례화하기로 했다. 이에 대해 북한은 소련 공군기가 북한의 영공領空을 비행할 수 있도록 허용했다. 소련은 남한의 미군 정찰을 위해 필요했다.

　1987년에도 북소 양국은 서로 대표단이 상대국을 방문하고 경제 교류도 강화하면서 지속적으로 발전하는 양상이었다. 1980년대 중반 북한은 중국과의 관계도 강화하고 있었는데, 중국과는 전통적인 유대 관계를 견지하면서 소련과는 현실적인 이해에 바탕을 둔 실질적인 협력을 강화한다는 전략을 구사했다.

　하지만 이러한 관계 증진의 이면에는 불신도 있었다. 김일성은 자본주의 국가와의 관계 개선을 서두르는 고르바초프의 '신사고외교'에 부정적이었다. 고르바초프를 흐루쇼프 못지않은 수정주의자로 보고 있었던 것이다.[4] 이러한 불신은 세계가 탈냉전의 상황에 돌입하고, 소련이 서방과 남한에 적극적으로 접근하면서 더 커졌다. 그 정점은 1990년의 한소 수교였다.

비핵지대 · 평화지대 제안

북한은 1986년 6월 23일 '비핵지대 · 평화지대' 창설을 제안했다. 한 반도를 비핵지대 · 평화지대로 설정하자는 제의였다. 그 내용은 3가지 였다. 첫째, 핵무기의 시험 · 생산 · 저장 · 반입을 금지하고, 외국의 핵 기지를 포함한 군사기지의 설치를 허용하지 않으며, 외국의 핵무기들 이 영토 · 영공 · 영해를 통과하는 것도 금지하자는 것이다. 둘째, 남한 에 새 핵무기 반입을 중지하고, 이미 반입한 핵무기들은 단계적으로 축 소해 완전 철수에 이르도록 하자는 것이다. 셋째, 비핵지대 · 평화지대 창설 제안과 관련해 남한과 미국 정부가 협상을 제안하면 언제든지 응 하겠다는 것이다.

요컨대 한반도에서 핵을 생산하지도 보유하지도 말고, 외국의 핵무 기를 도입하지도 말며, 현재 남한에 있는 미국 핵무기는 철수시키자는 것이었다. 1987년 7월 23일에는 단계별 군축 실현 문제를 논의하기 위 한 다국적 군축 협상을 제의했다. 핵무기 철수, 주한미군 철수, 군사기 지 폐쇄 등을 단계적으로 실현하기 위한 협상을 하자는 제안이었다.

이렇게 북한이 비핵지대 · 평화지대 창설을 제안한 것은 그동안 알려 지지 않았던 주한미군의 핵무기 보유과 한반도 핵 전략이 1980년대 초 · 중반부터 알려졌기 때문이다. 1983년 1월에 주한미군 사령관 에 드워드 마이어Edward Meyer는 "핵무기를 사용해야 할 상황이라면 한반 도에서는 15개국과만 협의하면 되기 때문에 유럽보다는 사용하기가 훨씬 더 쉽다"고 말했다. 6 · 25 전쟁에 참전한 유엔 16개 회원국과 협의해서 핵무기를 쓸 수도 있음을 이야기함으로써 주한미군의 핵무기 보유와 사용 가능성을 시사한 것이다.

1984년에는 미국의 저명한 칼럼니스트 잭 앤더슨Jack Anderson이 『워싱턴포스트』에 쓴 글에서 "태평양 지역에 배치된 핵지뢰 21개 중 대부분이 한국의 비무장지대에 매설되어 있다"고 주장해 주한미군의 핵무기 보유를 사실상 폭로했다. 1985년에는 핵 문제 전문가 리처드 필드하우스Richard Fieldhouse와 윌리엄 아킨William Arkin이 『핵전장Nuclear Battlefields』에서 "군산 공군기지에 60개의 중력 핵폭탄, 203밀리미터 핵포탄 40발, 155밀리미터 핵포탄 30발, 핵지뢰 21개 등 151개의 전술 핵무기가 비축되어 있다"고 기록해 미군의 남한 핵무기 배치가 공공연한 사실이 되었다.

이렇게 되자 북한은 주한미군의 핵무기 보유를 비난하면서 한편으로는 비핵지대 · 평화지대 창설을 제안한 것이다. 이런 주장을 통해 북한은 한반도의 군사적 긴장에 대한 책임을 미국에 돌리려고 했다. 미국의 핵무기가 한반도에 배치되어 있음을 상기시켜 미국의 책임을 분명히 하려고 한 것이다. 핵 문제는 세계적인 이슈이기 때문에 비핵지대 · 평화지대를 제안함으로써 세계 여론을 등에 업고 주한미군 철수의 정당성을 강화하겠다는 것이다.

또한 북한은 이런 제안을 통해 미국과 회담을 열어 핵 문제, 주한미군 철수 문제, 평화 체제 문제를 논의해보겠다는 의도도 갖고 있었던 것으로 보인다. 물론 미국이 회담에 응할 가능성은 낮았지만, 회담이 성사된다면 북한으로서는 자신들이 생각하는 주요 문제를 논의할 수 있는 기회를 마련할 수 있었다. 북한으로서는 손해볼 것이 전혀 없는 제안이었다.

제3차 7개년 계획 시작

1985~1986년을 조정기로 해서 부족한 부문을 채운 뒤 북한은 1987년 제3차 7개년 계획을 시작했다. 제3차 7개년 계획의 기본 과업은 인민경제의 주체화, 현대화, 과학화를 추진해 사회주의 완전 승리를 위한 물질적인 토대를 튼튼히 마련하는 것이었다.

북한은 1946년에 이른바 '인민민주주의혁명'을 실행했고, 1946년 말부터는 사회주의 과도기 과업에 들어갔으며, 1958년에는 상공업과 농업의 협동화를 통해 사회주의 개조를 끝냈다. 이후부터는 '사회주의 완전 승리'라는 장기 과업에 들어가 사회주의 공업화의 기초 건설, 사회주의 공업화의 실현, 사회주의의 물질적 · 기술적 토대 공고화 등의 단계를 거쳤다. 그러한 바탕 위에서 제3차 7개년 계획은 사회주의 완전 승리를 위한 물질적 토대를 더욱 튼튼히 하겠다는 목표를 설정한 것이다.

이러한 큰 목표를 달성하기 위한 당면 과제로 첫 번째는 노동자와 농민의 계급적 차이를 없애 무계급의 사회를 실현하는 것을 설정했다. 이를 위해 북한은 농촌의 협동적 소유를 전인민적 소유, 즉 국유로 전환해 생산수단에 대한 전인민적 소유를 이루어내겠다는 계획을 세웠다. 두 번째는 사회주의 경제 건설의 효과적인 실행을 설정했다. 이를 위해서는 공업생산은 1.9배, 농업생산은 1.4배, 사회 총생산액은 1.8배, 국민소득은 1.7배 성장시키는 것을 구체적인 목표로 세웠다.

그런데 이러한 성장 목표는 1970년대 6개년 계획(1971~1976)이나 제2차 7개년 계획(1978~1984)보다 낮게 잡은 것이었다. 공업 생산액은 6개년 계획과 제2차 7개년 계획 당시에는 각각 2.2배 성장이 목표였다. 하지만 제3차 7개년 계획에서는 1.9배로 조금 낮아졌다. 국민소득은 6개년 계획에서는 1.8배, 제2차 7개년 계획에서는 1.9배 성장이 목표였는데, 제3차 7개년 계획에서는 1.7배 성장을 목표로 세웠다. 이는 1980년대 북한 경제의 성장 속도가 그만큼 둔화되었음을 보여주는 것이다. 그리고 북한이 경제계획을 세우는 데 이전보다 훨씬 현실적이라는 것을 말해준다.

구체적인 부문별 발전 계획으로는 운송 부문은 철도의 증설, 주요 간선의 복선화, 철도 운영의 자동화 등을 추진하기로 하고, 화학공업 부문은 함흥과 흥남지구에 합성수지 · 합성고무 생산기지를 새로 건설하기로 했다. 농수산업 부문에서는 30만 헥타르의 간척지를 개발하고 농업의 전기화 · 수리화에 더욱 박차를 가하기로 하고, 경공업 부문에서는 가전제품, 의복류, 가공식품 생산시설을 늘리기로 했다. 중공업은 물론 경공업 분야의 발전에도 주력해 북한의 생산력을 전반적으로 증진시키겠다는 계획이다.

첫 보트피플 김만철 가족

1987년 1월 20일 일본 후쿠이福井 외항에 철선 한 척이 닿았다. 엔진 고장으로 표류하다가 거기까지 간 것이다. 일본 해상보안청은 가까운 쓰루가敦賀항으로 배를 예인했다. 배에는 일가족 11명이 타고 있었다. 일본은 이들을 상대로 입국 경위를 조사하기 시작했다. 통역 요원은 조총련계였다.

이들은 "따뜻한 남쪽나라로 가고 싶다"고 했다. 실제로 날씨가 따뜻한 곳에서 가족끼리 농사를 지으면서 사는 것이 꿈이었다. 문제는 통역이 조총련계라는 것이다. 통역을 통해 이들이 탈북자임을 알게 된 조총련은 여러 방법으로 이들을 북한으로 돌려보내려고 했다. 그러는 사이 가족들 간에도 의견이 엇갈리게 되었다.

남한 정부는 이들의 인도를 일본 정부에 요청했다. 하지만 일본은 북한을 의식해 직접 인도는 어렵다고 알려왔다. 대신 이들을 공해상으로 추방하는 방안을 추진했다. 그런데 북한 측이 이를 알고 공해상에서 경비정을 타고 대기하고 있었다. 남한과 일본은 협의 끝에 이들을 제3국으로 보내기로 했다. 제3국으로는 타이완이 선택되었다. 남한·일본과 대화가 되는 나라였다. 일본은 2월 7일 이들을 타이완으로 보냈다. 남한 측은 이들을 타이완에서 만나 다음 날 김포공항으로 데려왔다.

이들 가족이 김만철 일가였다. 부인, 자녀, 장모, 처남, 처제까지 포함된 일가족이 탈북해 남한으로 들어온 것이다. 일가족이 집단으로 탈북한 첫 번째 경우였다. 첫 북한판 보트피플이었다. 김만철은 함경북도

"따뜻한 남쪽나라로 가고 싶다"고 말했던 김만철 일가는 2~3년을 준비한 끝에 남한으로 들어왔다. 기자회견을 하고 있는 김만철 일가.

사회안전국 국토관리처 자연보호감독대 소속 내과의사였다. 김만철은 가족을 데리고 탈북하기로 결정하고, 50톤짜리 군용 철선을 준비해 1월 15일 새벽 1시 청진항을 출발했다. 남쪽으로 내려오다가 다음 날 대화퇴大和堆 부근에서 폭풍을 만나 선박의 엔진이 고장났다. 그대로 표류를 하다가 일본에 닿게 되었다.

김만철은 탈북을 위해 2~3년을 준비했다. 타고 갈 철선을 정해놓고 여기에 레이더와 무전기를 달았다. 가족들을 하나하나 설득해 대부분 탈북하는 데 동의하도록 하고, 역할을 분담해 먹을 것과 입을 것을 준비했다. 철저한 기획에 의한 탈북이었다. 김만철 일가의 탈북은 몇 년 후 시작되는 대량 탈북을 예고했다. 1990년대 초반까지는 한 해 몇 명 수준이던 것이 1990년대 중반부터는 수십 명으로 늘었고, 2000년대 초반부터는 연 1,000여 명, 2000년대 중반부터는 연 2,000여 명으로 탈북자는 증가했다.

1980년대 후반 탈북의 주요 원인은 출신 성분 등에 따른 북한 사회에서의 좌절과 식량난, 외부 정보의 유입 등이었다. 철저한 통제와 출신 성분에 따른 연좌제 적용으로 북한 사회에서 더는 희망을 갖지 못하고 탈북하는 경우가 있었다. 북한 경제의 지속적인 침체로 식량 사정이 악화된 것도 탈북의 원인이 되었다. 이러한 상황에서 해외 교포나 남한의 방송 등을 통해 외부 사정에 대한 정보를 알게 되어 탈북은 조금씩 늘어갔다.

김만철 일가도 출신 성분에 따른 차별이 우선 탈북 동기가 되었다. 김만철의 동생이 화가였는데, 김일성의 초상화를 그리다 당 간부와 시비가 붙어 그리던 초상화를 구겨버린 적이 있는데 이것이 '수령 모독죄'가 되었다. 이 일로 김만철 가족은 성분이 나쁜 가족이 되어 운신하기가 어렵게 되었다. 식량난도 김만철 일가의 탈북 원인이 되었다. '따뜻한 남쪽나라'로 가서 밭을 일구어 양식 걱정 없이 살겠다는 생각도 탈북의 중요한 원인이 된 것이다.

첫 골프장 개장

골프는 북한에서 부르주아 계급의 전유물로 백안시되었다. 그러던 북한에 골프장이 들어선 것은 1987년 4월이다. 태성골프장이 개장한 것이다. 평양골프장이라고도 불렸다. 평양에서 40킬로미터 정도 남쪽, 남포시 룡강군 태성호 주변에 건설되었다. 조총련계 사업가들이 김일성의 75세 생일을 기념해 조성해준 것이다. 전장 6,200미터, 파 72, 18홀 코스다. 개장 당시에는 외국인들만 칠 수 있었다. 김정일도 이따금 이용했다.

이후 평양의 량각도와 룡성에 9홀짜리 골프장 2개가 더 생겼다. 그중 량각도골프장은 량각도 개발 사업으로 없어졌다. 금강산에도 18홀짜리 골프장이 건설되었다. 2008년 7월 개장을 앞두고 박왕자 피격사건이 발생하면서 개장을 못했다. 지금은 관리가 제대로 되지 않고 있는 것으로 알려졌다. 골프연습장은 1990년에 개장한 평양 서산호텔 골프연습장이 북한에서 유일하다. 특이한 것은 골프 용어를 북한식으로 모두 바꿔 쓴다는 것이다. 아이언은 '쇠채', 우드는 '나무채', 티는 '공알받침', 티잉그라운드는 '출발대', 워터해저드는 '물방해물' 등으로 불린다.

북한이 자본주의 스포츠인 골프를 받아들인 것은 단순한 일이 아니다. 자본주의 세계와 서방 세계를 무조건 배척하는 단계는 지났음을 보여주는 신호였다. 북한의 골프장이 내국인용으로 개장한 것은 아니다. 주로 외국에서 북한을 방문하는 사람들을 위한 것이었다. 그런 점에서 골프장은 많은 외국 관광객을 끌어들이려는 북한의 의도가 담긴 것이다.

골프장 개장은 1980년대 중후반 다양한 방면에서 불고 있던 개방의 바람을 상징적으로 보여준다. 이 시기에 북한 주민들에게 커피도 소개되었다. 조총련계 상공인이 투자한 고속도로 휴게소에 커피점이 생긴 것이다. 스포츠에서도 골프장 건설뿐만 아니라 종전에는 꺼리던 야구와 에어로빅 등을 하는 사람들도 생겨나는 등 달라지는 모습이 나타났다. 김일성도 이러한 변화에 부응하듯 1984년 6월 소련과 동유럽 순방에서 돌아올 때 1948년 북한 정부 수립 당시부터 입던 인민복 대신 서구식 양복에 넥타이를 매고 있었다.

이와 같은 변화에 많은 영향을 미친 그룹이 해외 교포들이다. 재일 교포들은 일본에서 자본과 전기밥솥 같은 새로운 상품을 북한으로 가져가 북한 사회를 조금씩 변화시키는 역할을 했다. 재미 교포들의 방북도 유사한 기능을 했다. 이들이 전해주는 달러와 전자제품 등이 미미한 변화들을 촉발했다.

좀더 근본적으로는 세계 정세의 변화가 북한에도 조금씩 영향을 주면서 변화의 모습이 나타나기 시작했다고 해야 할 것이다. 중국은 1978년 덩샤오핑이 집권한 이후 개혁개방을 지속적으로 추진하고 있었다. 자본주의 세계와의 교역을 확대하면서 물질적 능력의 향상에 주력하고 있었다. 그 연장선상에서 남한과의 교역도 증대시키고 있었다. 소련도 1985년 고르바초프 시대가 되면서 개방경제와 개방외교를 지향하고 있었다. 역시 서구나 남한과의 교류를 점차 확대하고 있었다. 이러한 국제 환경이 북한에도 변화의 미풍을 일으킨 것이다.

하지만 이러한 변화는 그야말로 미풍에 불과했다. 변화의 폭이 넓지 못했고, 깊이가 깊지 못했다. 점멸식의 산발적인 현상에 불과했다. 또한, 그 변화가 일관성 있는 정책으로 뒷받침되지 못했다. 제도화 · 구조화되지 못한 것이다. 그래서 북한은 중국이나 베트남과 같은 개혁개방으로 나아가지 못했다.

KAL기 폭파사건

1987년 남한은 격변기였다. 6월민주항쟁 이후 개헌을 했고, 새 헌법에 따라 대통령 선거를 치렀다. 군사독재시대를 극복하고 민주화의 시대로 넘어가는 한국 현대사의 중요한 시점이었다. 게다가 1986년 아시안게임을 치르고 1988년 서울올림픽을 준비하고 있는 상황이었다. 민주 발전과 국제적인 위상의 도약을 동시에 이루어가고 있었다.

그런 와중에 대형사건이 발생했다. 1987년 11월 29일 오후 2시 5분, 미얀마 안다만 해역의 상공을 날던 대한항공 858여객기가 공중에서 폭발했다. 여객기는 미얀마 양곤관제소에 '정시 방콕 도착, 시간과 위치 정상'이라는 교신을 최후로 사라졌다. 탑승했던 115명은 모두 사망했다.

남한은 국제 공조를 통한 수사에 착수했다. 사고 여객기에 일본 이름을 가진 2명이 탑승했다가 아부다비공항에서 내린 것이 확인되었다. 곧바로 두 사람을 추적했다. 12월 1일 바레인공항에서 그들은 체포되었다. 체포 직후 조사를 받던 중 남자는 독약을 삼키고 자살했고, 여자는 살아남았다. 조사 결과 여자의 이름은 김현희, 북한 공작원이었다.

북한은 오랫동안 테러를 준비했다. 김현희에게 1985년부터 일본어와 중국어를 교육시켰다. 중국과 마카오 등지에 파견해 현장 교육도 충분히 시켰다. 여객기 탑승 절차, 공항검색대, 해외의 상황 등에 익숙해지게 하기 위해 유럽 여러 곳을 여행시키기도 했다. 체포 직후 독약을 삼키고 자살한 공작원이 김승일이었는데, 김승일과 김현희를 부녀로 위장해 해외여행을 함께하도록 하면서 현지 적응 훈련도 철저히 했다.

이렇게 오랫동안 훈련받은 김현희와 김승일은 1987년 11월 10일 조선노동당 조사부장에게서 11월 28일 밤 11시 30분 바그다드발 서울행 대한항공 858기를 폭파하라는 명령을 받고 평양을 떠났다. 유고슬라비아 베오그라드에서 다른 공작원에게서 시한폭탄을 넘겨받았다. 일제 파나소닉 라디오로 위장되어 있었다. 그 라디오를 쇼핑백에 넣어 들고 이들은 예정대로 여객기에 올랐다. 좌석번호 7B의 선반 위에 쇼핑백을 놓고 이들은 경유지 아부다비공항에서 내렸다. 여객기는 이륙해 다음 경유지 방콕으로 향했다. 남한 시간으로 29일 오후 2시 2분 양곤관제소와 마지막 교신을 했다. 그리고 3분 후 폭발했다.

왜 북한은 그 시점에 테러를 자행했을까? 김현희가 기자회견에서 직접 밝힌 대로 크게 3가지였다. 첫째는 1988년 서울올림픽 방해다. 당시는 냉전의 끝자락이었다. 남북의 체제 경쟁은 심했다. 올림픽 참가를 두고도 남한은 각국에 "참여해달라"고 호소했고, 북한은 "참가하지 마라"고 이야기했다. 그것이 남북 외교관들의 가장 중요한 업무였다. 북한으로서는 올림픽이 못 열리게 하거나 참가국을 최소화하는 것이 매우 중대했다. 둘째는 선거 정국의 혼란을 야기하는 것이다. 여야가 합의해 대통령 직선제를 골자로 하는 헌법을 개정하고 성공적으로 선거를 치러내는 것은 남한의 민주정치를 한 단계 도약시키는 것이었다. 북한은 이를 보고 있지 않으려고 했다. 셋째는 남한 내 계급투쟁 촉발이다. 북한이 1970년대부터 추진해오던 남한혁명론이다. 남한 내의 반체제 세력을 독려해 혁명운동을 강화하려고 한 것이다. 북한은 남한에 대

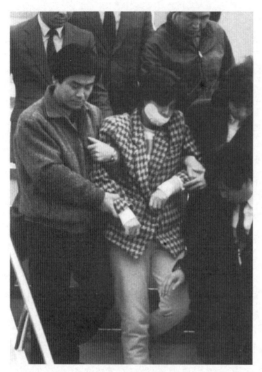

북한은 김현희에게 대한항공 858기를 폭파하라는 명령을 내렸다. 이는 남한 사회를 혼란스럽게 하고, 그것이 혁명 세력을 독려할 수 있을 것으로 생각했기 때문이다. 1987년 12월 15일 김포공항으로 압송되어 비행기 트랩을 내려오고 있는 김현희.

한 테러가 남한 사회를 혼란스럽게 하고, 그것이 혁명 세력을 독려할 수 있을 것으로 생각했다.

　김현희가 밝힌 것은 공작원으로서 구체적인 이유를 말한 것이고, 큰 흐름에서 보면 북한의 소외감과 그로 인한 불안감이 테러의 원인이라고 할 수 있다. 1980년대 후반으로 갈수록 소련은 남한과의 경제 협력을 강화했다. 1986년 7월 28일 고르바초프가 블라디보스토크 선언에서 태평양경제협력체에 참가의사를 밝히면서 이는 더 공식화되고 구체화되었다. 소련뿐만 아니라 대부분의 공산권 국가들이 서울올림픽에 참가하겠다는 의사를 분명히 한 것도 북한의 불안감을 키웠다. 중국도 남한과의 관계를 발전시켜 나가면서 북한의 불안을 더욱 가중시켰다.

이러한 불안감과 위기의식이 여객기 테러라는 극단적인 방식으로 표출되었다. 아웅산 폭탄 테러와 마찬가지로 북한의 강온 양면 전략이 적용된 것으로 볼 수 있다. 북한은 대남·대외 전략으로 온건책과 강경책을 고려하고 있었고, 이를 주장하는 관료 집단도 존재했다. 이 2개의 정책을 최고 정책 결정자가 번갈아 활용하면서 그들 나름의 국익을 확보하고 대외적인 활로를 찾으려고 한 것이다. KAL기 폭파사건은 1980년대 중반 남한과의 대화를 주도한 온건파의 대척점에 있는 강경파가 자신들의 세력을 회복하기 위해 강경책을 주문하고 김정일도 이에 공감하면서 발생한 것이다.

김정일로 권력이양 과정을 밟다

KAL기 폭파사건 당시에도 조선노동당 조사부장에게 명령을 내린 것은 김정일이었다. 그 무렵 중대 사안은 김정일에 의해 결정되었다. 그와 비례해 김일성은 주요 사안에서 손을 떼어가고 있었다. 이런 모습은 1982년 70회 생일 이후 여실히 나타나기 시작했다. 특히 김일성의 현지 지도가 눈에 띄게 줄어들었다. 외국 언론과의 인터뷰도 줄었다. 현지 지도와 외국 언론 인터뷰는 한창 때 김일성이 매우 즐기던 것들이다. 김일성의 준퇴진은 1980년대 후반이 되면서 분명해졌다.

1985년 말 김일성은 평양의 교외에 있는 대성산 혁명열사릉을 확장했다. 100명이 넘는 자신의 충직한 항일빨치산투쟁 동지들을 안장하기 위해서였다. 미래보다는 과거를 돌아보는 작업에 힘을 쓰기 시작한 것이다. 항일빨치산 동지들의 충성과 희생을 생각하며 자신의 업적을 반추하는 일에 시간과 노력을 쓰고 있었던 것이다.

1986년 10월 고르바초프와의 정상회담을 위해 소련을 방문할 당시 그를 수행한 사람은 외교와 직접 관련된 전 외교부장 허담과 외교부장 김영남 정도였다. 단출한 방문단을 이끌고 비행기로 모스크바를 방문했다. 1984년 5월 소련 방문 당시 대부분의 정부 고위 관료와 경호원, 요리사 등 300여 명을 특별열차에 태우고 갔던 것과는 크게 비교되는 외유였다.

1986년 11월 최고인민회의 제8기 대의원 선거가 진행되고, 12월에 최고인민회의 제8기 제1차 회의가 열렸다. 김일성은 다시 국가주석으로 선출되었다. 강성산이 물러나고 총리는 개혁 성향의 리근모가 새로 선임되었다. 김일성은 남포의 서해갑문 준공식과 같은 주요 행사에 참석하기는 했다. 하지만 전보다 빈도는 줄었다. 외국의 주요 방문객들은 김일성뿐만 아니라 김정일에게도 선물을 가져왔다.[5] 정부 운영에서도 김일성에서 김정일 쪽으로 무게 중심이 옮겨가고 있었다.

1987년 4월에는 최고인민회의 제8기 제2차 회의가 열렸다. 제3차 7개년 계획을 채택하고 실행을 선언하는 중요한 회의였다. 김일성은 여기

김일성은 1982년 70회 생일 이후 현지 지도나 외국 언론과의 인터뷰를 줄여나갔다. 김일성의 준퇴진은 1980년대 후반이 되면서 분명해졌다.

서 연설을 하지 않았다. 5월에는 중국을 방문했다. 허담, 김영남, 전 부총리 리종옥이 수행하는 정도였다. 중국의 경제 원조를 얻기 위한 외유였다. 하지만 1987년 5월 방중도 과거처럼 대규모 방문단은 아니었다. 실제로 필요한 인원만을 대동한 실무 방문 성격이었다. 이렇게 김일성은 국내 활동이나 외유도 줄이면서 김정일로 권력이양 과정을 밟고 있었다.

보트피플
김만철의
1986년

1987년 1월에 탈북한 김만철은 2~3년 동안 탈북을 준비해왔다. 배를 준비하고, 이를 운항할 수 있는 기술을 배우고, 고장 나면 수리할 수 있는 능력까지 갖추어야 했다. 그래서 그는 자신의 근무처인 함경북도 사회안전국 국토관리처 자연보호감독대에서 야간 경비 업무를 자원해서 했다. 이 부서는 바다에서 허가 없이 불법 조업을 하는 사람들을 단속하는 것이 주요 업무였다. 김만철의 원래 업무는 감독대의 어업 감독선에 동승해 선원들이 다치거나 신체에 문제가 생기는 경우 조치를 취해주는 것이다. 평소 이들에 대한 건강을 점검하고 관리하는 것도 그의 일이었다. 그런데 야간 경비 업무까지 자원한 것이다. 탈북에 이용할 배를 관찰하고 익히기 위해서였다.

어쨌든 김만철의 생활 주변 모습은 1986년 북한의 모습을 적나라하게 보여준다.[6] 1986년 2월 김만철은 단속선을 타고 바다로 나갔다. 함경북도 청진 앞바다의 매서운 바람은 온도계를 영하 32도까지 끌어내렸다. 천혜의 부동항 청진항도 얇은 얼음이 얼고 유빙이 여기저기 떠다녔다. 선장과 선원들은 한쪽에서 트럼프를 하고 있었다. 그사이 김만철이 방향키를 잡았다. 한창 배를 몰고 나왔는데, 유빙 뒤에 배가 한 척 있었다. 유빙을 엄폐물 삼아 고기를 잡고 있었다.

당시 북한은 식량난과 외화난이 심각했다. 기업소나 협동농장들이 자체의 부업선을 운영해 부식을 해결했다. 부업선으로 잡은 고기를 모두 부식으로 사용할 수 있다면 그나마 다행일 텐데 그것도 마음대로 못했다. 잡어류만 부식으로 쓰고 낙지, 명태, 해삼, 게 등 수출할 수 있는 것들은 외화벌이 기관에 바쳐야 했다. 그래서 부업선들은 '어업 허가증'에 표시된 시간과 지역을 벗어나 고기를 잡는 경우가 많았다.

이날 김만철 일행에게 단속된 부업선도 그랬다. 단속선 선장은 "어디 배요? 선장 동무 나오시오"라고 크게 외쳤다. 부업선 선장이 나타났다. "청진연락소 부업선인데 무슨 일이오?" 하고 말했다. 대외공작 부서의 부업선이었다. 단속선 선장은 어업 허가증 제시를 요구했다. 부업선 선장은 "우리는 대외공작 사업을 하는 연락소 요원이야. 고기 좀 잡는데 뭐가 나빠"라며 버텼다. 단속요원 5~6명이 20여 명의 공작요원을 제압할 수는 없었다. 일단 철수했다.

감독대는 함경북도 당위원회에 공식으로 문제를 제기해 연락소장이 공개 비판을 받도록 했다. 감독대에서 더 크게 문제를 삼으면 연락소장이 문책을 당하고 부업선도 압수당할 상황이었다. 연락소에서 감독대에 50톤급 노후 공작선 한 척을 보내 화해를 청했다. 목선을 쓰던 감독대는 이를 수용했다. 기관끼리도 뇌물을 주고 문제를 해결하는 식이었다. 어쨌든 문제는 그렇게 해결되었고, 그때 받은 노후 공작선은 김만철 가족이 탈북하는 데 이용되었다.

김만철은 감독대에 근무한 덕분에 당장은 먹고사는 데 크게 문제가 없었다. 쌀은 모자랐지만 단속을 하다가 뇌물로 받은 생선으로 식량을 보충할 수 있었기 때문이다. 단속에 걸린 어선들은 몇 십에서 몇 백 킬로그램의 생선을 주기도 했다. 그러면 그걸 받고 눈감아주는 것이었다. 김만철은 그렇게 받은 생선을 처남의 직장에도 갖다 바쳐 처남을 좀 나은 직장으로 옮겨주기도 했다.

1986년 당시 의약품 사정은 아주 좋지 않았다. 김만철의 처제 하나가 오랫동안 결핵을 앓고 있었다. 청진의 요양소에서 15년 동안 치료를 하고 있었는데 진전이 없었다. 요양소에는 50여 명의 환자가 수용되어 있었는데, 병세가 호전되는 사람은 거의 없었다. 간호사도 없었고, 구역의 병원에서 의사가 6개월에 한 번씩 왕진을 하는 정도였다. 특별한 결핵약이 없었고, '이쇄찌스'라는 정제를 썼는데, 그것마저 1986년에는 끊겼다. 1984년 가을 남한의 수재민 지원물자로 모두 보냈기 때문이다. 대신 개고기가 결핵에 좋다면서 섭취를 권장했다. 환자들이 노동을 해야 치료에 도움이 된다면서 하루 4시간씩 잉크공장에서 일을 시켰다. 환자들은 여기서 받은 임금으로 개고기를 사먹기도 했다.

평양에서 먼 함경북도 청진이어서 더 그랬을 것으로 짐작되지만, 김만철이 겪은 1986년의 북한은 주민생활에 필요한 식량과 의약품이 부족하고 여기저기서 불법 거래와 뇌물이 성행하는 허점 많은 모습이었다.

1988~1989년

제5장

×××

탈냉전과 체제 경쟁

88서울올림픽 불참

남북한의 긴장을 조금씩 풀어갈 수 있는 열쇠는 스포츠, 문화, 경제 등 기능적인 부문이 쥐고 있다. 정치적 이해관계가 덜 개입되어 있어 합의가 비교적 쉽기 때문이다. 하지만 올림픽 대회와 같은 국제적으로 비중이 큰 행사를 두고 남북이 쉽게 의견 접근을 이루지 못했다. 그래서 북한은 88서울올림픽에 불참하고 말았다. 북한은 1988년 1월 12일 남한이 단독으로 강행하려는 올림픽에 참여하지 않겠다고 선언했다. 9월 3일에는 관영 중앙통신을 통해 88서울올림픽에 선수단을 파견하지 않기로 결정했다고 밝혔다.

남북한은 서울올림픽 분산 개최와 단일팀 문제를 오랫동안 협의했다. 1985년 2월 국제올림픽위원회 위원장 후안 사마란치Juan Samaranch의 권유에 따라 남북은 10월 스위스 로잔Lausanne에서 회담을 시작했다. 북한은 경기를 절반씩 나누어 올림픽을 공동 개최하자고 주장했다. 공동 개최는 쿠바 국가평의회 의장 카스트로가 조언한 것이다. 그는 '서울올림픽'이 아니라 '조선올림픽' 또는 '평양-서울올림픽'으로 명칭을 수정하고, 올림픽을 공동으로 개최하면서 중계권료도 양분해야 한다고 조언했다. 남한은 올림픽 개최권은 남한에 있고, 북한도 다른 나라와 똑같이 대회에 참가할 수 있다는 원칙적인 입장을 밝혔다.

1986년 1월 제2차 회담에서도 북한은 공동 개최와 남북 단일팀 구성을 주장해 협상의 진전을 이루지 못했다. 6월 제3차 회담에서 북한은 공동 개최와 단일팀 구성 문제를 거론하지 않은 채 종목 배정을 요구했다. 남한은 2개 종목을 북한 지역에 배정할 수 있다고 밝혔다. 종목수 문제로 쟁점이 좁혀지는 양상이었다.

1987년 7월 제4차 회담에서 북한은 3분의 1의 경기(8종목)를 배정해 달라고 요구했다. 인구 비례로 하자는 것이었다. 대회 명칭에도 평양을 넣고, 개·폐회식은 서울과 평양에서 분리해서 하자고 주장했다. 초기에 주장하던 공동 개최로 다시 돌아간 것이다. 국제올림픽위원회가 중재에 나섰다. 탁구와 양궁, 여자배구·축구 예선 1개조, 사이클 남자 개인도로 경기를 북한에 배정한다는 안을 내놓았다. 이에 대해 북한은 다시 수정안을 제시했다. 5개 종목 전 경기, 1개 종목 일부 경기를 배정해 달라면서 대회 명칭, 개·폐회식, 조직위원회 구성 등의 문제는 추후 다시 협상하자는 것이었다.

이에 대해 국제올림픽위원회는 북한의 수정안을 거부하면서 국제올림픽위원회의 중재안을 수용해야 협상을 할 수 있다고 밝혔다. 북한은

북한은 8종목 배정, 대회 명칭, 개·폐회식 서울과 평양 개최, 조직위원회 구성 등의 문제를 주장했지만, 결국에는 선수단을 파견하지 않았다. 제24회 서울올림픽 개회식 장면.

회담을 다시 타진해보기도 했지만, 자신들의 주장이 관철되지 못할 것으로 알고 10월 23일 회담 중단을 선언했다. 1988년 1월 12일 올림픽 불참을 공식적으로 밝히고, 9월 3일 최종적으로 선수단을 파견하지 않을 것임을 밝혔다.

남한은 서울 개최권에 집착했다. 대폭 양보를 통해 얻을 수 있는 남북 관계 개선의 이점을 보지 못했다. 북한은 남한이 이루어놓은 것에 편승하는 입장인데도 오히려 주도권을 행사하려고 해서 올림픽을 통한 남북 교류의 진정성을 의심케 했다. 실제로 북한은 서울올림픽을 정치적으로 매우 중대한 의미가 있는 행사로 여기고 있었다. 당시 조선노동당 국제 비서 황장엽은 1985년 6월 동독의 사회주의통일당에 보낸 편지에서 "서울올림픽은 단순한 스포츠 행사가 아니라 세계 공산혁명의 기저에 큰 영향을 미치는 중대한 정치적 사안이다. 그에 따라 한반도에서 사회주의가 강화될지, 아니면 자본주의가 강화될지 판가름이 날 것이다"라고 역설했다.[1]

그래서 북한은 올림픽 공동 개최 문제를 "남조선과 이를 지지하는 제국주의자들을 상대로 한 전략적인 정치투쟁"으로 보았다. 평양 주재 동독 대사 한스 마레츠키Hans Maretzki가 북한의 유력인사들을 만난 뒤 1987년 5월 본국에 전문을 보냈는데, 거기에 그렇게 기록해놓았다.[2] 인류의 스포츠 대축전을 통한 관계 개선의 좋은 기회는 남북의 다른 인식과 접근으로 물거품이 되었다.

민족자존과 통일번영을 위한 특별선언

1987년 민주화의 바람을 타고 1988년부터는 대학생들을 중심으로 통일 논의가 활발해지고 있었다. 탈냉전으로 가는 국제 환경도 이러한 움직임을 재촉했다. 당시 노태우 정부도 국내외의 환경을 인식하고 북방 정책을 추진했다. 소련과 중국, 동구권 공산 국가들과의 관계를 발전시켜 북한과의 관계도 개선한다는 정책이었다.

그러한 조건 속에서 올림픽을 2개월 앞두고 나온 노태우 정부의 대북 선언이 1988년 7월 7일의 '민족자존과 통일번영을 위한 특별선언'

이다. 이른바 '7·7 선언'이다. 자주, 평화, 민주, 복지의 기본 원칙 아래에서 민족자존과 통일번영의 새 시대를 열어나갈 것을 천명했다. 이 선언에는 6개항의 세부적인 제안을 담고 있었다.

① 정치인, 경제인, 종교인, 문화예술인, 체육인, 학자 및 학생 등 남북 동포 간의 상호 교류를 적극 추진하며 해외 동포들이 자유로이 남북을 왕래하도록 문호를 개방한다.

② 남북적십자회담이 타결되기 이전이라도 인도주의적 견지에서 가능한 한 모든 방법을 통해 이산가족들 간의 생사·주소 확인, 서신 왕래, 상호 방문이 이루어질 수 있도록 적극 지원한다.

③ 남북한 교역의 문호를 개방하고 남북한 교역을 민족 내부 교역으로 간주한다.

④ 남북 모든 동포의 삶의 질을 향상시킬 수 있도록 민족경제의 균형적 발전이 이루어지기를 희망하며, 비군사적 물자에 대해 우리 우방과 북한이 교역을 하는 데 반대하지 않는다.

⑤ 남북한 간의 소모적인 경쟁, 대결 외교를 종결하고 북한이 국제사회에 발전적 기여를 할 수 있도록 협력하며, 또한 남북 대표가 국제 무대에서 자유롭게 만나 민족의 공동 이익을 위하여 서로 협력한다.

⑥ 한반도의 평화를 정착시킬 여건을 조성하기 위하여 북한이 미국·일본 등 우리 우방과의 관계를 개선하는 데 협조할 용의가 있으며, 또한 우리는 소련·중국을 비롯한 사회주의 국가들과의 관계 개선을 추구한다.[3]

노태우 정부는 자주, 평화, 민주, 복지의 기본 원칙 아래에서 민족자존과 통일번영
의 새 시대를 열어나갈 것을 천명한 '민족자존과 통일번영을 위한 특별선언'을 발표
했다. 7·7 선언을 하고 있는 노태우.

북한을 동반자로 여긴다는 인식을 바탕으로 한 선언이었다. 북한을
배척해야 할 적대국이 아니라 상호협력의 대상이자 민족공동체의 일원
으로 간주한 것이다. 이러한 인식하에서 공동 번영을 추구해나가자는
제안이다. 그런 점에서 남북 관계사에서 큰 의미가 있는 선언이다.
1989년 9월에 발표된 제6공화국의 새로운 통일정책인 '한민족공동체
통일방안'도 이 선언을 기반으로 한 것이다.

노태우 정부는 '7·7 선언'을 발표하기 이틀 전 당시 외무차관 신동
원을 주한 미국 대사 제임스 릴리James Lilley에게 보내 그 내용을 미리
알려주었다. 릴리는 긍정 반응을 보였다. 신동원은 중국과 소련에도 내
용을 전해줄 것을 릴리에게 요청했다.

'7·7 선언' 이후 실천적 조치들이 뒤따랐다. 외교부는 대결 외교를

지양하고 남북 협력을 도모하기 위한 방안들을 발표하고, 조총련계 등 해외 동포들의 모국 방문을 온전히 개방했다. 전방의 대북 비난 방송도 중단했다. 인적·물적 교류에 대한 제약 요인을 제거하는 조치도 시행되었다. 이러한 조치들의 영향으로 현대그룹 회장 정주영이 1989년 1월에 방북해 금강산 개발을 위한 의정서를 체결할 수 있었고, 정부 내에 남북교류협력추진협의회도 설치될 수 있었다. 1990년에는 '남북교류협력에 관한 법률과 남북교류협력법'도 마련될 수 있었다.

여러 방면의 남북회담도 열리게 되었다. 1988년 8월 남북국회회담 준비접촉이 열리기 시작해 1990년 1월까지 지속되었다. 남북고위급회담 예비회담도 1989년 2월에 시작되어 1990년 남북고위급회담으로 연결되었다. 1988년 11월 남한 밀사가 평양을 방문하는 등 남북정상회담을 위한 논의도 진행되었다.

남북정상회담을 먼저 제의한 것은 남한이지만, 북한도 적극적으로 반응했다. 북한으로서도 세계 질서가 변화하는 상황에서 자신들의 활로에 대해 고심하는 상황이었고, 남한과의 최고위급 회담은 남한의 의도와 정세를 정확히 알아볼 수 있는 기회가 될 수 있었다. 특히 북한은 사회주의 국가들의 변화에 따른 위기의식이 높았기 때문에 자신의 안보 확보를 위한 대응책이 필요했다.

1988년 8월 15일 노태우 대통령이 광복절 경축사를 통해 남북정상회담을 제안하자, 9월 8일 김일성은 북한 정부 수립 40주년 경축 보고대회에서 긍정적인 반응을 내놓았다. "남북정상회담에서 불가침 선언을 채택하고 통일국가의 연방정부를 세우거나 그 실현을 위한 평화통일위원회 같은 것을 창설하려는 의사를 가지고 평양을 방문하는 데 대해서는 환영한다"고 밝혔다. 연방제 논의를 전제로 한 것이었고, 그와 함께 주한미군 철수와 남한의 외세 의존 탈피 등 북한의 전통적 주장을 동반한 것이었지만, 남북정상회담에 대해 원칙적으로 동의한다는 내용이었다.

10월 4일 남한이 남북정상회담 개최를 촉구하자, 14일 북한은 국가보안법 철폐 등을 통해 분위기를 성숙시키는 것이 중요하다고 주장했다. 역시 남북정상회담의 가능성을 열어두고 있었다. 18일 노태우 대통령이 유엔 총회에서 다시 남북정상회담을 제안하자 다음 날 북한의 외교부 제1부부장 강석주가 같은 자리에서 연설에 나서 남한 최고위 당국자의 평양 방문을 원칙적으로 환영한다고 밝혔다. 물론 대규모 군사훈련 중지, 주한미군 철수, 통일에 방해되는 법 철폐 등의 전제조건이 붙어 있었다. 그러면서 이 조건을 당장 실현하기 어려우면 우선 남북고위급 정치군사회담을 열자는 제안도 했다.

이렇게 공개적인 제안을 통해 상대측의 의사를 타진한 남북은 좀더 깊은 논의를 위해 밀사를 통한 협의에 들어갔다. 1988년 11월 말 박철언이 평양을 방문했다. 전두환 정권 당시부터 남북 관계에 깊이 관여한 박철언은 노태우 정부에서도 청와대 정책보좌관으로 북방 정책과 대북 관계에서 중요한 역할을 하고 있었다. 평양에서 허담과 한시해 등을 만나고 노태우 대통령의 친서도 전달했다. 1989년 6월에도 박철언은 평양을 방문했다.

1990년 9월에는 국가안전기획부장 서동권이 밀사가 되어 평양을 방문했다. 김일성과 김정일을 한자리에서 만나 남북정상회담을 타진했다. 김정일과 단독 면담도 추진했지만, 김정일이 수락했다가 나중에 취소하는 바람에 이루어지지 않았다. 남북정상회담 합의문을 작성하려고 했지만, 북한이 연방제를 강력하게 주장하는 바람에 작성을 못했다. 1992년 3월 북한도 조선노동당 대남 담당 비서 윤기복을 비밀리에 서울에 보내 남북정상회담을 논의했다. 윤기복은 노태우 대통령과 이상연 국가안전기획부장을 만나 4월 15일 김일성의 80회 생일에 평양에서 남북정상회담을 갖자고 제안했다. 하지만 전두환 정권 당시와 마찬가지로 남북정상회담은 성사되지는 않았다. 북한이 남한에 연방제를 수용하라고 끝까지 주장한 것이 실패의 가장 큰 원인이었다.

이렇게 남북정상회담은 심심찮게 추진되었다. 북한으로서는 남북정상회담을 통해 국내외에 민족 문제 해결에 대한 의지를 보여줄 수 있었다. 남한 정부로서도 남북정상회담을 성사시키면 '통일 대통령' 이미지를 형성할 수 있고 지지율 상승으로 국내 정치를 끌어가는 데에도 유리한 위치를 점할 수 있었다. 양측의 이해관계가 부합되어 남북정상회담이 추진된 것이다. 하지만 최종 단계에서는 여전히 양측의 양보할 수 없는 이슈가 걸림돌이 되었다.

북미 베이징 채널의 탄생

남한이 새로운 대북 제안을 내놓고 남북정상회담을 추진하면서 미국의 태도도 바뀌었다. 그동안 남한이 반대해서 북한과 접촉을 하지 못했다. 북한이 남북미 3자회담을 제안해도 '한반도 문제는 남북 간에 해결해야 한다'는 입장을 견지한 것도 남한의 입장을 고려해서였다. 하지만 이제 남한이 나서서 북한의 서방과의 접촉을 장려한다는 선언까지 했으니 미국으로서는 정책의 변경을 고려할 만했다.

실제로 미 국무부 동아시아태평양 차관보 개스턴 시거Gaston Sigur와 그의 보좌관 윌리엄 클라크William Clark가 분주하게 움직이기 시작했다. 우선 내부 회의를 열었는데, "한반도에서 평화와 유사한 무엇이라도 이끌어내는 유일한 방법은 북한을 개방시키는 것이다"라고 했다.[4] 클라크는 구체적인 대북 접근 방안인 '온건책'을 만들어냈다.

① 북한인들의 비공식적 · 비정부 차원의 미국 방문을 장려한다.
② 미국 시민의 북한 방문을 어렵게 하는 엄격한 재정 규정을 완화한다.
③ 인도적 차원에서 식품, 의류, 의약품 등을 북한에 수출하는 것을 제한적 범위에서 허용한다.
④ 북한과의 진지한 의사 교환을 위해 중립적인 장소에서 북한 인사들과의 실질적인 대화 재개를 허용한다.

이 구상은 서울올림픽 이후 백악관의 승인을 받았다. 이를 바탕으로 국무부는 직접적인 대북 제안을 내놓았다. ① 남북 대화 진전, ② 6 · 25전쟁 당시 실종된 미군 유해 송환, ③ 반미 선전 중단, ④ 비무장지대에서 상호신뢰 구축을 위한 조치 강구, ⑤ 테러 포기에 대한 믿을 만한 보중 제시 등이었다.

국무부는 이런 내용의 새로운 대북 접근 방안을 각국 외교관을 상대로 브리핑했다. 소련과 중국에는 따로 설명을 했다. 특히 중국에는 이를 북한에 전해줄 것을 요청했다. 각국의 미국 대사관에도 전문을 보냈다. "금번에 새롭게 추진하기로 한 온건책의 목적은 대한민국 정부와 보조를 맞추려는 의도일 뿐 아니라 한반도의 긴장 완화를 통해 남북 대화의 결실을 유도함으로써 미국의 국익을 달성하기 위한 것"이라는 내용이었다.

당시 미국은 공화당의 로널드 레이건이 집권하고 있던 시절이었다. 공화당은 미국의 군사력과 경제력을 활용해 세계 문제를 해결하겠다는 현실주의적 국제주의를 기본 외교 이념으로 갖고 있었다. 그런데도 남북 간의 대화 속에 미국의 국익이 있을 수 있다고 파악했다.

중국을 통해 미국의 인식을 확인한 북한은 베이징에서 양자 대화를 갖자고 제안했다. 미국이 대화를 거절할 상황이 아니었다. 중국 외교부의 국제클럽 2층에서 1988년 12월 5일 양측이 만났다. 미국에서는 주중국 대사관의 정무참사관 레이먼드 버크하르트Raymond Burkhardt가 참석했고, 북한에서도 외교관 한 명을 보냈다. 버크하르트는 북한 외교관을 만나는 게 처음이었다. 그도 그럴 것이 그동안 북한과는 대화라고 할 만한 것이 이루어지지 않았다. 북한 외교관은 시종 진지한 모습이었다. 그렇다고 해서 주체사상이나 김일성 찬양을 늘어놓은 것은 아니었다. 실무적으로 양측의 관심사를 진지하게 논의하는 자리가 되었다.

그렇게 형성된 것이 '베이징 채널'이었다. 베이징 주재 미국 대사관과 북한 대사관의 정무참사관 사이의 채널이었다. 양측 정부가 공식적으로 인정하는 첫 직접 대화 창구였다. 베이징 채널은 이후 1993년 9월까지 34차례나 가동되었고, 양측의 관계가 미묘할 때 뉴욕 채널(국무부 북한 데스크-유엔 주재 북한 대표부의 부대사 채널)과 함께 접촉과 대화를 하는 데 중요한 역할을 했다.

세계청년학생축전 개최

북한은 제13차 세계청년학생축전을 개최해 1989년 7월 1일부터 8일 동안 평양에서 행사를 치렀다. 세계 177개국에서 2만 2,000여 명이 참가한 대규모 축전이었다. 정치 토론, 예술 행사, 스포츠 대회 등 다양한 행사를 통해 청년들의 친목을 도모하고 반제국주의와 평화 등의 가치를 함께 확인하는 자리였다. 북한은 정치 축전, 경제 축전, 예술·체육 축전 등으로 나누어 행사를 진행하면서 체제 선전의 효과도 도모했다.

특히 세계인의 관심을 끈 것은 유럽국가 대표단들의 북한 비판이었다. 덴마크 대표단은 7월 1일 개막식에서 김일성이 연설하는 동안 "북한에도 인권을"이라는 구호가 적힌 깃발을 흔들어 북한 인권 문제를 제기했다. 이들은 제지를 당하고 일시 억류를 당했지만, 평양의 한가운데에서 인권 문제를 제기한 것은 나름 의미 있는 일로 평가되었다.

남한에서도 이 축전은 큰 이슈가 되었는데, 전국대학생대표자협의회 대표로 임수경이 축전에 참가했기 때문이다. 임수경은 토론장 등에서 발언 기회가 있을 때마다 한반도의 통일을 강조하고, 판문점을 통해 남한으로 돌아와 '통일의 꽃'으로 불리기도 했다. 임수경의 방북은 남한 통일운동 세력이 급변하는 국제 정세 속에서 남북한 스스로 통일의 중요성을 강조하면서 이루어진 조치였다.

당시의 국제 정세는 동구 사회주의 국가가 무너지고 소련도 붕괴의 길을 가고 있었다. 노태우 정부는 소련·중국과의 관계 개선을 통해 소련·중국은 남한을, 미국·일본은 북한을 인정하는 남북 간 '교차 승인'을 추진하고 있었다. 북한은 '하나의 조선'을 외치며 반대했다. 이러한 상황에서 남한의 통일운동 세력은 통일 문제를 내부화하려고 했다. 남북이 서로 만나 동질성 회복의 방안과 합리적인 통일 방안을 찾자는 것이었다. 4·19 혁명 이후 등장했던 구호인 '가자 북으로 오라 남으로'가 다시 등장해 통일운동 세력의 모토가 되었다. 임수경의 방북은 이러한 상황에서 이루어진 것이다.

평양에서 개최된 행사는 세계청년학생축전의 정점이었다고 할 수 있겠는데, 이는 북한이 남한과의 체제 경쟁 차원에서 의식적으로 행사를 키웠기 때문이다. 1년 전 남한은 서울올림픽 대회를 개최해 국제사회에서 위상을 높였다. 북한은 세계청년학생축전 개최를 통해 상대적으로 약화된 위상을 회복해 보려고 했다. 그런데 이 행사를 치르기 위해 북한은 순안공항 확장, 릉라도경기장·동평양대극장·량각도축구경기장 건설 등 대규모 건설공사를 많이 해서 경제적으로 상당한 타격을 입었다. 또, 세계의 많은 나라에서 다양한 젊은이들이 모임으로써 다양한 성격의 문화와 예술도 소개되어 북한이 세계에 노출되는 데에도 일

세계청년학생축전에 전국대학생대표자협의회 대표로 참가한 임수경은 한반도의 통일을 강조해서
'통일의 꽃'으로 불리기도 했다. 판문점을 통해 남한으로 귀환하고 있는 임수경과 문규현 신부.

정 부분 역할을 했다.

　그 후 세계청년학생축전은 쿠바, 알제리, 베네수엘라, 남아프리카공
화국에서도 열렸지만, 큰 행사가 되지는 못했다. 세계청년학생축전은
세계민주청년동맹과 국제학생동맹이 공동으로 주관하는 행사였다. 세
계민주청년동맹은 제국주의와 식민주의를 반대하고 평화를 수호하는
것을 목적으로 1945년에 영국 런던에서 창립되었다. 국제학생동맹은
제국주의와 식민주의를 반대하고 학생들의 권리와 이익, 특히 교육받
을 권리를 옹호한다는 목적을 위해 1946년에 체코슬로바키아에서 창
설되었다. 그런데 이러한 단체들도 사회주의 국가의 붕괴에 따라 세력
을 잃어 지금은 활동이 미미하다.

한민족공동체통일방안 거부

북한은 1960년대 이래 연방제 통일 방안을 주장해왔다. 그 내용이 조금씩 변화하긴 했지만 기본적으로는 연방제였다. 이에 대해 남한의 체계화된 통일 방안을 제시한 것이 1989년 9월 11일이다. 노태우 대통령이 국회 특별연설을 통해 '한민족공동체통일방안'을 공표한 것이다. 이름에서 드러나듯이 기존의 국가 중심 통일 방안을 민족공동체 중심으로 통일 개념을 바꾸어 체계화한 통일 방안이다.

한민족공동체통일방안은 현재도 남한 정부의 통일 방안에 골격이 그대로 반영되어 있다. 우선 통일의 원칙은 자주, 평화, 민주 3가지였다. 자주는 외국의 간섭 없이 남북이 스스로 통일을 이루어나가야 한다는 것이다. 평화는 일체 무력이 개입되어서는 안 된다는 의미다. 민주는 민주적 절차에 따라 통일헌법이 마련되고 헌법에 규정된 대로 통일이 진행되어야 한다는 것이다.

한민족공동체통일방안은 이와 같은 기본 원칙 아래에서 통일은 3단계를 거쳐 이루어져야 한다는 내용을 담고 있다. 1단계는 민족공동체헌장 채택이다. 남북이 대화를 추진해 신뢰를 회복해나가고 평화와 통일을 위한 기본 방향과 당면 조치 등을 담은 기본 헌장을 마련하는 단계다. 2단계는 남북연합이다. 민족공동체헌장에 바탕을 두고 남북한이 국가연합체를 구성하는 것이다. 남북연합의 최고의사결정기구는 남북정상회의다. 남북의 최고 지도자가 만나 주요 사항을 결정하는 기구다. 남북 정부 대표로는 남북각료회의를 구성한다. 양측의 총리가 공동의장이 되고, 남북 간에 정치·경제·문화·과학 등 다양한 분야의 문제들을 협의하고 결정하는 기구다. 남북의 국회의원으로는 남북평의회를 조직한다. 통일헌법을 마련하고 실제 통일을 이루기 위한 구체적인 절차들을 논의하고 결정한다. 이러한 주요 기구들의 업무를 지원하기 위해 공동사무처를 마련하고, 서울과 평양에 상주연락대표를 둔다.

남북연합의 단계를 충분히 거치면 마지막 3단계는 통일국가 건설이다. 통일헌법에 따라 남북한이 총선거를 실시해 통일국회를 구성하고 통일정부를 세우는 것이다. 이렇게 건설된 통일국가는 민족구성원들이 주인이 되는 민족공동체이어야 하고, 구성원들의 자유와 인권이 보장되어야 한다.

이러한 내용을 담은 한민족공동체통일방안은 오랜 남북 간의 대화, 협의, 협력, 공동 결정에 의한 구체적인 조치들의 실현 등 많은 과정을 담은 단계적·점진적 통일 방안이었다. 이후 김영삼 정부에서 '화해협력-남북연합-완전통일'의 3단계를 내용으로 하는 '민족공동체통일방안'으로 발전해 남한 정부의 기본적인 통일 방안으로 정착되었다.

북한은 이 통일 방안을 전면 거부했다. 9월 14일 『로동신문』을 통해 "북과 남이 남북각료회의, 남북정상회의를 제도화함으로써 두 개 국가의 존재를 합법화하고 남북 관계를 공식적인 국가 간의 관계로 전환시키려는 것이며 이것은 동서독식의 기본 관계에 관한 협정과 똑같은 공동체헌장이라는 것으로 법적으로 고착시켜 서로 남남끼리 살자는 것이다"라고 밝혔다.[5] 한민족공동체통일방안도 '2개의 조선'을 추구하는 것이어서 거부한다는 것이다.

9월 28일에는 정당 · 단체 연석회의를 열고 남한 당국과 정당, 단체들에 보내는 편지를 채택했다. 남한 당국이 통일 방안을 발표했으니 남북의 정당 · 단체들이 '민족통일협상회의'를 구성해 여러 통일 방안을 놓고 토론을 해보자는 내용이었다. 남한 정부가 제시한 통일 방안도 여러 방안의 하나에 불과하다는 이야기였다. 남한 정부의 통일 방안에 권위를 인정할 필요 없다는 의미이며, 통일 문제 등 남북 간의 협의 사항은 남북의 민간도 참여하는 연석회의를 통해서 논의되어야 한다는 기존의 주장을 다시 하는 것이기도 했다. 한민족공동체통일방안의 공표로 점진적 접근을 내용으로 하는 남한의 '남북연합제'와 기본적으로 국가통일을 먼저 이루어야 한다는 주장을 담고 있는 북한의 '연방제'가 분명한 모습으로 대립하는 양상이었다.

최덕신, 평양의 애국열사릉에 묻히다

최덕신은 독립운동가 최동오의 아들로 1914년 평안북도 의주에서 태어났다. 1936년 중국 황푸黃埔군관학교를 졸업하고 광복군에서 활동했다. 해방 후 육군사관학교 특별반 과정을 마치고 남한군 장교가 되었다. 6 · 25 전쟁 때 제8사단장과 제11사단장을 지냈다. 지리산의 빨치산 토벌 당시 거창양민학살사건에 관여했다. 1953년 휴전협정 당시에는 남한군 대표로 협정 서명식에 참여하고 1956년 육군 중장으로 예편했다. 이승만 정부에 철저히 봉사하는 군인이었다.

그 후 주베트남 공사로 있다가 5 · 16 군사쿠데타 이후에는 외무장관이 되어 2년 반 동안 박정희 정부의 외교 수장 역할을 했다. 재임 중 유엔 총회에 남한의 수석대표로 두 차례나 참석하기도 했다. 1963년에 장관직을 마치고 주서독 대사로 나갔다. 하지만 여비서와의 스캔들로 불명예 퇴직했다.[6] 국내로 돌아와서는 천도교 교단에 관여하기 시작해 1967년에는 교령敎領을 맡았다. 여비서와의 스캔들로 대사직에서 물러난 인물이 민족종교 천도교의 교령이 되었으니 수완 하나는 발군이라고 하겠다. 그는 국토통일원 고문, 종교협의회 회장, 한중문화친선협회장 등의 직함도 함께 갖고 왕성하게 활동했다.

천도교 교령직에 있으면서 최덕신은 공금 횡령과 인사 비리로 물의를 빚었다. 그러다가 1975년에 홀연 일본으로 건너갔고, 1976년에 미국으로 넘어갔다. 물의를 빚을 당시 박정희가 도움을 줄 것으로 생각했는데, 그러지 않아 서로 척을 지게 되었다고 한다. 그래서 외국으로 나가버린 것이다.

그 후 최덕신은 반한反韓 운동가가 되었다. 그러면서 북한과 가까워졌다. 1981년에는 평양을 방문했고, 1986년에는 아예 북한으로 들어갔다. 조국평화통일위원회 부위원장이 되어 남한 비판을 서슴지 않았다. 천도교청우당 중앙위원장도 했고, 조선종교인협의회장도 지냈으며 김일성과 가까이 지냈다. 그의 아버지 최동오가 만주에서 화성의숙을 운영할 때 그 학교에 김일성이 6개월을 다녔다. 최덕신이 북한에 들어간데에는 그런 인연도 작용했다. 그런데 최덕신은 김일성을 '한울님'으로, 김정일은 '만고의 위인'으로 치켜세우기까지 했다. 그에게는 이념이나 신념은 중요하지 않았다. 어디 가든 최고 권력에 봉사해 부와 영예를 누리는 것이 그의 삶의 목표였는지 모른다.

그렇게 남한에서 장관까지 지내고 북한에서도 영화를 누리던 최덕신은 1989년 11월에 사망했다. 75세였다. 김일성을 찬양한 덕분에 평양 애국열사릉에 묻혔다. 북한의 국립묘지와 같은 곳이다. 북한에는 그런 곳이 2곳 있다. 하나는 혁명열사릉으로 평양 대성산에 있다. 1급 국립묘지다. 김일성과 항일운동을 함께했거나 그에 준하는 활동을 한 이들이 묻혀 있다. 김일성의 부인 김정숙, 부수상을 지낸 김책, 부주석을 했던 김일, 인민무력부장을 오래 한 오진우 등이 안장되어 있다. 또 하나가 애국열사릉인데 평양 신미리에 있다. 2급 국립묘지라고 할 수 있는 곳으로 광복과 사회주의 건설에 기여한 사람들, 정부와 군, 과학·교육·문학 등 다양한 분야에서 뚜렷한 공로가 인정된 이들이 안장되어 있다. 최덕신도 여기에 묻혔다. 남한의 장관이었던 사람이 북한의 국립묘지에 묻혀 있으니 아이러니다.

해방 이후 월북한 사람은 많다. 박헌영, 허헌, 이기영, 한설야 등 많은 사람이 남한을 버리고 북한으로 갔다. 이들은 대부분 사회주의라는 이념을 좇아 38선을 넘었다. 하지만 최덕신은 완전히 다르다. 이념으로 고민하던 인물이 아니다. 남한에서 이승만·박정희 정권에 봉사해 누릴 것을 충분히 누렸다. 하지만 권력이 없어지고 권력자와 관계가 불편해지자 북한을 택했다. 거기서 다시 영화를 누렸다. 그런 점에서 그는 다른 이들과 분명히 구별된다.

재독학자가

본

1988년

조명훈은 서독에 오래 머물면서 북한을 연구한 학자였다. 전남 순천 출신으로 서울대학교 정치학과를 다니다가 1954년에 미국으로 유학가 퍼먼대학을 졸업했다. 이후 프랑스로 옮겨가 소르본대학에서 정치학을 공부했고, 서독의 본대학에서 정치학 박사학위를 받았다. 1960년대부터 서독에서 외무성 산하 아시아문제연구소 연구원으로 재직하면서 북한 문제 전문지인 『North Korea Quarterly』(계간 북한)을 발행했다. 김일성의 주체사상을 독일에 소개한 좌파 지식인이었다. 1972년 김일성의 60회 생일 당시 독일의 여성 작가 루이제 린저 Luise Rinser와 함께 방북한 뒤에는 북한의 개인숭배를 비판해 북한에서 기피 인물로 낙인찍히기도 했다. 그해 남한에 와서 "북한이 감옥이라면 남한은 지옥"이라고 말해 추방당했다. 북한에서도, 남한에서도 환영받지 못하는 사람이 되었다.

조명훈이 다시 북한을 갈 수 있게 된 것은 1988년이었다.[7] 그해 5월에 열린 '조선 관계 전문학자들의 국제과학 토론회'에 서독 대표로 참석하게 되었다. 북한은 조명훈을 받지 않으려고 했다. 하지만 서독 대표단장이 그가 포함되지 않으면 자신도 갈 수 없다고 버텨 가게 되었다. 5월 6일 중국 베이징에서 비행기를 타고 평양으로 향했다. 조명훈의 옆자리에는 호주인 사업가가 앉았다. 말벗이 되어 평양까지 가는 동안 이야기를 많이 했다. 북한의 금을 사서 영국 런던의 금시장에 파는 사람이었다. 당시 북한은 1년에 40톤씩 금을 생산해 수출하고 있었다. 특히 은산금광에서 나는 금이 품질이 좋아 잘 팔렸다. 북한은 연 생산량을 52톤으로 늘릴 계획도 갖고 있었다고 한다.

평양 순안공항에 내렸다. 1972년의 모습과 별반 다를 게 없는 초라한 모습이었다. 건물 본관에는 엄청 큰 김일성 초상화가 붙어 있었다. 16년 전에도 있었던 것이다. 루이제 린저와 같이 왔을 때에는 당 간부들이 기다리고 있다가 벤츠에 태워주었는데, 1988년의 입국은 달랐다. 조명훈은 여권과 짐 모두 검사를 받아야 했다.

평양 시내에 들어서자 꽤 많은 사람이 오고갔다. 노래를 부르거나 장난을 하며 지나가는 사람들도 눈에 띄었다. 자전거를 탄 사람들도 있었다. 사람들의 왕래를 금지하기 위해 자전거도 금하고 있다는 서방의 기사를 읽은 적이 있던 조명훈은 그게 사실이 아님을 눈으로 확인할 수 있었다. 16년 전에 비하면 평양의 분위기는 자유로운 모습이었다.

숙소는 보통강호텔이었다. 고려호텔에 비하면 수준이 좀 떨어지는 중급 호텔이었다. 로비에는 역시 김일성과 김정일이 서 있는 거대한 초상화가 붙어 있었다. 조명훈은 509호를 혼자 썼다. 침대가 둘 있고, 일제 라디오와 컬러텔레비전이 구비되어 있었다. 냉장고에는 사이다 1병, 물 2병이 있었다. 사이다는 탄산가스가 많지 않은 연한 맛이었다. 작은 책상과 경대, 옷장도 있었다. 보통강호텔에는 디스코텍도 있었다. 조명훈이 들어갔을 때는 서양인 한 사람이 앉아서 술을 마시고 있었다. 서양의 최신 유행가요를 틀어놓았지만 춤을 추는 손님은 없었다.

조명훈은 시내로 나가보았다. 안산거리까지 갔다. 아이들은 아이스크림을 먹으면서 놀고 있었고, 어떤 젊은이는 기타를 치고 있었다. 그의 기타 반주에 맞춰 노래를 흥얼거리는 사람도 있었다. 청바지에 운동화를 신은 조명훈을 살피는 사람도 있었지만, 이내 사람들은 자기일로 돌아갔다. 가게들도 가끔 보였는데, 채소와 생선과 학용품 등을 팔았다. 전등은 아주 희미하게 켜놓고 있었다.

다음 날 저녁 조명훈은 호텔 옆에 있는 보통강변 산책로를 걸었다. 버드나무와 포플러가 많은 길이었다. 젊은이들이 남자는 남자끼리 여자는 여자끼리 삼삼오오 모여 이야기를 하거나 노래를 하는 모습이 눈에 띄었다. 어깨동무를 하고 걷는 군인들도 있었다. 모자를 비뚤게 쓰기도 하고 군복 윗도리까지 벗어서 들고 있었다. 천리마거리까지 나갔다. 사거리에서 길을 건너려고 했지만 호루라기 소리에 멈춰야 했다. 사거리 가운데 서 있는 여자 교통 정리원이었다. 지하도로 건너라는 것이었다. 교통 정리원이 그냥 폼으로 서 있는 것이 아니었다. 거리에는 '교통사고 방지주간'이라는 포스터도 붙어 있었다.

지하도는 어두웠다. 전등이 많이 달려 있었지만 두어 개만 켜놓았다. 전등이 대부분 최소한으로만 켜져 있는 것을 보면서 전기는 매우 아낄 수밖에 없는 상황임을 인식할 수 있었다. 지하도를 나왔는데 어디가 어딘지 몰라 길을 물었다. 모르는 사람은 "모른다"고 아는 사람은 아는 만큼 가르쳐주었다. 이상하게 여기는 눈치는 보이지 않았다.

북한이 '조선의 할리우드'라고 부르는 중앙영화촬영소도 둘러보았다. 시설은 빈약했다. 일본 거리에 붙어 있는 일본어로 된 간판은 철자가 틀린 것이 많았다. 수행요원은 "요새 젊은이들에게 일을 시켜놓으면 저 꼴입니다"라고 투덜거렸다. 3대 혁명소조원들이 이 촬영소에 파견되어 있었는데, 현장에서는 이들에 대한 불만의 목소리도 있었다. 영화와 관련된 이야기라서 조명훈은 1986년에 탈북한 최은희·신상옥에 대해 촬영소 소장에게 질문을 해보았다. 그는 갑자기 화를 내면서 "그들은 민족적 양심도 없는 배반자들"이라고 말했다. 그에 대해서는 말하고 싶어 하지 않았다.

1988년 조명훈의 눈에 비친 북한은 어느 정도는 자유로워진 모습이었다. 사람들은 낚시를 즐기기도 하고 텔레비전에서는 삼각관계를 다룬 드라마도 방영되었다. 하지만 여기저기 김일성과 김정일의 초상화가 걸려 있었고, 그가 토론회에서 발표할 원고를 북한 당국에 미리 보여주어야 했다. 조명훈은 5월 26일까지 20일 동안 머물면서 북한의 조금씩 변화하는 모습과 여전히 인정하기 어려운 모습을 모두 볼 수 있었다.

1990~1991년

제6장

××

북한의 위기의식과 남북 해빙

김정일의 군권 장악

당에서 입지를 굳힌 김정일은 1980년대 들어 국가기관에서 자신의 입지를 확보해나가기 시작했다. 1982년 제7기 최고인민회의 대의원 선거에서 황해북도 송림의 후보로 추대되어 선출되었다. 1982년은 김일성이 만 70세가 된 해였다. 1970년대 말부터 당을 김정일에게 맡기고 국가기관에 집중했던 김일성이 고령이 되면서 김정일이 국가기관에 진출하기 시작한 것이다. 1986년 제8기 최고인민회의 대의원 선거에서는 함경남도 함흥시 룡성의 후보로, 1990년 제9기 최고인민회의 대의원 선거에서는 함경북도 무산의 후보로 추대되어 대의원으로 선출되었다.

이렇게 정지 작업을 진행해온 김정일은 1990년대가 되면서 핵심적인 자리를 하나씩 차지해나갔다. 1990년 제9기 최고인민회의 대의원 선거가 실시되어 대의원 687명이 선출되었는데, 바로 다음 달 최고인민회의 제9기 제1차 회의가 열렸다. 국가주석에는 다시 김일성이 선출되었다. 부주석에는 리종옥과 박성철이 역시 선출되었다. 다음에는 국방위원회 위원을 선출했다. 그러고는 김정일을 국방위원회 제1부위원장으로 선출했다. 1972년 '사회주의 헌법'에 따라 설치된 국방위원회는 중앙인민위원회 산하 부문별 위원회의 하나였다. 그런데 최고인민회의 제9기 제1차 회의에서 국방위원회의 위상이 크게 높아졌다. 중앙인민위원회 위원 선출에 앞서 국방위원을 선출했는데, 이는 높아진 국방위원회의 위상을 여실히 보여주었다.

국방위원장은 국가주석이 겸임했다. 국가주석 김일성은 이미 고령이었기 때문에 국방위원회에서 김정일은 제1부위원장으로 실권자가 되었다. 정규군뿐만 아니라 노농적위대와 교도대 등 예비전력 일체를 통제하는 위치에 올라선 것이다.

1991년 12월에는 당중앙위원회 제6기 제19차 전원회의에서 김정일이 조선인민군 최고사령관에 추대되었다. 조선인민군 최고사령관은 군 지휘 채널의 가장 높은 위치로 군에 대한 최고의 통수권을 가진 직책이다. 6·25 전쟁 발발 직후인 1950년 7월 5일 군 지휘 체계 강화 조치로 신설된 비상설기구였다. 당시 김일성이 그 자리에 임명되었다. 1972년에 개정된 헌법이 국가주석은 "조선민주주의인민공화국 전반적 무력의 최고사령관, 국방위원회 위원장이 되며 국가의 일체 무력을 지휘통솔한다"라고 규정해 조선인민군 최고사령관직을 상설화했다. 헌법에 규정된 '전반적 무력의 최고사령관'이지만 따로 관련 법령이나 조직을 갖추고 있는 것은 아니다. 다만 군의 최고 통수권자에게 준 북한의 상징적인 호칭이라고 할 수 있다. 어쨌든 김정일은 1991년 12월 조선인민군 최고사령관에 추대됨으로써 북한의 전반적 무력에 대한 최고 통수권자가 되었다.

김정일이 최고사령관에 추대된 바로 다음 날인 12월 25일 중대정치 지도원대회가 열렸는데, 김일성은 '인민군대 중대 정치 지도원들의 임무에 대하여'라는 제목의 연설을 했다. 여기서 김일성은 "내가 이제는 팔십 고령이므로 최고사령관으로서 밤을 지새우며 전군을 지휘하고 통솔하기 곤란"하다면서 "인민군 장병들이 김정일 최고사령관의 명령을 나의 명령과 같이 여기고 그의 명령에 절대 복종하며 최고사령관의 영도를 충성으로 높이 받들어나갈 것을 기대"한다고 밝혔다.[1]

자신이 고령으로 군권을 완전히 이양했음을 밝히면서 새로운 군권 승계자 김정일에게 충성을 다할 것을 당부한 것이다. 이렇게 김정일은 북한 정권의 세 부문인 당, 정, 군 가운데 군에 대한 권한을 먼저 공식적으로 이양받았다.

한소 수교와 북한의 대미 접근

1985년 고르바초프 집권 이후 개혁·개방을 추진한 소련은 시장경제로 옮겨가는 과정에서 많은 문제에 시달리고 있었다. 1989년부터 이런 현상은 더욱 심해졌다. 투자할 곳은 많은데 재정이 부족했다. 재정

적자는 국내총생산GDP의 12퍼센트에 이르렀다. 국민들의 소비 욕구는 커졌는데, 공급이 따라가지 못해 소비재 부족 현상도 심화되었다. 이러한 상황에서 소련에 급한 것은 해외의 경제적 지원이었다. 그래서 남한과의 경제적 관계를 빠르게 진전시키고 있었다. 1989년 1월 현대그룹 회장 정주영이 모스크바를 방문해 소련상공회의소와 경협에 합의했다. 소련상공회의소 대표가 서울을 방문해 서울과 모스크바에 비공식 무역사무소 개설에 합의했다. 무역사무소가 개설되고, 양국의 경협은 이전보다 활발해졌다.

이런 상황을 파악하고 있던 북한은 남한과 소련의 접근을 저지하려고 했다. 1989년 5월 베이징을 방문할 예정인 고르바초프의 평양 방문을 추진했다. 평양에 초청해 한소 관계 발전의 속도를 늦추려고 한 것이다. 모스크바 주재 북한 대사는 고르바초프의 방북을 위해 동분서주했다. 하지만 고르바초프는 평양에 가길 원하지 않았다. 평양행은 자신의 개혁 이미지에 도움이 될 것이 없었다. 게다가 고르바초프는 북한을 '스탈린 시대의 유물', '사라져가는 냉전국가의 전형'으로 여기고 있었다.[2]

그 대신 고르바초프는 남한과의 정상회담을 추진했다. 메신저는 아나톨리 도브리닌Anatoly Dobrynin이었다. 오랫동안 미국 주재 소련 대사를 지낸 베테랑 외교관으로 당시에는 고르바초프의 외교 담당 수석 보좌관이었다. 도브리닌은 1989년 5월 서울에서 열린 정부수반협의회 InterAction Council에 참석했다. 5월 23일 비밀리에 청와대에서 노태우 대통령과 그의 외교안보수석 김종휘를 만났다. 정상회담을 갖고 싶다는 고르바초프의 의사를 전했다. 노태우 대통령이 마다할 리 없었다. 소련과 정상회담을 하는 것은 북한과의 관계에서 남한의 우위를 과시할 수 있는 기회가 될 수 있었다. 소련을 북한에서 떼어놓을 수 있는 길이 될 수도 있었다.

회담 일정이 급하게 잡혔다. 2주 후 고르바초프가 조지 부시George H. W. Bush 미국 대통령과 회담을 한 뒤 샌프란시스코를 방문하는데 거기서 회담을 갖기로 했다. 소련은 샌프란시스코 소련 총영사관에서 회담을 갖자고 했다. 보안상의 이유였다. 하지만 남한은 그럴 수 없었다. 남한의 대통령이 소련 총영사관으로 들어가는 모습은 국민들에게 1896년 고종의 아관파천을 떠오르게 할 수 있었다. 결국 고르바초프가 묵는 페어몬트호텔Fairmont Hotel로 정해졌다.

회담에서 양국은 수교에 원칙적으로 합의하고, 시베리아 개발에 대한 협력도 하기로 했다. 노태우 대통령은 차관 제공 의사를 밝혔다. 정상회담 후 노태우 대통령이 사진 촬영을 제안했을 때 고르바초프는 꺼렸다. 도브리닌이 소련에서는 공개하지 않겠다고 하자 마지못해 응했다. 그래서 지금 공개되어 있는 당시의 사진은 노태우 대통령은 환하게 웃으며 고르바초프의 오른쪽 팔을 잡고 있는데 그 옆의 고르바초프는 어색하게 웃는 모습으로 남아 있다.

정상회담 후 협의를 통해 수교는 1991년 1월 1일부로 하기로 했다. 공식 발표는 하지 않았다. 한소 수교를 북한에 통보하는 일은 소련 외무장관 예두아르트 셰바르드나제Eduard Shevardnadze가 맡았다. 당초 이고르 로가체프Igor Rogachev 아시아담당 차관이 가기로 되어 있었지만,

그루지야공화국 출신의 근성 있는 인물 셰바르드나제는 난제를 스스로 해결하겠다고 나섰다. 1990년 9월 평양을 방문했다.

평양에 도착한 셰바르드나제는 북한 외교부장 김영남을 만났다. 한 소 수교 계획을 전했다. 정치적 · 경제적으로 영향력이 커진 남한과 수교할 수밖에 없는 소련의 사정을 이야기했다. 그렇다고 해서 북소 관계가 달라지지 않는다는 점도 말했다. 김영남은 최초로 조선민주주의인민공화국을 한반도의 유일한 합법정부로 승인했던 소련이 남한과 수교하는 것은 북소 관계에 심각한 문제를 초래할 것이라고 말했다. 한소 수교가 이루어지면 남한이 북한 붕괴에 나서 한반도에 긴장이 고조될 것이라고도 이야기했다. 심지어는 북한이 핵무기 개발에도 나설 수 있음을 시사했다.[3] 핵개발까지 거론하자 셰바르드나제는 불쾌해했다. 김일성을 만나 다시 설명하려고 했지만, 김일성은 만나주지 않았다. 셰바르드나제는 귀국을 결정하고 예정보다 일찍 평양을 나왔다.

얼마 후 셰바르드나제는 미국 뉴욕에서 남한 외무장관 최호중을 만났다. 한소 수교를 공식 발표하기 위해서였다. 최호중은 서로에게 이익이 되는 것이니 수교를 앞당기자고 제안했다. 셰바르드나제는 의외로 선뜻 동의했다. 그 자리에서 성명서에 수교일이 '1991년 1월 1일'로 되어 있는 것을 지우고 '1990년 9월 30일'로 고쳤다. 북한에서 받은 섭섭한 대우에 대해 앙갚음하고 싶은 감정도 작용한 것으로 보인다. 북한은 『로동신문』에 "국가 간의 관계를 돈으로 사고 팔았다"는 내용의 기사를 실으면서 소련을 비판했다. 이후 북소 관계는 빠르게 식어갔다.

그런가 하면 1990년이 되면서 소련이 남한과 적극적으로 접촉하면

소련이 남한과 수교를 하자 북한은 "국가 간의 관계를 돈으로 사고 팔았다"며 소련을 비판했다. 한소 공동선언 서명식에 서명하고 있는 노태우와 고르바초프.

서 긴장한 북한은 미국과 대화하기 위해 손짓을 했다. 1990년 5월 최고 인민회의 제9기 제1차 회의에서 '조국통일 5대 방침'을 발표한 김일성 은 그 내용 가운데 주한미군 철수와 관련해 한꺼번에 철수할 수 없다면 점진적으로 철수할 수도 있을 것이라고 밝혔다. 전통적으로 주한미군 철수를 강경하게 주장하던 태도와는 다른 것이었다. 북한은 이 연설 원 고를 5월 30일 베이징 채널을 통해 미국에 직접 전달했다.

5월 28일에는 미군 유해 5구를 판문점을 통해 미국에 전달했다. 미 국이 지속적으로 요구하던 것인데, 처음 행동으로 응답한 것이다. 5월 31일 북한은 중앙인민위원회 최고인민회의와 정무원 연합회의를 열고 '한반도 평화를 위한 군축 제안'을 채택·발표했다. 종전처럼 남한과 미국에 대한 비난과 정치 선전이 담긴 제안이 아니었다. 남북한이 신뢰를 구축해 나가면서 단계적으로 병력을 감축하자는 제안이었다.[4]

하지만 미국은 북한과의 대화에 관심이 없었다. 우선 문제가 되는 북한의 핵에 대한 불투명성을 제거하는 것이 급선무였다. 미국은 이때까지만 해도 북한과 직접 대화보다는 IAEA의 사찰을 통한 북한 핵 활동의 조기 통제에만 관심을 쏟고 있었다.

북일 수교 원칙적 합의

1970년대 데탕트의 조류를 타고 남북 대화가 이루어질 때 김일성은 일본에 회담을 제의한 적이 있었다. 하지만 당시에는 남한의 완강한 반대 때문에 일본이 대화에 응하지 않았다. 탈냉전의 상황에서 북한은 1970년대 데탕트 시기와는 다른 차원의 체제 위기에 봉착하고 있었다. 따라서 일본과의 관계 개선 의지도 훨씬 강했다.

북한은 1988년부터 일본과의 관계 개선을 위해 일본에 교섭을 제의했다. 특히 소련과 중국이 남한과 관계를 급속하게 진전시켜가는 상황에서 북한은 일본과의 관계를 획기적으로 전환할 수 있는 계기를 마련하고 싶어 했다. 일본도 북한과의 관계 개선을 통해 동아시아에서 영향력을 확대할 수 있었다. 1983년부터 간첩 혐의를 받고 북한에 억류되어 있는 일본 선원 2명도 석방해야 했다.

양국의 이해가 부합해 1990년에 직접 접촉이 시작되었다. 그해 3월 프랑스 파리에서 북한 대외문화연락협회와 일본 외무성의 대표가 만났다. 이후 7월에도 도쿄에서 접촉했다. 북한은 일본 사회당과도 접촉했다.[5] 이러한 접촉을 통해 일본의 자민당과 사회당 대표단 방북이 합의되었다. 대표단은 자민당과 사회당 의원뿐만 아니라 외무성 관리와 언론인을 포함해 44명으로 구성되었다. 대표단의 수장은 일본에서 가장 세력이 강한 정치인인 가네마루 신金丸信이었다. 일본 총리 가이후 도시키海部俊樹까지도 막후에서 조종하는 인물로 알려져 있었다. 대표단은 9월 24일 방북길에 올랐다. 북한을 방문하는 일본의 공식 사절단으로는 가장 큰 규모였다.

대표단은 평양에 도착해 김일성을 만나기 위해 묘향산까지 갔다. 가네마루 신은 대표단이 평양으로 돌아간 뒤에도 남아 김일성과 단독으로 오랫동안 면담했다. 면담 과정에서 김일성은 양국 관계 정상화를 제안했다. 그렇게 우호적인 분위기 속에서 북한의 조선노동당과 일본의 자민당·사회당은 협상을 진행해 공동선언문을 만들어 9월 28일 발표했다. 주요 내용은 과거 식민지시대 36년과 전후 45년에 대한 사죄와 배상, 조속한 국교 수립, 재일 조선인의 법적 지위 인정, '하나의 조선' 인정 등이었다.

'36년의 식민지 통치와 1945년 이후에 대해서도 사죄하고 배상한다'는 내용은 1965년 6월의 한일기본조약과는 크게 차이가 나는 것이었다. 한일기본조약에는 일본의 침략과 지배에 대한 사죄, 그에 대한 배상의 의미가 담기지 않았다. '전후 45년'에 대한 배상은 냉전 상태에 대한 미국의 책임을 인정하는 것이어서 미국의 반발을 샀다. 또, '하나

가네마루 신은 김일성과의 단독 면담을 통해 양국 관계 정상화를 제안했다. 그들은 9월 28일 공동 선언문을 발표했다. 왼쪽부터 가네마루 신, 김일성, 조총련계 대표 다나베 마코도田邊誠.

의 조선' 인정은 남한의 반발을 불렀다. 그래서 '북일3당 공동선언'은 일본 정부의 정책으로 채택되지 못했다.

다만 '조속한 국교 수립'은 후속 협상으로 연결되었다. 북일 국교 수립을 위한 회담이 열린 것이다. 1991년 1월부터 1992년 11월까지 약 2년 동안 8회 열렸다. 양국의 입장 차이를 좁히지 못해 더는 진행되지는 못했다. 일본의 현안이었던 북한 억류 선원 문제는 이들이 석방됨으로써 해결되었다. '북일3당 공동선언'은 주요 부분이 일본 정부의 구체적인 조치로 이어지진 않았지만, 북일 관계사에서 갖는 의미는 매우 크다. 양국의 국교 수립을 양국 관계의 분명한 목표로 제시했을 뿐만 아니라 북일 수교 교섭의 첫 물꼬를 트는 역할을 한 것이다.

남북고위급회담과 남북기본합의서 탄생

1980년대 후반부터 불기 시작한 탈냉전의 바람은 북한으로 하여금 체제의 안전을 염려하게 했다. 특히 베를린장벽의 붕괴와 동독의 붕괴 과정은 북한 정권에 흡수통일 불안감을 조성하기에 충분했다. 더욱이 노태우 정부는 남북한의 인적 교류와 자유 왕래, 사회의 전면 개방을 촉구해 북한의 위기의식은 고조되고 있었다.

이러한 흐름에 대한 북한의 우선적인 대응은 저지와 지연 등 부정적인 것이었다. 김정일이 국방위원회 제1부위원장에 선출된 1990년 5월 최고인민회의 제9기 제1차 회의에서 북한은 '조국통일 5대 방침'을 제시했다. ① 한반도 긴장 완화와 통일을 위한 평화적 환경을 마련하기 위해 남북 불가침 선언, 북미평화협정 체결, 주한미군 철수, 남북 군축을 진행하자, ② 남북 자유 왕래, 전면 개방을 위해 남한의 콘크리트 장벽을 철거하고 악법을 폐지하라, ③ 통일에 유리한 국제 환경을 조성하기 위해 국제 무대에서 대결을 지양하고 남북이 단일의석으로 유엔에 가입하자, ④ 평화통일을 위해 정당, 사회단체, 각계각층이 참가하는 전

민족적 대화를 전개하자, ⑤ 전 민족적 통일전선을 형성하자.

남북 불가침 선언, 북미평화협정 체결, 주한미군 철수 등으로 흡수통일을 차단하고, 남한이 수용하기 어려운 주장들을 제시해 자유 왕래의 공세를 우선 막아보려는 차원의 제안이었다. 하지만 1990년 6월에 한소정상회담이 이루어지고 한소 수교가 가시화되자, 북한은 팀스피리트 훈련을 문제 삼으며 6개월 전 중단시켰던 고위급회담 예비회담 재개를 제의했다. 7월 예비회담이 다시 시작되어 남북고위급 본회담 개최가 합의되었다.

분단 이후 첫 총리회담인 남북고위급회담은 1990년 9월 4일에 열렸다. 북한은 국제 환경의 변화와 남한의 우위에 따른 체제 위기를 극복하는 차원의 회담이었기 때문에 적극적이지 않았다. 남한의 의도를 파악하고 자신들에게 유리한 구도를 만들어내는 기회를 찾는 데 주력했다. 그러면서 북한은 남북 불가침 선언, 북미평화협정 체결, 주한미군 철수, 남한 핵무기 철수 등 정치군사 문제를 먼저 논의하자고 주장했다. 이러한 문제는 논의에 오랜 시간이 걸릴뿐더러 합의도 어려운 것들이었다. 반면에 남한은 남북 간의 다양한 교류와 협력 방안을 논의하자고 주장했다. 하위정치low politics 차원의 문제를 논의해 협의가 단계적으로 진전되도록 하자는 것이었다.

제2차 회담(1990. 10. 17~18)과 제3차 회담(1990. 12. 12~13)에서도 북한의 태도는 크게 다르지 않았다. 이후 중대 이슈들이 발생했다. 첫째는 1991년 8월 소련의 군사쿠데타였다. 소련 군부가 고르바초프의 개혁·개방에 반대해 일으킨 쿠데타였다. 북한은 상황을 예의 주시했

1990년 9월 4일 분단 이후 첫 총리회담인 남북고위급회담이 열렸다. 이후 일곱 차례의 회담이 있었
다. 1990년 10월 31일 평양에서 열린 제2차 남북고위급회담.

다. 쿠데타가 성공하면 개혁·개방의 물결이 저지될 수 있고, 북한도
체제 붕괴의 위험에서 어느 정도 벗어날 수 있다고 생각했다. 하지만
쿠데타는 실패했다. 둘째는 1991년 9월 남북한의 유엔 동시 가입이었
다. 북한이 '하나의 조선' 정책을 버리고 2개의 국가로 유엔에 가입한
것이다. 셋째는 1991년 10월 초 김일성의 중국 방문이었다. 국제 정세
에 대한 조언을 듣고 경제적 지원도 얻어내기 위한 방중이었다. 중국은
북한이 개혁·개방을 추진하고 남북 관계도 개선하고 북미 관계도 정
상화할 것을 조언했다.[6]

김일성이 귀국한 뒤 북한은 당 정치국 회의를 열어 남북 협상 타결,
라진·선봉 경제특구 설치 등 전향적인 정책을 추진하기로 결정했다.

그에 따라 1991년 10월 22일 제4차 고위급회담이 열리게 되었다. 북한의 태도는 협상 지향적으로 바뀌었다. 남북 간의 쟁점들을 좁혀나가기 시작했고, 합의서의 명칭도 '남북 사이의 화해와 불가침 및 교류 협력에 관한 합의서'로 하기로 결정했다.

1991년 12월 11일에 시작된 제5차 회담에서는 군사적 신뢰 구축 방안, 언론매체 상호 개방 문제, 자유 왕래 등 쟁점들에 대한 집중 논의를 진행해 협상을 타결했다. 그렇게 해서 역사적인 '남북 사이의 화해와 불가침 및 교류 협력에 관한 합의서(남북기본합의서)'가 나올 수 있게 되었다.

남북기본합의서는 전문과 25개 조항으로 구성되었다. 전문에는 남북이 정치적·군사적 대결 상태를 해소하고 무력 침략과 충돌을 막으며 다각적인 교류와 협력을 실현할 것을 명기했다. 남북한이 나라와 나라 사이의 관계가 아닌 통일을 지향하는 과정에서 잠정적으로 형성되는 특수 관계라는 것도 분명히 했다. 본문은 남북 화해, 남북 불가침, 남북 교류·협력 등 3개 부문으로 나뉘어 있는데, 남북 화해에 대해서는 상호 체제의 인정·존중, 내정 불간섭, 비방 중지, 파괴·전복 행위 금지 등이 명시되었다. 남북 불가침과 관련해서는 무력 침략 금지, 분쟁의 평화적 해결, 현재의 경계선 존중, 군사 당국 사이 직통전화 설치 등이 규정되었다. 교류·협력에 대해서는 다양한 분야의 교류와 협력, 이산가족 왕래, 철도와 도로 연결, 항로 개설, 우편·전기·통신 교류시설 설치 등이 명기되었다.

최종 서명자의 직함을 어떻게 쓸 것인지를 두고는 남북 간 실랑이가 있었는데, 협의 끝에 '대한민국 국무총리 정원식', '조선민주주의인민 공화국 정무원 총리 연형묵'으로 쓰기로 합의가 이루어졌다. 서로의 체제를 인정하고 존중한다는 취지를 살린 것이다. 남북이 서로의 국호를 합의문에 쓴 것은 처음이었다. 이후로는 이것이 전범이 되었다.

남북기본합의서는 남북 관계에서 핵심적인 것을 모두 망라한 합의였다. 그대로만 지켜지면 통일로 가는 데 크게 문제가 없었다. 남북기본합의서에 담긴 정치분과위원회, 군사분과위원회, 교류협력분과위원회, 핵통제공동위원회 등 4개 분과위원회에서 구체적인 이행 방안들에 대한 논의와 합의가 진행되도록 되어 있었다. 이후 1992년 말까지 고위급 본회담과 분과위원회가 진행되어 협상을 하기도 했다. 하지만 구체적인 이행 방안에 대한 합의는 이루지 못했다. 제8차 고위급회담(1992. 9. 16~17) 이후 남한에서 남한 조선노동당 사건이 발생하고 한미연례안보회의에서 1993년 팀스피리트 훈련을 실시한다고 발표하자, 북한은 1993년 1월 29일 남북 대화를 전면 중단하겠다고 선언했다.

남북한 비핵화 공동선언

남북고위급회담이 진행되는 동안 북한 핵 문제가 제기되었다. 북한이 영변에 핵시설을 가진 것이 드러났고, 국제원자력기구가 나서서 핵안전협정 체결을 촉구했다. 이후 국제원자력기구와 북한 사이 밀고당기기가 계속되었다. 이런 상황에서 미국은 1991년 9월 28일 전 세계에 배치한 전술 핵무기를 철수해 폐기하겠다고 발표했다. 소련의 해체가 눈앞에 다가온 상황에서 소련 핵무기의 확산을 미연에 방지하기 위한 조치였다. 소련도 10월 6일 그에 상응하는 조치로 전술 핵무기 폐기를 선언했다. 미소의 핵 군축이 진행되는 상황에서 북한 핵 문제를 제쳐두고 그 밖의 협의 사항만을 남북한이 논의하기는 어렵게 되었다.

노태우 정부는 우선 선제적인 조치를 취하기로 하고, 1991년 11월 8일 '한반도 비핵화와 평화구축을 위한 선언'을 발표했다. 남한은 핵무기의 생산·보유·사용을 하지 않으며, 재처리시설과 농축시설도 보유하지 않을 것임을 밝혔다. 동시에 북한도 여기에 동참할 것을 촉구했다. 그러자 북한은 2가지 조건을 내놓았다. 하나는 남한에서 미군 핵무기가 철수했음을 확인해야 한다는 것이다. 또 하나는 팀스피리트 훈련을 중지하라는 것이다. 남한은 이에 동의했다. 그래서 1991년 12월 13일 남북기본합의서에 남북한의 총리가 서명을 했다. 하지만 발효는 미루었다.

그러면서 북한에 대한 압박을 계속했다. 12월 18일에는 노태우 대통령이 남한에 핵무기가 없음을 공식적으로 선언했다. 북한이 내세운 첫 번째 조건을 만족시키기 위한 것이기도 했다. 12월 26일 남북은 판문점에서 만나 비핵화 공동선언 문제를 집중 논의했다. 북한은 남북 불가침을 핵심 내용으로 하는 남북기본합의서 발효가 필요한 상황이어서 비핵화 공동선언을 거부하기 어려웠다. 그래서 '한반도의 비핵화에 관한 공동선언'이 타결되었다. 그 내용은 남북한 모두 핵무기를 시험·제조·생산·접수·보유·저장·배비·사용하지 않고 핵 재처리시설과 우라늄 농축시설도 갖지 않는다는 것이었다.

남한이 주장했던 남북한 상호 시범사찰과 강제사찰은 북한의 완강한 반대로 공동선언에 들어가지 않았다. 사찰 문제는 추후 핵통제공동위원회에서 논의하기로 합의했다. 1992년 1월 7일 남한이 팀스피리트 훈련 중지를 발표하고, 1월 20일 남북한 총리가 비핵화 공동선언에 서명했다. 비핵화 공동선언은 남북기본합의서와 함께 2월 19일에 발효되었다.

남북통일축구대회

1990년 9월 4일부터 남북고위급회담이 시작된 가운데 9월 22일부터는 중국 베이징에서 아시안게임이 열렸다. 베이징에는 남한의 체육부 장관 정동성도 와 있었다. 그가 온 목적은 북한의 국가체육위원장 김유순을 만나기 위해서였다. 평양과 서울에서 남북한이 축구시합을 하기 위해서였다. 이미 두 달 전부터 남북은 접촉을 하고 있었기 때문에 합의를 하는 데 크게 문제는 없었다. 9월 29일 아시안게임 남북한 단장인 장충식과 김형진이 공동기자회견을 통해 공식 발표함으로써 '남북통일축구대회'가 열리게 되었다.

남한이 먼저 제안해서 이루어졌지만, 당시 북한도 체육 교류에는 긍정적이었다. 남북고위급회담에서 정치적인 문제가 협의되고 있었던 만큼 기능적인 문제인 체육회담에는 부담 없이 임할 수 있었고, 동구 사회주의 국가의 붕괴에도 자신들은 여전히 건재함을 보여줄 필요도 있었다.

남북이 축구 교류에 합의할 수 있었던 것은 과거 경평축구의 역사를 살려보자는 취지에 공감했기 때문이기도 하다. 일제강점기에 서울과 평양 간 축구 교류인 경평축구대회가 있었다. 1929년 도시대항전 성격으로 서울 휘문고등보통학교 구장에서 처음 열렸고, 1935년 중단될 때까지 19차례 경평축구대회가 벌어졌다. 해방 직후 1946년 3월에 부활되었지만 남북의 왕래가 어려워지고 분단이 고착화되면서 열릴 수 없게 되었다.

44년 만에 부활된 남북통일축구대회는 10월 11일 평양 릉라도경기장에서 열렸다. 1차전은 평양에서 하기로 한 것이다. 팽팽한 접전 끝에 북한이 2대 1로 이겼다. 남한은 김주성, 북한은 윤정수·탁영빈이 골을 넣었다. 대표팀의 고문으로 평양에 간 이회택 감독은 평양에서 아버지 이용진과 상봉하기도 했다. 2차전은 10월 23일 서울 잠실 올림픽주경기장에서 열렸는데, 남한이 1대 0으로 승리했다. 황선홍이 골을 넣었다. 당초 여자팀도 경기를 하기로 했지만, 나중에 연합 훈련만 하는 것으로 변경되었다.

남북통일축구대회 이후 한동안 스포츠 교류·협력은 다양하게 진행되었다. 1991년 일본 지바에서 열린 세계탁구선수권대회에 남북단일팀을 구성·참가해 현정화-리분희-유순복의 여자팀이 중국을 꺾고 우승을 차지했다. 또 같은 해 포르투갈에서 열린 세계청소년축구선수권대회에도 남북 단일팀이 출전해 8강에 올랐다.

남북통일축구대회는 1990년 10월 11일 평양 릉라도경기장에서 1차전, 10월 23일 서울 잠실 올림픽 주경기장에서 2차전이 열렸다. 1차전은 북한이 2대 1로 승리하고, 2차전은 남한이 1대 0으로 승리했다. 2차전에서 북한 선수들을 제치며 달리고 있는 김주성.

　남북통일축구대회는 비정치적 교류 · 협력은 이루어지기도 쉽고 남북 친선의 효과도 크다는 것을 단적으로 보여주었다. 다른 스포츠나 문화 교류로 연쇄반응을 일으킬 가능성도 컸다. 이러한 교류가 정례적으로 개최되었더라면 실질적으로 남북 관계 개선에 기여했겠지만, 잦은 교류에 부담을 느낀 북한의 거부로 이루어지지는 않았다. 한편, 남북통일축구대회는 한동안 열리지 못하다가 김대중 정부 출범 이후 남북 관계가 개선되어 2002년에 다시 열리게 되었다. 그리고 노무현 정부 당시인 2005년에도 한 번 더 개최되었다.

남북한 유엔 동시 가입

남북한은 1948년 각각 정부를 수립한 이후 유엔에 가입하기 위해 오랫동안 노력했다. 1948년 제3차 유엔 총회에서 한반도의 유일한 합법 정부로 승인된 후 남한은 1949년 1월 처음 유엔에 가입 신청을 한 이후 지속적으로 가입을 추진했다. 하지만 유엔안전보장이사회 상임이사국 소련의 거부로 매번 실패했다. 북한도 1949년 2월 가입을 신청했지만, 미국·영국·프랑스 등이 협조하지 않는 바람에 심사조차 받지 못했다.

1973년 박정희 대통령이 6·23 선언을 통해 북한의 유엔 가입을 반대하지 않겠다고 선언하면서 남북한의 유엔 가입 관련 입장은 분명하게 갈렸다. 남한은 남북한이 개별 가입하자고 했고 북한은 6·23 선언과 같은 시기에 고려연방제 통일 방안을 제시하면서 단일국호에 의한 단일의석 가입을 주장했다. 대표권은 교대로 갖자는 것이었다. 개별 가입은 영구 분단을 위한 것이라고 비판하면서 '하나의 조선' 정책을 내세웠다.

이렇게 양측의 입장이 맞서는 상황은 오랫동안 지속되었다. 1990년대 들어 국제 환경이 남한에 훨씬 유리해졌음을 인식한 노태우 정부는 유엔 가입을 적극 추진했다. 남북한 동시 가입을 추진하고 북한이 거부하면 단독 가입도 시도하겠다는 것이다. 당시 노태우는 88서울올림픽과 북방 외교의 성과로 소련과 중국도 남한의 단독 가입에 거부권을 행사하지 않을 것으로 보았다.[7] 남한은 1990년 9월 소련과 수교했고,

북한은 1991년 7월에 가입 신청서를 냈고, 남한은 8월에 가입 신청을 했다. 제46차 유엔 총회에서 159개 회원국의 만장일치로 북한은 160번째, 남한은 161번째 회원국이 되었다. 유엔 회의장에서 인사를 나누는 남북 대표.

1991년 1월에는 중국과 무역대표부를 교환한 상태였다.

　이렇게 되자 북한은 상황이 불리하다고 인식하고, 1991년 5월 남한과의 동시 가입 결정을 발표했다. 남한만 단독으로 가입하면 추후 한반도 문제가 편파적으로 논의될 수 있어 불가피하게 동시 가입을 결정했다는 것이다. 그동안 주장하던 '하나의 조선' 정책의 포기였다. 당시 북한은 동구 사회주의 국가의 변화를 보면서 흡수통일을 우려할 만큼 위기의식이 깊은 상태였다. 그런 상황에서 체제 안전을 보장받기 위해서는 북한의 실체를 우선 인정받아야 했다. 그러자면 남한의 실체도 인정해야 했다. '하나의 조선'을 고집해서는 문제 해결의 길을 찾기 어려웠다. 그래서 '두 개의 조선'을 인정한 것이다. 남북기본합의서 체결도 같은 맥락에서 적용되었다. 서로의 실체를 인정하고 존중하는 기반 위에서 화해 협력을 지향해 나가자는 것이 남북기본합의서의 핵심 내용이었다.

이렇게 입장이 바뀌자 북한은 7월 유엔에 가입 신청서를 냈다. 남한은 8월에 가입 신청을 했다. 9월 17일 제46차 유엔 총회에서 159개 회원국의 만장일치로 남북한은 유엔 회원국으로 승인되었다. 가입 신청순서에 따라 북한은 160번째, 남한은 161번째 회원국이 되었다.

남북한 동시 유엔 가입은 2가지 큰 의미가 있다. 첫째, 남북한의 유엔가입으로 어느 쪽이 유엔의 승인을 받은 한반도의 유일한 합법 정부냐하는 소모적인 논쟁이 더는 의미 없는 것이 되었다. 둘째, 모두 유엔 회원국이 됨으로써 국제사회의 더 많은 관심과 관찰 속에 평화공존을 바탕으로 한 남북 관계를 형성해나갈 수 있는 조건이 강화되었다. 물론남북 관계는 남북한의 노력과 주변국과의 관계 등이 주로 결정하는 것이지만, 유엔 가입은 남북한이 유엔의 기본 취지인 평화공존의 가치를존중하면서 상대를 대하도록 하는 측면도 있다.

알렉산더 제빈Alexander Zhebin은 1978~1979년과 1983~1990년 두 차례 소련 타스통신의 특파원으로 평양에서 근무했다. 마지막에는 기사와 관련해 북한이 불쾌감을 표시하면서 조기 출국을 종용해 예정보다 2주일 일찍 북한을 떠났다. 그가 평양 특파원 생활을 하면서 겪은 경험 등을 『평양 서울 그리고 모스크바』라는 책에 담아냈다. 거기에 그가 떠나온 1990년의 북한 상황을 알 수 있는 내용이 일부 담겨 있다.[8]

동구 사회주의 국가와 소련이 급격하게 변화하는 상황인데도, 1990년 당시 북한의 주민들은 외부세계의 변화에 대해 잘 알지 못했다. 새로운 정보가 아래로 전달되지 않고 있었다. 페레스트로이카와 글라스노스트 등의 단어가 있다는 것 정도는 알고 있었지만, 구체적인 의미는 몰랐다. 소련인들을 만나면 그 의미를 묻는 사람들도 있었다.

베를린장벽의 붕괴와 동서독의 통일 과정에 대해서는 많이 알고 있었다. 북한 사람들은 지위고하를 막론하고 독일식 흡수통일에 대해서는 두려움을 갖고 있었다. 북한 정권 자체가 체제에 대한 위기의식과 흡수통일에 대한 우려를 갖고 있었기 때문에 주민들을 상대로 흡수통일에 대한 교육을 실시하고 있었다.

제빈의 아내도 북한에서 일을 하고 있었는데, 소련의 피복공업계의 대표로 북한의 피복공장을 다니며 기술지도를 했다. 그래서 지방으로 출장 다니는 일이 많았다. 북한과 소련 사이 피복공업 분야 협력에 따른 일이었다. 기술지도를 해서 생산된 피복은 소련으로 수출되었다. 소련과 남한 사이가 가까워지면서 북한과 소련 사이는 소원해져가고 있었지만, 아직은 일부 협력이 진행되고 있었음을 알 수 있다.

사회통제는 여전히 심해 타스통신의 특파원인 제빈도 웬만한 인물이나 가정을 취재하기 위해서는 외교부 보도국의 허가를 받아야 했다. 제빈은 북한에서 유명한 영화배우 오미란을 취재하려고 했다. 오미란은 〈축포가 오른다〉, 〈도라지꽃〉 등에 출연해 북한 주민들의 인기를 끌었고, 1987년 평양에서 열린 비동맹영화제에서 최우수연기상을 받기도 했다. 예술인들에게 주는 최고의 명예칭호 '인민배우' 칭호도 받았다. 제빈은 외교부 보도국에 신청서를 보내놓고 한 달을 기다린 뒤에야 오미란을 만날 수 있었다. 인터뷰를 할 때도 외교부 보도국에서 나온 사람들과 영화예술 관계자들이 배석한 가운데 해야 했다.

일반 가정에 대한 취재는 더 어려웠다. 제빈은 약 8년 동안 평양에서 일하면서 가정집에는 3번밖에 가보지 못했다. 평안북도 안주시에 있는 탄광촌의 가정집, 평양의 인민반 반장집, 함경남도 협동농장의 농가를 방문한 것이 전부였다. 외국인이 가정집을 방문하는 것은 당국에서 허가를 잘 내주지 않았기 때문이다. 함경남도 협동농장의 농가는 20년 전 김일성이 찾은 곳이기도 했다. 끼니 때가 되어 식사를 내놓았는데, 식단이 아주 잘 차려져 있었다. 당국의 지원을 받았다고 제빈은 느꼈다.

여성들도 대부분 직장에서 일을 했는데, 밥하고 빨래하고 아기를 돌보는 가정일도 전통에 따라 대부분 여성들이 했다. 사회 활동과 가사노동, 이중의 부담을 지고 있었던 것이다. 그래서 이를 알고 있는 당국에서 여성들의 가사노동을 줄여주기 위한 사업에 신경을 많이 쓰고 있었다. 탁아소나 유치원이 많이 설치되어 있었고, 밥과 국과 반찬을 공급하는 밥공장도 곳곳에 운영되고 있었다. 『평양신문』 마지막 면에는 계절에 맞는 옷, 새로운 옷의 형태, 편리하게 이용할 수 있는 양복점 등이 소개되었다. 덕분에 평양 거리에는 화사한 옷차림의 여성들이 늘어나고 있었다.

남녀가 결혼할 때 남자는 양복, 여자는 한복을 입고 있었다. 1950년대 신랑은 인민복, 신부는 한복을 입던 모습에서 변화한 것이다. 평양에는 결혼식 전용 회관이 있어 보통 거기에서 결혼식을 했다. 피로연은 간편하게 했고, 결혼식이 끝나면 차를 타고 시내를 돌면서 사진을 찍기도 하고 친지들을 방문하기도 했다. 혼수는 여성 쪽에서 준비하는 전통을 따르고 있었고, 생활에 필요한 것들만 준비했다. 신혼부부에게는 국가에서 집을 주는데 바로 준비가 안 돼 2~4년 정도 기다리는 게 보통이었다. 그동안에는 부모집에서 사는 경우가 대부분이었다.

　　외부세계의 엄청난 변화에도 북한은 여전히 문을 닫고 있으면서 느리게 변화하고 있었다. 그러면서도 외부세계의 변화에 대해서는 일부 인식하고 있었으며, 그에 대한 궁금증도 갖고 있었다. 그런 모습이 1990년대 초 소련 언론인의 눈에 비친 북한이었다.

1992~1993년

제7장

×××

제1차 북핵 위기

첫 북미고위급회담

남북한의 고위급회담이 진행되어감에 따라 미국도 북한과의 대화에 나서기로 했다. 북한은 1970년대부터 지속적으로 미국과의 대화를 추진했다. 미국만이 자신들의 체제 안전을 보장할 수 있다고 생각했기 때문이다. 미국과의 관계 개선은 남한과의 체제 경쟁에서도 우위를 점할 수 있는 길이기도 했다. 탈냉전 이후에는 소련과 중국이 남한에 접근함에 따라 북한은 미국과의 대화 필요성을 절실하게 느꼈다. 그래서 미국과의 접촉을 타진하고 있었다.

이에 대해 미국은 1991년 가을부터 내부적인 논의를 진행했다. 여전히 반대하는 사람들도 있었지만, 일단 접촉은 해본다는 쪽으로 결론이 났다. 당시 IAEA와 북한 사이 핵안전협정 문제로 실랑이가 벌어졌는데, 북미 대화는 이 문제 해결에 도움이 될 수도 있었다. 12월에 미국은 베이징 채널을 통해 고위급회담을 갖자고 제안했다. 조선노동당 국제담당 비서 김용순과 미 국무부 정무차관 아놀드 캔터Arnold Kanter 사이 대화를 진행해보자는 것이었다.

당시 정무원 외교부장은 김영남이었지만, 미국은 당 국제부장 김용순을 택했다. 남한의 청와대 외교안보수석 김종휘의 조언에 따른 것이었다. 김종휘는 교조적이고 언변이 좋지 않은 김영남보다는 개방적인 성향의 김용순과 대화를 해보라고 조언했다. 김용순은 김정일의 측근으로 그의 파티 친구이기도 했다. 김정일의 여동생 김경희와도 친분이 깊은 인물이었다.

북한과 미국의 첫 고위급회담은 1992년 1월 21일 뉴욕 유엔 주재 미국 대표부에서 열렸다. 막상 회담이 열렸지만 미국은 크게 진전시킬 생각은 없었다. 캔터는 북한의 IAEA 핵사찰 허용과 핵무기 개발 포기를 촉구하는 일에만 관심을 쏟았다. 관계 정상화 문제는 거론하지 않을 생각이었다. 이것이 국무부에서 회담 전 정리한 방침이기도 했다.

김용순은 적극적이었다. 주한미군 철수 요구를 하지 않을 테니 수교를 하자고까지 이야기했다.[1] 북한이 전통적으로 주장하던 주한미군 철수 문제도 협상의 대상이 될 수 있고, 무조건 철수를 고집하지 않겠다고 한 것은 처음이었다. 하지만 미국의 태도는 변하지 않았다. 후속 회담을 열자는 요청도, 공동성명을 발표하자는 제안도 모두 거절했다. 회담을 단발성으로 끝내야 한다는 것은 남한 정부의 주문이었다.

회담의 직접 성과는 없었다. 하지만 8일 후 북한은 IAEA의 핵안전협정에 서명했다. 그에 따라 북한의 핵시설에 대한 사찰도 진행되었다.

6·25 전쟁 당시 서로 전쟁까지 한 북한과 미국은 그렇게 처음으로 공식적인 회담을 가졌다. 단발성으로 끝났지만, 이후 핵 문제가 점점 심각해지자 북한과 미국은 고위급회담을 열어 협상을 진행했다.

국방위원장 독립 · 격상

1992년 4월에 1972년의 '사회주의 헌법'이 개정되었다. 가장 눈에 띄는 변화는 '국방'의 장章을 따로 분리해 여러 조항을 두었다는 것이다. 북한 무장력의 사명이 근로인민의 이익을 옹호하고 외래 침략에서 사회주의 제도와 자유, 독립, 평화를 지키는 것이라는 내용의 조항도 새로 마련해넣었다. 사회주의가 무너지는 외부세계의 급격한 변화에 대응하기 위해 국방을 더 강화하겠다는 의미라고 할 수 있다.

국방위원회는 독립국가기관으로 분리했다. 1972년 사회주의 헌법에서는 국방위원회가 중앙인민위원회 산하의 전문위원회였다. 국가주석이 국방위원장을 겸하도록 되어 있었다. 그런데 1992년 헌법을 개정하면서 국방위원장을 국가주석에서 분리해 최고인민위원회에서 별도로 선출하는 '국가주권의 최고 군사기관'으로 독립 · 격상시켰다. 일체의 무력을 지휘 · 통솔하는 직책으로 공식화한 것이다. 그러면서 국가주석이 '전반적 무력의 최고사령관'이라는 구헌법의 조항은 삭제했다. 이렇게 국방위원장을 독립국가기관화하고 그 지위를 격상한 것은 김정일 후계체제를 위한 것이기도 했다. 김정일이 국방위원장에 취임해 일체의 무력을 통할하면서 실질적인 통치권을 행사할 수 있도록 한 것이다.

국가의 지도이념도 수정했다. 종전에는 '마르크스-레닌주의에 기초한 주체사상'으로 표현했다. 하지만 1992년 개헌을 통해 제3조에 "조선민주주의인민공화국은 사람 중심의 세계관이며 인민대중의 자주성을 실현하기 위한 혁명사상인 주체사상을 자기 활동의 지도적 지침으로 삼는다"라고 규정함으로써 주체사상만을 지도이념으로 규정했다. 이는 1970년대 중반 이후 주체사상이 마르크스-레닌주의를 완전히 대체하는 것으로 정리한 주체사상 내용의 변용 과정을 헌법에 반영한 것이다.

1960년대 초중반의 주체사상은 마르크스-레닌주의를 창조적으로 적용한 혁명사상으로 주장되다가, 1960년대 후반에는 마르크스-레닌주의를 가장 정확하게 실현하는 사상으로 주장되었다. 그러다가 1970년대 중반 이후에는 마르크스-레닌주의를 완전히 대체하는 사상으로 강조되었다. 1992년에는 이러한 주체사상의 변질을 헌법으로 정리한 것이다. 이렇게 헌법에 마르크스-레닌주의를 탈피한 주체사상을 유일지도 이념으로 명문화한 것은 사회주의가 무너지는 절체절명의 국면에서 나름의 고유한 체제를 고수하면서 국가와 정권을 유지해보려는 북한의 생존 전략이라고 할 수 있다.

1992년 헌법의 또 한 가지 특징은 곳곳에서 생산력 발전을 강조하면서 이를 위한 여러 조치를 담았다는 것이다. 외국 기업과의 합영·합작을 권장하고, 농촌기술 혁명을 강조하는 조항들이 새로 마련되었다. 구헌법에서는 협동적 소유는 전인민적 소유로 전환되어야 하는 것으로 강조되었는데, 신헌법은 협동적·전인민적 소유 부문이 유기적으로 결합되어야 한다고 규정했다. 완전한 사회주의적 소유 형태의 변화보다는 생산력 증대에 더 중점을 둔 것이다. 이처럼 1992년 헌법은 북한의 위기의식을 반영해 권력 구조와 지도 이념을 바꾸고, 북한의 경제적 생존력을 강화하기 위한 것이었다.

한중 수교와 북한의 묵인

중국과 남한 관계의 진전은 경제 부문을 중심으로 이루어지고 있었다. 한중 무역 규모가 1986년에는 13억 달러, 1988년에는 31억 달러로 빠르게 늘었다. 반면에 중국과 북한의 무역은 1980년대 말 5억 달러 수준으로 떨어졌다. 그것도 대부분 중국이 북한에 낮은 가격으로 지원하는 것이었다. 덩샤오핑 체제의 중국은 실용주의가 지배하고 있었다. 중국공산당 중앙위원회는 1988년 3월 남한과의 경제 협력을 더욱 확대하기로 결정하고, 부총리가 이끄는 테스크포스를 만들었다.

노태우 정부도 북방 정책의 성공이 중요했다. 사회주의 국가들과의 관계 개선을 통해 남북 관계를 획기적으로 발전시킨다면, 정권의 안정을 꾀할 뿐만 아니라 역사적으로도 높은 평가를 받을 수 있었다. 협소한 국내 시장을 벗어나고 싶어 하는 기업들에는 새로운 시장을 제공할 수도 있었다. 특히 1988년 4월 총선에서 여당이 패한 상황이었고, 1989년에는 대선에서 약속했던 정권 중간평가도 연기해 정권에 대한 지지도가 아주 낮은 상태였다.

　이렇게 중국과 남한은 모두 관계 진전을 원하고 있었다. 1990년부터는 비밀리에 접촉했다. 남한에서는 노태우 대통령과 사돈 관계인 선경 그룹의 이순석 선경 사장, 중국에서는 국가주석을 지낸 리셴녠의 사위인 중국군 장교가 접촉선이었다. 몇 차례 접촉 끝에 1990년 말 서울과 베이징에 무역사무소 개설에 합의했다.

　중국은 1989년 톈안먼天安門 사태의 여파를 조속히 벗어나기 위해 경제성장에 진력했는데, 1991년에는 외국의 자본과 기술 도입에 특히 관심을 쏟으며 외교력을 집중했다. 서유럽, 미국, 남한 등에 대한 외교를 강화한 것이다. 1991년 5월에는 뉴욕에서 중국 외교부장 첸지천錢基琛과 남한의 외무장관 이상옥이 만났다. 양국 사이 첫 외교장관 회담이었다. 특별한 성과를 낸 것은 아니지만, 수교 이전이기 때문에 만남 자체가 큰 의미가 있었다.

　중국은 이렇게 남한과 관계를 진전시키면서 북한에 대해서는 면밀한 관리에 나섰다. 1991년 10월 김일성이 중국을 방문했을 때 융숭하게 대접했다. 북한의 개혁·개방과 남북 대화를 권하면서도 당 총서기 장쩌민江澤民이 직접 김일성의 일정에 동행해주기도 했다. 11월에는 아시아태평양경제협력체APEC 총회에 참석하기 위해 서울에 온 첸지천이 노태우 대통령과 면담했다. 역시 처음 있는 일이었다. 여기서 첸지천은 남북 관계가 좋아지고 북미·북일 관계도 호전되고 있으니 한중 관계도 정상화되는 것은 어려운 일이 아니라고 말했다. 이후 중국 외교부는 한중 관계 정상화를 1992년의 외교 목표로 정하고 적극적으로 추진했

중국은 외국의 자본과 기술 도입을 통해 경제발전에 주력할 필요를 느꼈다. 1992년 8월 24일 베이징 댜오위타이釣魚臺 국빈관에서 '한중 외교 관계 수립에 관한 공동성명'에 서명하는 이상옥 외무장관과 첸치천 중국 외교부장.

다. 1992년 4월 첸지천과 이상옥은 베이징에서 만나 관계 정상화에 일단 합의했다.

중국은 합의를 비밀로 하고 국가주석 양상쿤楊尚昆을 평양에 보냈다. 김일성을 만나 '조만간 한중 관계가 수정될 것'임을 전했다. 외교 장관을 보냈던 소련과는 크게 대조되는 모습이었다. 소련은 외교 장관 셰바르드나제를 보내 북한 외교부장 김영남에게 한소 수교를 전해 북한의 섭섭한 감정을 풀어주지 못했다. 하지만 중국은 국가주석이 직접 평양을 방문해 설명함으로써 북한의 서운한 감정을 풀어주고 체면도 살려주었다.

1992년 7월 29일에는 한중 수교 합의문에 가서명했다. 중국은 공식 발표를 미루고 평양에 첸지천을 파견했다. 남한과 수교하려는 것은 타이완이 국가 승인을 위해 국제적으로 노력하기 때문에 그에 대한 대응 차원이라고 설명했다. 타이완은 1992년에 소련 붕괴로 독립한 라트비아, 니제르 등과 수교하는 등 국교를 넓히려고 노력하고 있었다.

이렇게 설명하면서 북한의 감정을 다소 누그러뜨릴 수 있었다. 당시 북한 사람들의 반응은 대체로 "소련은 차관을 얻기 위해 사회주의를 팔아먹었다. 옛날부터 수정주의로 돌아섰으며 관료주의에 빠져 인민을 진심으로 돌아보지 않았다. 중국은 우리와 사회주의 동지적 관계를 쭉 유지해왔으며 혈맹 관계다"라는 것이다.[2] '묵인할 수밖에 없지 않겠느냐는 것이다. 이런 반응이 나올 수 있었던 것은 중국의 치밀한 북한 관리에 따른 것이다.

당시 북한은 일본·미국과 외교 관계 수립을 위해 노력하고 있었다. 1990년 9월에 일본의 자민당·사회당과 수교에 합의하고, 1992년 1월에는 미국과 고위급회담을 한 것은 수교에 대한 희망을 실현하기 위한 것이고, 이를 계속 추진하고 싶어 했다. 그 때문에 북한은 한중 수교의 연기를 바랐지만, 중국과 남한의 현실적인 필요에 의한 접근을 막을 수는 없었다.

훈령 조작 사건

1991년 12월 제5차 남북고위급회담에서 남북기본합의서가 채택된 이후에도 남북고위급회담은 계속되었다. 화해, 군사, 경제 교류·협력, 사회문화 교류·협력 등을 위한 공동위원회를 구성하고, 구체적인 협력 방안을 논의하기 위해서였다. 1992년 2월 제6차 회담, 5월 제7차 회담이 열리고, 9월 제8차 회담이 평양에서 열렸다.

대표단은 9월 15일에 판문점을 통해 평양으로 향했다. 판문점에서 2시간 정도 달려 평양에 도착했다. 16일부터 회담에 들어갔다. 화해·불가침·교류 협력에 관한 부속합의서 채택이 회담의 주요 의제였다. 17일까지 협상이 이어져 3개의 부속합의서가 타결되었다. 제9차 남북고위급회담을 12월에 서울에서 연다는 것도 합의했다. 이 의제는 이렇게 잘 마무리가 되었다.

문제는 두 번째 의제인 이산가족상봉 문제였다. 남한은 당초 사전회의에서 북한이 원하는 비전향 장기수 이인모 송환을 들어주고, 이산가족상봉과 판문점 면회소 설치를 성사시키기로 했다. 북한이 2가지 조건만 들어주면 이인모를 송환하기로 한 것이다. 노태우 대통령도 이산가족상봉을 반드시 성사시켜야 한다고 생각했기 때문에 이 내용으로 재가했다.

그런데 서울을 떠나기 전 국가안전기획부장 특보 이동복이 1987년에 납북된 동진27호 선원 12명의 송환 문제도 제기해보자는 의견을 내서 그렇게 하기로 했다. 이 문제는 남북고위급회담 교류협력분과위원장을 맡고 있던 통일부 차관 임동원의 관할 사항이었다. 이동복은 북한과의 협상 과정에서 이산가족상봉과 면회소 설치를 제안하고, 이인모를 송환하는 데 합의했다. 동진호 문제도 제기했으나 북한은 '자진 월

북'이라고 주장했다. 어쨌든 남한의 회담 전략대로 이산가족상봉과 면회소를 얻어내고 이인모를 송환하는 문제는 거의 해결되었다.

남한 대표단의 임동원은 17일 0시 30분에 이런 내용을 서울에 전문으로 보고하고 훈령을 청했다. 17일 아침 7시 15분 서울에서 전문이 왔다. 그 내용은 "이인모 건에 관하여 3개 조건이 동시에 충족되지 않을 경우 협의하지 말 것"이었다. 당초 회담 전 대통령의 재가까지 받은 회담 전략과 완전히 다른 것이었다. 북한은 동진호 송환에 대해서는 완고한 입장이어서 결국 이산가족상봉은 합의되지 못했다.

그런데 17일 아침 7시 15분 서울에서 평양으로 보낸 전문은 조작된 훈령이었다. 그 전말은 이러했다. 17일 0시 30분 임동원이 서울에 전문을 보낼 때 이동복은 국가안전기획부 기조실장 엄삼탁에게 전문을 보냈다. "임동원의 청훈請訓을 묵살하고, '이인모 건에 관해 3개 조건이 충족되지 않으면 협의하지 마라'는 내용으로 회신을 보내달라. 이 전문은 보고한 후 파기하라"는 것이었다. 엄삼탁은 이동복의 요청대로 전문을 보냈다. 그것이 17일 아침 7시 15분 평양에 도착한 전문이었다.

17일 오후 4시 15분에는 서울에서 정원식 수석대표 앞으로 또 하나의 전문이 보내졌다. "당초의 전략대로 2개 조건만 얻을 수 있으면 이인모를 송환하는 것으로 합의하라"는 내용이었다. 청와대 외교안보수석 김종휘가 대통령의 재가를 얻어 보낸 훈령이었다. 하지만 이 훈령은 평양에 있는 정원식과 임동원 등에게 전해지지 않았다. 이동복이 전문을 받고 묵살한 것이다. 회담 당시 통신망을 국가안전기획부가 장악하고 있었기 때문에 가능한 일이었다. 남한 대표단은 가짜 훈령에 따라

정원식 총리에게 "당초의 전략대로 2개 조건만 얻을 수 있으면 이인모를 송환하는 것으로 합의하라"
는 내용의 훈령이 보내졌지만, 이 훈령은 정원식에게 전해지지 않았다. 1992년 2월 제6차 남북고위
급회담에서 김일성과 정원식 총리(가운데).

남북의 중대 사안인 이산가족상봉과 면회소 설치를 무산시켰다.

이동복이 훈령을 조작하고 묵살한 것은 서울과 평양 사이의 전문 교
환 내용을 조사하면서 밝혀졌다. 하지만 이동복이 왜 그런 일을 저질렀
는지 누구도 추궁하지 않았다. 김영삼 정부 출범 후 감사원의 감사 결
과로 분명해졌지만, 왜 그가 훈령을 조작했는지는 감사원도 조사하지
않았고, 훈령 조작의 당사자는 처벌도 받지 않았다.

이동복 훈령 조작 사건은 국가안전기획부 내 수구 세력이 정권 재창
출을 위해 저지른 것이다. 남북 화해보다는 불안과 긴장을 조성하는 것
이 보수를 결집시키고 여권 후보를 당선시키는 데 유리하다고 판단한
것이다.[3] 한완상 부총리가 지적한 대로 이 사건은 '냉전의 전사들'이 남

북 관계 관련 부서에 건재함을 여실히 보여주었다. 수구 세력은 자신들의 목적을 달성하기 위해서는 불법 · 편법도 서슴지 않음도 잘 보여주었다.[4] 남북한의 분단이 오랫동안 지속되면서 그로 인한 비용, 불이익, 부작용은 이렇게 여러 모습을 나타나고 있었다.

NPT 탈퇴

1989년 프랑스의 상업위성 SPOT2가 북한의 영변 핵단지를 촬영하면서 북한의 핵시설이 공개되었다. 이때부터 IAEA가 문제 삼기 시작했고, 북한과 협상이 시작되었다. 1992년 1월 30일에는 IAEA와 핵안전협정에 서명했다. 1985년 12월 NPT 가입 이후 18개월 안에 IAEA와 핵안전협정을 체결해야 했지만, 그동안 미루어오던 것이다. 북한은 5월에 핵시설과 핵물질에 관한 보고서를 IAEA에 제출했다. 북한이 신고한 핵시설은 모두 16개였다.

다음 절차는 핵안전협정에 따라 보고서를 바탕으로 북한이 IAEA의 핵사찰을 받는 것이었다. IAEA의 핵사찰은 3가지로 되어 있었다. 임시사찰ad hoc Inspection은 핵안전협정에 가입하면 보고서를 제출하고 그에 따라 받는 사찰이다. 일반사찰Routine Inspection은 임시사찰이 끝나고 핵시설과 핵물질의 변동에 대해 받는 사찰이다. 연구용 원자로는 연 1회 일반사찰을 받도록 되어 있다. 특별사찰Special Inspection은 임시 · 일반사찰로 제대로 검증이 안 된 부분에 대해서 하는 사찰이다. 북한은

1992년 5월 제1차 임시사찰을 받았다. 이후 1993년 1월까지 6차례 사찰을 받았다.

문제는 이때부터였다. 북한이 신고한 것과 사찰 결과가 일치하지 않았다. 북한은 1990년 5월 5메가와트 원자로의 연료봉을 꺼내 재처리를 실시한 결과 플루토늄 90그램을 추출했다고 신고했다. 하지만 사찰 결과는 '1989년, 1990년, 1991년에 한 번씩 재처리 실시, 8킬로그램 정도의 플루토늄 추출 추정'이었다. 이렇게 중대한 불일치 현상이 생기자 이때부터 북한과 IAEA의 갈등이 시작되었다.

IAEA는 신고되지 않은 2개의 시설을 특별사찰해야 한다고 주장했다. 이것이 핵폐기물 저장시설이고 이를 조사하면 정확한 것을 알 수 있다고 했다. 북한은 군사시설이어서 사찰을 받을 수 없다고 맞섰다. 1993년 2월 말 IAEA는 정기 이사회를 통해 특별사찰 촉구 결의안을 채택했다. 여기에 맞서 북한은 3월 12일 NPT 탈퇴를 선언했다. 북한은 동구와 소련의 사회주의가 붕괴하고 체제 안전에 대한 위기의식이 높아져 있는 상태에서 외부세계와의 심한 대결 상황을 만들어냄으로써 체제 내부를 단속하고 어려운 상황을 타개해나가는 기회를 찾아보겠다는 의도였다. 이로써 한반도에 오랫동안 먹구름을 드리우는 북핵 위기가 시작되었다.

NPT 탈퇴 선언은 3개월 후 효력이 발생하게 되어 있었다. 3개월 동안 협상하도록 시간을 준 것이기도 하다. 이제 미국이 나서지 않을 수 없었다. NPT의 완전성을 유지하는 것은 핵우위를 통한 세계 전략을 수행하려는 미국에는 매우 중대한 문제였기 때문이다.

북한도 미국과의 협상을 원했다. 당시 유엔 주재 북한 대표부 허종부 대사는 협상 대상과 관련해 "국제기구로 하여금 특별사찰을 요구하도록 한 것도 미국이고, 북조선을 질식시키기 위해 온갖 책동을 벌이고 있는 당사자도 미국이기 때문에 미국의 태도가 문제 해결의 핵심이다. 따라서 미국이 협상 당사자가 되어야 한다"고 분명히 밝혔다.[5]

북한과 미국은 1993년 6월 2일 뉴욕 유엔 주재 미국 대표부에서 고위급회담을 열고 협상을 시작했다. 제1차 북미고위급회담이 시작된 것이다. 북한과 미국이 구체적인 이슈를 갖고 회담을 하는 것은 처음이었다. 북한의 수석대표는 외교부 제1부부장 강석주, 미국의 수석대표는 국무부 정치·군사 담당 차관보 로버트 갈루치Robert Gallucci였다. 북한은 핵무기 불사용 보장, 팀스피리트 영구 중단, 주한미군 기지 공개, 남한에 대한 핵우산 금지, IAEA 공정성 보장, 북한 사회주의 체제 존중 등을 주장했다.

미국은 북한의 NPT 복귀, 특별사찰 포함 IAEA 핵안전협정 완전 이행, 한반도 비핵화 선언 이행 등을 주장했다. 미국은 북한이 NPT 탈퇴 선언을 한 지 3개월이 경과하지 않도록 하기 위해서 6월 12일까지 협상을 끝내야 했다. 11일까지 협상이 계속되었다. 미국이 급한 것은 북한의 NPT 잔류였다. 북한이 우선 원하는 것은 핵무기 불사용 보장과 체제 안전 보장이었다. 이러한 최소한의 것만을 교환하는 것으로 합의해 6월 11일 공동발표문을 냈다. 남한은 미국에 특별사찰이 허용되지 않으면 안 된다고 주장했지만, 미국의 관심사는 그것이 아니었다.

이렇게 해서 북한과 미국 사이에 첫 합의가 이루어졌다. 기초적인 합의만 한 만큼 7월 14일 장소를 옮겨 스위스 제네바에서 제2차 북미고위급회담이 계속되었다. 미국은 여전히 핵안전협정의 완전한 준수를, 북한은 핵물질 추출이 어려운 경수로발전소 지원을 요구했다. 19일까지 협상을 계속해 "북한은 핵안전협정 준수를 위해 IAEA와 빠른 시일 내에 협상을 시작할 용의가 있다"는 정도를 표명하는 것으로 합의했다. 그 대신 미국은 경수로 도입을 모색하기로 했다. 북한과 IAEA는 사찰 협의에 들어갔지만, 지속적으로 문제가 발생했다. 방사화학 실험실 샘플 채취와 미신고 2개 시설에 대한 접근 등을 두고 갈등이 계속되었다. 사찰 협의가 진전되지 못함에 따라 북한과 미국은 제3차 고위급회담의 일정을 잡지 못했다.

"내 청춘 통일에 묻어"

이인모는 1917년 함경남도 풍산에서 태어났다. 6 · 25 전쟁 당시 조선인민군 종군기자로 활동하다가 지리산의 빨치산이 되었다. 조선인민군이 후퇴할 때 남한에 남아 그렇게 빨치산이 된 사람이 많았다. 이인모는 1952년 대대적인 토벌이 이루어질 때 체포되었다. 7년의 형기를 마치고 출소했다. 하지만 부산에서 좌익 지하활동을 하다가 1961년에 다시 체포되었다. 이때부터 출소와 투옥을 반복해 1989년까지 감옥 생활을 했다. 전향을 하지 않아 오래 있을 수밖에 없었다. 1989년 사회안전법이 폐지되면서 출소할 수 있었다.

출소 후 1989년 말 월간 『말』에 수기를 실었다. 제목은 '내 청춘 통일에 묻어'였다. 수기의 내용에는 김일성의 삼촌 김형권에 대한 이야기가 있다. 1930년 7월 어느 날 풍산군 파발리 주재소 앞에서 짚신을 신고 베잠방이를 걸친 세 사람이 악질로 소문난 순사부장을 쏘고 달아났는데, 그들이 김형권의 무리라는 소문이 풍산 읍내에 퍼졌다는 것이다.

김일성에게는 삼촌의 독립운동을 증언해주는 것이니 반가운 글이었다. 그래서 이 수기는 1991년 9월 21일자 『로동신문』에도 실렸다. 이인모는 김일성의 관심 대상이 되었고, 마침 남북고위급회담이 진행되고 있어 남한에 송환을 요구했다. 회담 과정에서 북한 기자가 이인모 부인의 편지를 남한에 전달해 북한에 가족들이 살아 있음도 확인되었다. 이후 시민단체를 중심으로 이인모 송환 여론이 일었다. 성사 직전까지 갔지만, 이동복의 훈령 조작 사건으로 막판에 틀어졌다.

김영삼 정부가 시작되어 초기에 통일원 장관 한완상을 중심으로 한 대화파가 대통령에게 이인모 송환을 건의했다. 북한이 지속적으로 요구해온 이인모 송환을 들어주고 대화 분위기를 이어가자는 것이었다. 김영삼은 이를 수용해 3월 초 신문사 편집국장들과의 만찬 자리에서 송환을 발표했다.

그렇게 해서 이인모는 1993년 3월 19일 43년 만에 군사분계선을 반대로 넘었다. 비전향 장기수 첫 송환이었다. 손에는 녹차 등 선물을 넣은 가방이 전부였다. 부인과 딸, 외손자들이 환영했다. 한복 차림의 여성들이 꽃송이를 뿌리며 〈우리의 소원은 통일〉을 노래했고, 판문점 북측의 판문각에는 김일성의 대형 환영 플래카드가 내걸렸다.

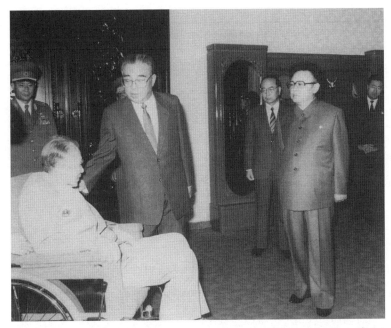

이인모는 월간 『말』에 「내 청춘 통일에 묻어」라는 수기를 실었는데, 이것은 김일성의 삼촌인 김형권의
독립운동을 증언해주는 글이었다. 1993년 북송된 장기수 이인모를 만나고 있는 김일성과 김정일.

이인모는 북한에서 '통일의 영웅', '불사조', '신념의 화신'으로 불리
며 극진하게 대접받았다. 훈장도 받고 영웅칭호도 받았다. 그러다가 어
느 날 증산교화소를 돌아보면서 '내가 남한의 감옥에서 이렇게 생활했
다면 살아서 조선에 돌아오지 못했을 것'이라고 말해 그때부터 북한 당
국의 대접이 달라졌다는 이야기가 탈북자들을 통해 전해지기도 했다.
그는 2007년 6월 노환으로 사망했다.

북한이 NPT 탈퇴를 선언했지만, 김영삼 정부는 이인모 송환이라는
유화책으로 남북 대화의 계기를 마련해보려고 했다. 하지만 이후 남북

관계는 핵 문제와 연동되었다. 관계는 쉽게 진전되지 않았다. 북한은 핵 문제 협상을 미국과만 했다. 그러자 김영삼 정부는 미국에 강경한 입장을 계속 주문했다. 그렇게 일관성을 잃은 대북정책은 미국에서도, 북한에서도 신뢰를 얻지 못했다.

조국통일을 위한 전민족대단결 10대 강령 발표

북한은 자신들이 필요한 시점에 다양한 대남정책·통일정책을 발표해왔다. 그 가운데에서도 북한이 '조국통일의 3대 헌장'으로 꼽는 것은 '조국통일 3대 원칙', '고려민주연방공화국 창립 방안', '조국통일을 위한 전민족대단결 10대 강령'이다. '조국통일 3대 원칙'은 1972년 7·4 남북공동성명의 첫 번째 조항에 반영된 자주·평화·민족대단결의 원칙을 말한다. '고려민주연방공화국 창립 방안'은 1980년 제6차 당대회에서 제시한 완성된 통일국가 형태로 연방제 통일 방안을 말한다. '조국통일을 위한 전민족대단결 10대 강령'은 1993년 4월 7일 최고인민회의 제9기 제5차 회의에서 발표된 북한의 통일에 관한 기본 방침 10개 항목을 일컫는 것이다. 북한은 이 강령이 "안팎의 분열주의 세력의 책동을 물리치고 조국통일의 새 아침으로 힘차게 내달리게 하는 통일운동의 이정표"라고 설명했다. 다음은 10개 항목이다.

① 전민족의 대단결로 자주적이고 평화적이며 중립적인 통일국가를

창립해야 한다.

② 민족애와 민족자주정신에 기초하여 단결해야 한다.

③ 공존 · 공영 · 공리를 도모하고 조국통일 위업에 모든 것을 복종시키는 원칙에서 단결해야 한다.

④ 동족 사이의 분열과 대결을 조장시키는 일체의 정치적 논쟁을 중지하고 단결해야 한다.

⑤ 북침과 남침, 승공과 적화에 대한 우려를 다같이 없애고 서로 신뢰하고 단합해야 한다.

⑥ 민주주의를 귀중히 여기며 주의 · 주장이 다르다고 하여 배척하지 말고 조국통일의 길에서 함께 손잡고 나가야 한다.

⑦ 개인과 단체가 소유한 물질적 · 정신적 재산을 보호해야 하며 그것을 민족대단결을 도모하는 데 이롭게 이용하는 것을 장려해야 한다.

⑧ 접촉 · 왕래 · 대화를 통해 전민족이 서로 이해하고 신뢰하며 단합해야 한다.

⑨ 조국통일을 위한 길에서 북과 남, 해외의 전민족이 서로 연대성을 강화해야 한다.

⑩ 민족대단결과 조국통일 위업에 공헌한 사람들을 높이 평가해야 한다.

북한은 NPT를 탈퇴해 국제사회와 대결을 강화하는 상황에서 이러한 통일 강령을 마련했다. 김일성이 직접 대남 부서 책임자들을 불러놓고 토의를 해가며 만든 것이다. 당시 김일성은 조국광복회 10대 강령을 표준으로 삼아 새로운 통일 강령을 만들어야 한다고 강조했다(『로동신문』, 2006년 6월 5일). 조국광복회는 김일성이 1936년 만주에서 조직했다고 북한이 선전하는 반일민족통일전선의 지하혁명조직이다. '광범한 반일민족통일전선을 실현하여 일본 제국주의의 통치를 전복하고 조선인민정부를 수립할 것' 등 민족의 단결과 대일무장투쟁을 내용으로 하는 10대 강령을 갖고 있었다고 한다.

1993년에 일제강점기의 투쟁 방침에 기반을 둔 통일 원칙을 마련했다는 것인데, 이는 북한이 당시의 정세를 항일투쟁 시기만큼 엄중한 것으로 파악하고 있었음을 말해준다. 실제로 북한은 이 강령을 발표하면서 남한에 외세 의존 정책 포기, 주한미군 철수, 한미합동군사훈련 중지, 미국 핵우산 탈피 등을 새삼 요구했다.

김영삼 정부가 새롭게 출범한 상황에서 민족애와 민족자주, 민족대단결 등을 강조하는 강령을 내세움으로써 흡수통일의 상황을 탈피하고, 필요한 경우 남한·미국과 대화도 병행하면서 나름의 위기 타개 방안을 찾기 위한 전략에서 나온 것이라고 할 수 있다.

김정일의 국가기관 장악

1991년 12월 조선인민군 최고사령관에 추대된 김정일은 5개월 후인 1992년 4월 '조선민주주의인민공화국 원수' 칭호를 받았다. 조선인민군 계급에서 장성급보다 높은 원수급이 있는데, 차수, 원수, 대원수 순으로 높아진다. 원수는 대원수 바로 아래 계급이다.

김정일은 1992년 4월 '조선민주주의인민공화국 원수' 칭호를 받았다. 4월 25일에는 조선인민군 창군 60주년 기념 열병식에서 "영웅적 조선인민군 장병들에게 영광이 있으라!"라고 짧게 연설하기도 했다. 평양 근교의 초대소를 방문한 김일성과 김정일.

김정일은 원수가 된 지 3일 만에 대규모 승진 인사를 단행했다. 우선 자신과 함께 원수로 진급한 오진우와 차수가 된 최광, 리을설, 주도일, 최인덕, 백학림, 리두익, 김봉율, 김광진에게 각각 원수별과 차수별을 달아주었다. 그리고 '조선인민군 최고사령관 김정일 원수' 명령으로 16명은 대장으로, 28명은 상장으로, 96명은 중장으로, 524명은 소장으로 진급시켰다. 김정일 시대 군에서 핵심 역할을 하는 조명록과 김일철 등이 이때 대장이 되었다. 군 최고 통수권자로서 군권 장악 초기에 시혜를 통해 분명한 충성을 확보하려는 전략이었다.

4월 25일에는 조선인민군 창군 60주년 기념 열병식에서 인민무력부장 오진우에게서 직접 열병보고를 받고 "영웅적 조선인민군 장병들에게 영광이 있으라!"라고 짧게 답하기도 했다. 김정일의 이 말은 육성 그대로 대외적으로 공개되었는데, 2000년 6월 남북정상회담을 통해 김정일의 육성이 공개되기 전까지 공식적으로 확인된 김정일의 유일한 목소리이기도 했다. 1993년 2월에는 김일성이 사회주의노동청년동맹 대회에 편지를 보내 '김정일 중심으로 단결하라'고 강조했다.

> 오늘 우리 혁명은 인민대중의 위업에 끝없이 충실한 지도자인 김정일 동지의 영도 밑에 훌륭히 계승 발전되어 나가고 있습니다. 청년들은 조선 혁명의 영광스러운 길을 개척한 우리 혁명의 첫 세대가 영도자의 두리(둘레)에 굳게 뭉쳐 투쟁한 것처럼 김정일 동지를 중심으로 일심단결하여 당의 영도를 충성으로 받들어야 합니다.[6]

1993년 3월 8일 김정일은 조선인민군 최고사령관 명령으로 '준전시 상태'를 선포했다. 한미합동군사훈련에 대한 대응 방안으로 내놓은 조치였다. 그러고는 4월 7일 최고인민회의 제9기 제4차 회의가 열려 9일 김정일을 국방위원장으로 선출했다. 독립국가기관이 되면서 높아진 위상의 국방위원회의 수장이 되면서 김정일은 사실상 국가기관에 관한 전권을 갖게 되었다. 김일성이 국가주석으로 남아 있었지만, 이때부터는 상징적인 지위였고 김정일이 국가기관 통제권을 장악했다고 보아야 할 것이다.

제3차 7개년 계획 실패

1990년대 북한은 정치적으로 고립무원이었을 뿐만 아니라 경제도 나빠지고 있었다. 급기야는 스스로 경제계획의 미달을 시인하는 단계까지 되었다. 1993년 12월 8일 당중앙위원회 제6기 제21차 전원회의가 열렸는데, 여기서 제3차 7개년 계획(1987~1993)의 주요 목표들이 미달되었음을 인정했다. 그러고는 1994~1996년 3년 동안을 '사회주의 경제 건설의 완충기'로 설정하고 그동안 미달된 부문을 보충하기로 했다.

북한은 이전에도 4번의 완충기가 있었다. 첫 번째는 1960년이다. 1957~1961년의 5개년 계획을 1959년에 조기에 완성했다면서 1960년을 완충기로 지정해 조정을 거친 뒤 제1차 7개년 계획(1961~1967)으로 들어갔다. 두 번째는 1968~1970년이다. 당초 1961~1967년으로 설정된 제1차 7개년 계획이 제대로 목표가 달성되지 않아 3년을 연장했다. 1968~1970년을 완충기로 삼은 것이다. 완충기라는 용어를 쓰지는 않았지만, 그 성격이 완충기였다. 세 번째는 1977년이다. 1971~1976년의 6개년 계획도 제대로 실행이 안 돼 1977년을 완충기로 삼아 보완했다. 네 번째는 1985~1986년이다.

1978~1984년의 제2차 7개년 계획도 미완에 그쳐 1985~1986년의 조정기를 거쳐 다음 경제계획을 세웠다. 첫 번째 1960년의 완충기는 미달된 계획을 보완하기보다는 부문 간의 발전 속도를 조절하는 성격이었다. 하지만 이후 3번의 완충기는 미달을 보완하는 기간이었다. 북한은 이렇게 경제계획이 미달될 때마다 '성과적으로 실행되었지만 일

부 조정이 필요하다'는 식으로 설명하면서 실패를 인정하지 않았다. 하지만 조정기의 구체적인 실행 계획들을 보면 이전 경제계획이 실패했음을 알 수 있다.

그런데 1993년은 달랐다. 당중앙위원회 전원회의에서 경제계획의 실패를 시인했다. 북한이 1993년의 실패를 그 이전의 실패와 다르게 보고 있었기 때문이다. 지속적으로 추구해온 중공업 우선 정책은 경공업의 낙후를 가져왔고, 주민들의 기본적인 생활을 보장하기 어렵게 되었다. 소련과 동구 사회주의 국가들의 붕괴는 이들에게서 받은 지원과 이들과의 무역에 따른 이익을 앗아갔다. 사회주의 시장도 상실되었다. 소련과 중국은 1990년대 초부터 북한과 거래할 때 달러로 결제할 것을 요구했다. 이러한 상황이 북한으로 하여금 경제계획의 실패를 인정하고 새로운 대안을 찾도록 만들었던 것이다.

북한이 제시한 완충기의 새로운 경제 전략은 '농업·경공업·무역 제일주의'였다. 농업과 관련해서는 공업화·현대화의 실현을 통해 부족한 식량을 증산하겠다는 계획을 세웠다. 경공업 발전에 대해서는 소비품 생산을 증대시켜 인민들의 기본적인 생활이 영위되도록 하겠다고 밝혔다. 무역 부문에서는 대외경제협력을 활성화해 수출을 촉진하고 라진-선봉 경제특구에 대한 투자 유치에도 적극적으로 나서겠다는 계획이었다.

완충기 설정으로 경제를 회복시켜 보려 했지만, 북한 경제는 이후 더욱 어려워졌다. 경제 운영 방식의 근본적인 개혁 없이 완충기를 설정하고 다시 주민들의 노력을 동원하는 것만으로는 경제를 회복시키기 어려웠다. 1994년에는 경제성장률이 −1.8퍼센트, 1995년에는 −4.6퍼센트, 1996년에는 −3.7퍼센트를 기록하는 등 침체 일로를 걷는다. 북한은 하는 수 없이 1996년에 완료하기로 했던 완충기를 1997년까지 연장했다. 이후로도 북한 경제는 지속적인 침체에서 벗어나지 못했다.

남한 기자가

본
—
1992년

『한국일보』에서 사장까지 지낸 여성 언론인 장명수는 1992년 2월 제6차 남북고위급회담을 취재하기 위해 북한에 갔다.[7] 판문점에서 버스로 30분을 가서 개성역에 도착했다. 그리고 평양행 기차에 올랐다. 기차는 단선 철로를 달렸다. 금천, 평산, 봉산, 사리원, 황주를 거쳐 3시간 20분 만에 평양에 도착했다. 평양역은 텅 비어 있었다. 평양 거리도 마찬가지였다.

장명수는 인민문화궁전에서 열리는 남북고위급회담을 취재하면서 되도록 북한 사람들과 많이 이야기를 나누어 보려고 했다. 그들이 지금 어떤 생각을 하고 있는지 알고 싶어서였다. 북한 기자에게 물었다.

"당신들에게 구호가 필요했던 역사를 나는 이해하려고 애쓰고 있다. 그러나 얼마나 더 싸워야 혁명이 완수될 것인가?"

북한 기자의 답은 이랬다.

"우리 사회주의는 역사가 짧으니 자본주의보다 못 사는 게 사실이다. 그러니 우리는 나태해지지 않게 자기를 통제하며 더 싸워야 한다. 싸운다는 말을 호전적으로 이해하지 말라."

외부의 현실도 일부는 알고 있었다. 그러면서도 북한 나름의 사회주의 건설에 대한 희망은 버리지 않고 있었다. 북한 기자들 대부분은 독일 통일에 대해 알고 있었다. 그들은 "독일식 통일은 안 된다. 통일한 후 서독도 동독도 후회하

고 있다. 우리는 두 개의 체제로 한 국가 안에서 살아가는 연방제 통일을 해야
한다"라고 말했다. 연방제에 대한 신념이 여전히 투철한 모습이었다.

"4월 15일이면 김일성이 만 80세가 되는 데 국가주석과 당 총비서 자리를
김정일에게 물려주겠는가"라는 질문에 북한 기자들은 "지금도 김정일 비서가
국가 사업과 당 사업을 다 맡아하시므로 권력 승계를 굳이 서두를 필요가 없
다"고 답했다.

1984년 합영법을 마련했지만, 남한과 외국 자본의 투자가 부진하자 북한은
남한의 정주영, 김우중 등 기업인들을 초청해 투자를 요청하고 있었다. 김일성
종합대학을 방문했을 때 남한의 한 기자가 "남한 기업인에게 투자하라고 하는
것은 주체사상에 어긋나는 것 아니냐"라고 질문했다. 한 학생이 답을 했는데,
"위대한 수령께서는 1991년 8월 1일 범민족대회에서 민족대단결 연설을 통해
힘있는 사람은 힘으로, 지식있는 사람은 지식으로, 돈있는 사람은 돈으로 통일
을 위해 특색 있는 기여를 하라고 말씀하셨습니다. 우리는 누구든 통일 사업에
떨쳐 나서는 것을 환영합니다"라는 것이었다. 남한 자본도 통일에 기여하는 것
이니 받아들일 수 있다는 논리였다.

북한은 1992년 3월 1일부터 노동자는 50퍼센트, 사무원은 43퍼센트 월
급을 올려주기로 하고 언론 매체를 통해 선전했다. 물가 인상에 따라 주민들의
구매력을 높여주기 위한 조치였다. 이를 두고 김일성종합대학 학생들은 "자립
적 민족경제를 유지하고 있기 때문에 임금을 많이 인상해도 인플레이션 걱정
은 필요없다"면서 자랑스러워했다. 그러면서도 텔레비전에서는 '허리띠 졸라매
기' 캠페인을 했다. '허리띠를 풀고 식사를 하면 많이 먹게 되어 위하수에 걸리
기 쉽고, 간에도 좋지 않고, 위암에 걸릴 위험도 높다'는 식의 캠페인이었다.

남북고위급회담의 북한 대표들도 실제로 북한의 경제에 대해서는 불안해했
다. 금강산 개발, 경제특구, 남한 기업인 초청, 임금 대폭 인상 등의 정책이 산
발적으로 나오는 것은 북한이 얼마나 다급하고 우왕좌왕했는지 그대로 보여주
었다. 이런 것에 대한 우려가 북한 내부에서도 있었던 것이다. 경제에 대한 걱
정 때문에 북한 대표들은 회담 과정에서 남한과의 경제협력에 특히 많은 관심

을 표했다.

당시 북한에서 유행하던 노래는 〈휘파람〉과 〈여자는 꽃이라네〉였다. 웬만한 사람들은 가사를 알고 있었다. 이 노래들은 수령을 찬양하거나 유격대식 투쟁을 독려하는 내용이 아니었다. 그저 사람의 가벼운 감정을 묘사하고, 여성의 아름다움을 노래한 것이다. 정치적 · 경제적인 난관 가운데서도 조금씩 변화하는 모습의 일단이었다.

1994~1995년

제8장

×××

김일성 시대의 종언

서울 불바다 발언

1993년 3월 12일 북한이 NPT 탈퇴를 선언하자, 남한도 손놓고 있을
수는 없었다. 남한은 5월 20일 북핵 문제 해결을 위해 남북고위급회담
대표 접촉을 갖자고 제안했다. 북한은 미국과의 대화를 통해 핵 문제를
풀겠다는 전략을 갖고 있었기 때문에 남북 대화에 관심이 없었다. 하지
만 김영삼 정부는 북미 대화가 이루어지려면, 남북 대화도 이루어져야
한다는 생각을 하고 있었다. 이를 미국에 계속 강조했다. 남한의 주장
은 1993년 7월 19일 발표된 제2차 북미고위급회담 합의문에 반영되었
다. 그 핵심은 "조선민주주의인민공화국은 안전 조치와 관련한 현안
문제와 기타 문제들에 관한 IAEA와의 협상을 가능한 한 빠른 시일 내
에 시작할 용의를 표명한다"는 부분이다. 사찰 협상을 조속히 진행한
다는 것이다.

그런데 이와 함께 "조선민주주의인민공화국은 핵 문제를 포함하여 쌍방의 문제들에 대해 가능한 한 빠른 시일 내에 남북 회담을 시작할 용의를 여전히 가지고 있다는 것을 재확인했다"라는 부분도 있었다. 이는 남한이 요구하고 이를 미국이 주장해서 들어간 것이다. 북한은 내켜하지 않았다. 그래서 남한의 대화 제의에 북한은 현안 문제 협의를 위한 특사 교환을 하자고 역제의했다. 남한이 수용해 1993년 10월 5일부터 특사 교환을 위한 실무 대표 접촉이 시작되었다.

제1차 접촉에서 북한은 '핵전쟁 연습 중지'와 '국제공조 체제 포기'를 주장했다. 어떤 결실도 보기 어려웠다. 제2차 접촉도 성과 없이 끝났다. 제3차 접촉 이후부터 북한은 한미 연례안보협의회에서 북한의 우발적 도발에 대한 대응도 논의할 것이라는 남한 국방부 장관의 발언을 문제 삼았다. 이 때문에 한동안 접촉이 중단되었다가 1994년 3월 3일 제4차 접촉이 재개되어 3월 19일에는 제8차 접촉이 판문점에서 열렸다. 여기에서 북한 수석대표 박영수는 "여기서 서울이 그렇게 멀지 않습니다. 전쟁이 일어나면 불바다가 되고 말아요"라고 말했다. 이른바 '서울 불바다 발언'이다.

이 자극적인 발언은 방송을 통해 그대로 국민들에게 전해졌다. 군사적 준비를 계속하고 군사훈련을 실시하는 것과 협상장에서 이런 식의 초강경 발언을 하는 것은 다른 차원의 문제였다. 전쟁을 하면서도 협상을 하는 것이 국가 간의 관계인데, 협상장에서 '불바다' 운운한 것은 그만큼 파장이 컸다. 전쟁 공포감이 확산되었고, 동시에 북한에 대한 적대감도 커졌다.

1994년 3월 19일 판문점에서 열린 회의에서 북한 수석대표 박영수는 "전쟁이 일어나면 불바다가 되고 말아요"라고 말해 큰 파장을 불러일으켰다. 북한 수석대표 박영수(오른쪽)와 남한 수석대표 송영대(왼쪽).

이렇게 북한이 강성 발언을 한 것은 특사 교환 회담을 파탄내려고 했기 때문이다. 북한은 남북 대화보다는 제3차 북미고위급회담을 재개하는 데 주력하려고 했다. 하지만 남한의 요구를 미국이 들어주어 남북 특사 교환은 제3차 북미고위급회담의 전제 조건이 되었다. 그래서 실무 접촉을 시작하긴 했지만, 회담에 임하는 북한의 자세는 소극적일 수밖에 없었다. 1994년 3월 19일에는 이를 진전시킬 필요가 없다고 보고 강성 발언을 서슴없이 한 것이다.

박영수의 발언이 외교의 장場에서 있을 수 없는 지극히 비외교적인 발언이었음은 분명하다. 하지만 이것이 전쟁의 공포로 이어진 데에는 김영삼 정부의 정보 당국과 언론의 책임이 컸다. 그즈음 『한겨레』에 실린 한양대학교 교수 리영희의 글이 이를 잘 지적하고 있다.

> 우리의 소위 '언론'들은 북한 대표의 발언을 회담의 전체 맥락에서 도려내어 거두절미한 채, 그것만을 연일 대서특필하면서 국민에게 전쟁위기감을 부채질하는 데 여념이 없었다. 그러한 보도 태도와 평론 자세는 '언론(인)'의 최저한의 초보적 직업윤리조차 거부하는 작태라 아니할 수 없다. 진실과 사실은 '우익'이건 '좌익'이건, 그 어느 것의 가치보다 앞서고 그보다 높은 것이다. 그것은 바로 민주주의의 생명이기 때문이다. 정부의 정보 당국이 남북회담 장면을 찍은 비밀 필름을, 그것도 왜곡된 상태로, 거두절미한 일부만을 텔레비전에 방송케 했다는 사실은 중대사건이 아닐 수 없다. 몇 해 전 이동복이라는 대표가 고위급회담을 파탄내기 위해서 본부 지시를 멋대로 왜곡한 행동보다도 더 위험한 '반국민적' 행위이다.[1]

박영수의 발언은 "미국이 북한을 공격하면 서울도 불바다가 된다"는 것이었다. '미국이 공격하면'이라는 조건이 분명히 붙어 있는 말이었다. 그런데 이를 앞뒤 자르고 '서울 불바다'만 방송과 신문으로 내보내니 국민들의 공포는 커졌고, 북한은 '전쟁광'이 될 수밖에 없었다. 그렇게 그들은 북한을 악마화해서 남북 대화와 북미 협상을 모두 방해하려고 했다.

'서울 불바다 발언'으로 특사 교환 실무 접촉은 더는 열리기 어렵게 되었다. 미국은 특사 교환을 제3차 북미고위급회담의 전제 조건에서 제외하자고 남한에 요구했다.[2] 남한은 서울 불바다 발언이 있은 지 한 달이 채 안 된 4월 15일에 '특사 교환을 더이상 추진하지 않겠다'고 발표했다. 전제 조건에서 해제한 것이다. 결국 미국의 북한과의 협상을 저지하려는 세력의 의도는 실패했다. 반대로 특사 교환에서 자유로워진 상태로 북미 협상에 매진하려고 한 북한의 의도는 관철되었다.

군사정전위원회 폐쇄

북한은 1990년대 체제 위기 속에서 정전 체제를 무력화하려는 전략을 추구했다. 자신들의 체제를 유지하기 위해서는 미국과의 직접 협상을 통해 평화협정을 체결해야 한다는 생각에서였다. 1994년 5월 24일 북한은 군사정전위원회를 대신할 기구로 조선인민군 판문점 대표부를 개성에 설치한다고 발표했다. 그리고 5월 29일 군사정전위원회를 폐쇄한다고 통보했다. 북한 핵시설에 대한 사찰을 두고 북한과 미국 사이의 갈등이 매우 고조되어 있었다. 그런 상황에서 북한은 정전협정을 무력화하는 구체적인 조치를 실행한 것이다.

군사정전위원회는 1953년 7월 27일에 체결된 정전협정에 따라 유엔 측과 공산 측 대표 5명씩으로 구성되어 판문점에 설치된 기구로, 협정 위반사건을 협의·처리하기 위한 것이었다. 군사정전위원회를 폐쇄한다는 것은 정전협정을 지키기 않겠다는 뜻이었다. 군사정전위원회 폐쇄는 정전 체제 무력화 전략의 연장선상에서 이루어진 것이었다. 정전 체제 무력화 전략은 1991년부터 본격화되었다. 1991년 3월 유엔 측이 군사정전위원회 수석대표를 미군 소장에서 남한군 소장으로 교체하자, 이를 이유로 군사정전위원회 회담을 거부하기 시작했다. 남한은 정전 협정의 당사국이 아니기 때문에 군사정전위원회 유엔 측 수석대표가 될 수 없다는 논리였다.

1993년 4월에는 중립국감독위원회 체코 대표단이 철수했다. 중립국 감독위원회는 군사정전위원회 산하기구로 남북한의 외부 군대 유입과 전투기 도입 등 군사력 증강 상황을 감시해 군사정전위원회에 보고하는 기구다. 이런 조치에 이어 조선인민군 판문점 대표부를 설치하고 군사정전위원회에서 북한 대표단을 철수시킨 것이다. 이후에도 북한은 정전 체제 무력화 전략을 추진했다. 1994년 12월에는 군사정전위원회 중국 대표단이 철수하고, 1995년 2월에는 중립국감독위원회 폴란드 대표단이 철수했다. 북한의 종용에 따른 것이었다. 1995년 5월에는 판문점 중립국감독위원회 사무실을 폐쇄했다. 동시에 판문점 공동경비 구역 북한 지역도 폐쇄했다.

1996년 2월에는 군사정전위원회를 대신하는 '조미군사기구'를 설치하자고 주장했다. 북한의 정전협정 무력화 전략의 핵심을 밝힌 것이다. 북미 간 직접 대화 채널을 만들어 미국과의 협상을 통해 평화협정을 체결하겠다는 생각을 그대로 드러낸 것이다. 1990년대 중반 북한의 정전 협정 무력화 시도는 핵 문제를 북미가 직접 협상을 통해 해결하려는 방침과 맞물려 있었다. 한편으로는 핵 문제를 매개로 북미회담을 계속하고, 한편으로는 정전협정을 대체하는 평화협정 체결을 위한 북미 대화를 압박한 것이다. 어떻게 하든 미국과 담판을 지어 체제 생존을 보장받으려는 것이었다.

지미 카터의 방북

1993년 7월 제2차 북미고위급회담 이후 합의에 따라 IAEA는 북한과 사찰에 대한 협의에 들어갔다. 북한의 NPT 탈퇴 선언 이후 사찰이 중단되었기 때문에 IAEA는 세밀한 사찰을 준비했다. 5메가와트 원자로, 방사화학 실험실, 핵연료봉 제조공장, 핵연료봉 저장소, 연구용 원자로 등이 주요 사찰 대상이었다. IAEA는 이들에 대한 전면 사찰을 요구했다. 하지만 북한은 자신들이 NPT 탈퇴를 일시 유보한 상태이기 때문에 '특수지위'를 인정해주어야 한다면서 최소한의 사찰만은 요구했다.

특히 5메가와트 원자로와 방사화학 실험실에 대한 사찰이 쟁점이었다. 핵무기가 될 수 있는 플루토늄을 추출하는 데 필요한 시설들이었기 때문이다. 북한은 감시를 위해 설치된 카메라의 필름, 배터리 교환, 봉인장치 점검 등의 조치만 허용할 수 있다고 주장했다. 이에 대해 IAEA는 감시장치뿐만 아니라 두 시설에 대한 시료 채취를 요구했다. 시설 주변의 토양이나 시설 내부의 작은 조각 등을 갖고 나와서 검사를 해보겠다는 것이다. 1994년 3월과 5월 IAEA 사찰단이 영변 핵단지에 들어가 사찰을 실시했지만, 방사화학 실험실 시료 채취를 두고 북한과 IAEA가 맞서면서 사찰단은 철수했다.

북한은 강경한 자세를 굽히지 않고 5월 13일 5메가와트 원자로에서 폐연료봉을 꺼내기 시작했다. 폐연료봉을 재처리하면 플루토늄이 나오는 것이어서 이는 중대한 의미가 있었다. 이 단계에서도 북한과 IAEA는 폐연료봉 인출 입회 조건 등을 놓고 협상했으나 합의를 만들어내지 못했다.

이렇게 되자 IAEA는 6월 10일 대북제재 결의안을 발표하고, 미국은 유엔 안보리를 통한 제재에 나섰다. 여기에 맞서 북한은 6월 13일에 IAEA 탈퇴를 선언했다. 미국은 북한에 대한 군사적 공격을 검토하기 시작했다. 영변 핵단지만을 타깃으로 해서 '외과수술적 공격Surgical Strike'을 감행하는 안을 구체적으로 검토한 것이다. 당시 국방부 장관 윌리엄 페리William Perry와 국방부 차관보 애시턴 카터Ashton Carter 등이 군사적 공격을 검토해 빌 클린턴 대통령에게 공격의 장단점을 보고했다.[3] 1981년 이스라엘이 오시라크Osiraq에 있던 이라크 핵시설을 공습한 것과 비교하는 작업도 이루어졌다.

한반도에 대한 병력과 무기의 증강도 결정했다. 병력은 2만 3,000명을 증원하고, 항공기 30~40대와 항공모함 배치도 함께 결정했다. 이러한 결정은 6월 16일 백악관 회의에서 이루어졌다. 일촉즉발의 위기 상황이었다. 그런데 이 회의가 끝나기 전 평양에서 전화가 걸려왔다. 미국의 전 대통령 지미 카터Jimmy Carter였다. 카터는 북한의 초청으로 북한을 방문하고 있었다. 첫날 회담에서 별 성과를 얻지 못했던 카터는

지미 카터는 김일성과의 회담을 통해 북한이 핵프로그램을 동결하고 IAEA 사찰을 수용하는 조건으로 북미고위급회담을 재개하기호 합의했다고 백악관에 전했다. 1994년 6월 15일 북한을 방문한 지미 카터와 김일성.

둘째 날 김일성과의 회담에서 주요 합의를 얻어냈다. 북한이 핵프로그램을 동결하고 IAEA 사찰을 수용하는 조건으로 북미고위급회담을 재개한다는 합의였다. 이 소식을 카터는 바로 백악관으로 전했다. 이로써 북한과 미국은 다시 협상을 시작했다.

북한의 강수, IAEA의 맞대응, 미국의 군사적 공격 검토로 이어지던 한반도의 위기는 일단 극단적인 상황은 피할 수 있게 되었다. 그런데 이렇게 숨가쁘게 한반도 위기상황이 전개되는 동안 남한은 소외되어 있었다. 미국이 군사적 공격을 구체적으로 검토하는 동안에도 남한은 그 계획을 정확히 알지 못했다. 미국의 전직 대통령이 중대 위기를 해결하기 위해 북한을 방문했는데, 김영삼은 이것이 '대북 압박 전략에 방해된다'고 생각했다.[4] 지미 카터의 방북을 달갑지 않게 여겼다. 주요 모멘텀momentum을 문제 해결의 기회로 활용할 생각을 하지 못한 것이다. 미국과 북한 사이에서 한반도의 명운을 좌우할 만한 위기가 형성되고, 그들 사이에서 그 위기는 넘어갔다.

김일성 사망

1994년 7월 7일 김일성은 평양에서 묘향산 여름 별장으로 이동했다. 160킬로미터 정도 되는 거리였다. 찌는 듯한 여름 날씨였다. 가는 길에 한 협동농장에 들러 농민들을 격려했다. 소나무로 둘러싸인 별장에 도착한 김일성은 여기저기를 둘러보았다. 욕실, 침실 등을 자세히 살피고 냉장고도 열어보았다. 7월 25일로 예정된 남북정상회담 후 김영삼 대통령이 묵을 곳이어서 세밀히 살핀 것이다. 그러고는 저녁식사를 했는데 곧 심장 발작이 왔다. 의사들이 뛰어왔다. 응급 처치를 하고 병원으로 후송하려고 했다. 하지만 마침 폭우가 쏟아져 헬기가 뜰 수 없었다. 결국 김일성은 7월 8일 새벽 2시에 사망했다.

7월 8일 하루 동안 북한에서는 아무 일 없는 듯했다. 9일 아침이 되어 북한 전역에 '중대 발표가 정오에 있을 것'이라고 통보되었다. 12시 텔레비전에 등장한 것은 검은 상복을 입은 여자 아나운서였다. 그녀는 "위대한 수령 김일성 동지께서 1994년 7월 8일 새벽 2시에 갑작스러운 병환으로 서거하셨음을 온 나라 전체 인민들에게 비통한 심정으로 알

1994년 7월 9일 낮 12시 텔레비전에 등장한 검은 상복을 입은 여자 아나운서는 김일성의 사망을 공식 발표했다. 북한은 울음바다가 되었다.

립니다"라며 김일성의 사망을 공식 발표했다. 해방 후 한반도의 절반을 지배하며 한반도 질서에 그 누구보다 많은 영향을 끼치고, 한쪽에서는 불세출의 영웅, 한쪽에서는 민족의 비극을 안겨준 전범으로 극단적인 평가를 받아온 김일성은 그렇게 사망했다.

북한은 울음바다가 되었다. 평양의 날씨는 비가 오다 멈춰 다시 무더워졌다. 울음을 참지 못하는 사람들이 평양 거리로 나왔다. 만수대 언덕에 있는 김일성 동상으로 걸어갔다. 삽시간에 수만 명이 운집했다. 무더운 날씨에 기절하거나 심장마비를 일으킨 사람도 많았다.

애도 분위기의 평양과는 달리 서울은 김일성의 사망을 놓고 논란에 휩싸였다. 사망 발표 직후 김영삼 대통령은 전군에 비상경계태세를 발령했다. 국가안전보장회의와 국무회의도 소집했다. 민주당의 이부영 의원은 북한 주민들의 정서를 감안해 정부가 조의를 표하거나 조문단을 파견해야 한다고 주장했다. 남북 관계 개선을 위해서 필요하다는 취지였다. 그러자 찬반 양론이 비등했다. 정부는 애도 행위를 금지하는 쪽을 택했다. 학생들의 조문단 파견도 막았다. 장례식이 치러진 바로 다음 날인 20일에는 6 · 25 전쟁에 관한 구소련 문서도 공개했다. 김일성이 전쟁을 일으켰다는 내용이다. 이러한 김영삼 정부의 일련의 행위는 애도 분위기 속에 있는 북한을 자극했다.

이는 미국의 대응과는 대조를 이루었다. 빌 클린턴 대통령은 김일성 사망 소식을 이탈리아 나폴리에서 접했다. G7정상회담에 참석하고 있었다. 클린턴은 현지에서 조의를 표했다. "미 국민들을 대신해 북한 주민들에게 진심으로 애도하는 마음을 전합니다. 우리는 제3차 북미고위급회담을 재개시킨 김 주석의 지도력을 높이 평가합니다. 우리는 적절한 시기에 회담이 재개될 것으로 기대합니다"는 내용이었다. 평양에 조문단도 파견하려고 했다. 하지만 남한의 요구로 조문단 파견은 하지 않는 것으로 했다. 각국에 나가 있는 미국 대사관에도 조문하지 말 것을 지시했다. 미국은 조의 표명으로 북한과 핵 협상을 계속하겠다는 의지를 분명히 했다. 그래서 핵 협상은 재개될 수 있었다. 하지만 남북 관계는 더욱 얼어붙어 김영삼 정부 내내 회복되지 못했다.

북미제네바합의

지미 카터가 평양에서 김일성과 합의를 이루면서 제3차 북미고위급회담은 1994년 7월 8일에 제네바에서 시작되었다. 하지만 바로 다음 날 김일성이 사망하면서 회담은 중단되었다. 김일성의 장례식이 끝나고 8월 5일부터 제네바에서 제3차 북미고위급회담이 재개되었다. 미국은 5메가와트 원자로 연료봉 재장착 금지, 건설 중인 50메가와트 · 200메가와트 원자로 건설 중단, 인출 연료봉 제3국 이전, 미신고 2개 시설 특별사찰 등을 요구했다. 5메가와트 원자로 가동을 중지시켜 장기적으로는 폐기하고, 추가로 영변에 원자로 건설을 못하게 하며, 이미 인출된 연료봉은 재처리할 수 없도록 제3국으로 이동시키고, 미신고 2개 시설에 대한 특별사찰을 실시해 북한이 플루토늄을 얼마나 추출했는지 알아내겠다는 생각이었다.

북한은 경수로 지원, 50메가와트 · 200메가와트 원자로 건설 중단에 따른 대체 에너지 공급, 핵선제 불사용 서면 보장 등을 요구했다. 북한의 원자력발전 계획을 폐기시키려면 대체 발전소를 지어주고, 그사이 손실 전력을 보장하며, 미국이 북한에 대해 핵공격을 하지 않는다는 것을 문서로 확인해달라는 것이었다. 양측의 밀고 밀리는 협상이 오랫동안 계속되었다. 10월 21일에야 양측이 합의에 이르러 합의문을 작성할 수 있었다. '북미제네바합의Agreed Framework between the United States of America and the Democratic People's Republic of Korea'가 이루어진 것이다. 주요 내용은 다음과 같았다.

① 북한은 영변의 5메가와트 원자로와 관련 시설을 동결한다.

② 인출된 연료봉은 재처리하지 않고 안전하게 보관한다.

③ 미국은 2003년까지 북한에 200만 킬로와트 경수로 원자력 발전소를 건설해주기 위해 국제 컨소시엄을 구성한다.

④ 미국은 경수로 건설 기간 중 매년 중유 50만 톤을 제공한다.

⑤ 북한은 경수로 주요 부품이 전해지기 전에 특별사찰을 받는다.

⑥ 경수로가 완공되면 5메가와트 원자로와 관련 시설은 폐기한다.

⑦ 북미 양측은 정치적 · 경제적 관계의 완전 정상화를 추진한다.

북한이 핵시설 가동을 중단하고, 미국이 그에 대한 대가로 경수로 건설을 책임지며, 북미 관계까지 정상화하기로 한 것이다. 북미 관계를 일괄적으로 해결할 수 있는 매우 중요한 합의였다. 한반도에 전운을 드리우고 있던 핵 위기는 이 합의로 해결되었다. 그대로만 지켜진다면 북미 관계 정상화가 이루어지고 한반도 평화 체제로도 이어질 수 있는 합의였다. 합의를 이행하는 과정에서 남한은 많은 비용을 부담하게 되었다. 경수로 건설 비용 50억 달러의 대부분을 남한이 부담하게 된 것이다. 대신 경수로의 노형爐型을 한국형으로 하기로 했다.

그런데 합의 이후 이행과 관련해서 북한과 미국 사이에 지속적으로 갈등이 발생했다. 북한은 미국이 주기로 한 중유가 제때 공급되지 않는 것에 불만이었다. 공화당 우세의 미국 의회가 중유 비용 승인을 미뤄 1차 선적분이 국방부 위험준비금으로 마련된 이후 북한은 안정적으로 중유를 공급받지 못하게 되었다. 미국은 북한이 비밀스럽게 핵 활동을 하지 않을까 늘 의심하고 있었다. 불신의 연속이었다. 이는 조지 W. 부시 행정부 때 격화되어 2002년 제2차 북핵 위기가 발생하고 그로 인해 북미제네바합의는 지켜지지 않게 되었다.

미군 정찰헬기 격추

1994년 12월 17일 오전, 미8군 제17항공여단 소속 정찰헬기가 전방 지역에서 정찰을 벌이고 있었다. 온통 흰 눈으로 덮여 어디가 어딘지 분간이 쉽지 않았다. 헬기는 항로를 잃고 북한 영공을 8킬로미터나 침범해 들어갔다. 조선인민군 제2사단 제6연대 관할 지역이었다. 북한이 그냥 둘 리 없었다. '화성포'로 불리는 휴대용 지대공 미사일을 발사했다. 미사일은 헬기의 꼬리를 맞혔다.

부조종사 데이비드 하일먼David Hileman 준위는 사망했다. 정조종사 보비 홀Bobby Hall 준위는 조선인민군에 붙잡혔다. 일어나기 어려운 일이었지만, 조종사와 부조종사가 주한미군에 전입해온 지 얼마 안 돼 지리에 익숙하기 않아 사고가 발생한 것이다. 더욱이 눈이 많이 와서 군사분계선이 제대로 보이지 않는 상황이었다. 남한군과 미군의 방공 체계가 허술했던 점도 사고의 중요한 원인이 되었다.

북한에는 호재가 되었다. 그날 오후 북한의 방송은 긴급보도를 통해 소식을 전했다. "적 직승기(헬리콥터)가 군사분계선을 넘어 불법 침입했다. 사회주의 조국의 영공을 경각성 있게 지키던 조선인민군 고사포

병들의 자위적 조치에 의해서 단발에 적 직승기는 우리 측 지역에 격추됐다"는 내용이었다. 북한은 이를 북미 대화의 기회로 활용하려는 의도를 분명히 했다.

당시 뉴멕시코주 출신 민주당 하원의원 빌 리처드슨Bill Richardson이 방북 중이었다. 북미 관계 개선에 관심을 갖고 나름의 역할을 하려고 하고 있었다. 그는 보비 홀을 석방시켜 함께 귀국하고 싶었다. 북한 외교부 관리들을 만나 석방을 요청했다. 하지만 외교부는 '이 문제는 군 소관'이라고 답할 뿐이었다. 리처드슨은 12월 22일에 사망한 데이비드 하일먼의 유해만을 갖고 귀국했다.

그러면서 북한은 국무부의 고위 관리를 평양에 보내라고 요구했다. 보비 홀에게는 '조선민주주의인민공화국의 주권을 침해했다'는 내용의 진술서를 쓰도록 했다. 유리한 입지에서 미국에 필요한 사항을 요청하기 위한 것이었다. 미국은 12월 28일에 국무부 부차관보 토머스 허바드Thomas Hubbard를 파견했다. 북한과 미국은 이틀간 협상을 계속했다. 북측 상대는 외교부 부부장 송호경이었다. 북한의 요구는 3가지였다. 첫째는 영공 침해에 대해 사과하라, 둘째는 북미평화협정 협상을 시작하자, 셋째는 미전향 장기수를 남한이 석방하도록 압력을 행사해달라는 것이었다.[5] 미국은 첫 번째는 가능하지만 두 번째와 세 번째는 안 된다고 버텼다.

북한은 미국의 깊은 유감 표명을 받고 석방해주기로 했다. 군사정전위원회 대신 '판문점 군사 접촉'을 유지하겠다는 약속을 미국에서 받아냈다.[6] 군사정전위원회를 무시하고 미국과 직접적인 군사 접촉을 통해 군사적 문제를 해결하려는 의도를 어느 정도 실현할 수 있게 된 것이다.

보비 홀은 12월 30일 오전 초췌한 모습으로 허바드와 함께 판문점 군사분계선을 넘어왔다. 북한은 우발적인 사고를 활용해 그들이 원하는 큰 것을 얻으려고 했지만 원하는 것을 얻지는 못했다. 하지만 또 한 번 미국과 정부 대 정부의 협상을 진행하고 합의도 했다. 군사정전위원회 대신 미국과 판문점 군사 접촉을 유지하기로 하는 그들 나름의 성과도 얻었다. 이런 상황을 지켜보고 있던 남한은 불만스러웠다. 이를 알고 있는 빌 클린턴은 김영삼에게 전화를 했다. 송환 합의로 새로운 북미 대화 채널이 만들어지거나 미국의 정책이 변화하는 것이 아님을 확인시켜주어야 했다.

평양이 민족의 기원이다

1994년 10월 북한은 평양시 강동군 문흥리에 거대한 단군릉을 만들었다. 약 45만 제곱미터의 대지에 화강석 1,994개를 9단으로 쌓아 올려서 조성한 무덤은 높이가 22미터, 한쪽 변의 길이가 50미터였다. 내부에는 북한이 발굴했다는 단군과 부인의 유골이 보존되어 있고, 한번에 10명 정도 들어가 볼 수 있도록 만들어놓았다. 능의 네 모서리에는 호랑이조각들을, 아랫단 네 모서리에는 고조선의 대표적 무기인 비파형단검을 형상화한 검탑을 세워놓았다. 능의 주위에는 향로와 석등 등을 만들었고, 능 앞의 낮은 단과 계단 양쪽에는 단군의 아들인 부루, 부소,

부우, 부여, 신하 8명을 조각으로 만들어 세웠다. 이렇게 거대하고 화려하게 지은 단군릉을 북한은 국보 문화유물 제174호로 지정했다.

북한이 단군릉을 발굴했다고 발표한 것은 1993년 10월이다. 거대한 능을 세운 그 위치에서 사회과학원이 단군의 옛 무덤을 발견했다고 발표했다. 『신증동국여지승람』 등 역사서를 바탕으로 발굴에 나섰다고 한다. 고구려 양식의 돌칸흙무덤에서 단군 부부의 유골이 발견되었고, 연대를 측정해본 결과 약 5,011년 전의 무덤으로 밝혀졌다는 것이다. 금동왕관 앞쪽의 세움 장식과 돌림띠 조각 등도 함께 출토되었다고도 했다. 한마디로 단군이 5,011년 전의 실존 인물이고 그 무덤이 평양에 있다는 것이었다.

이에 대해 남한의 학자들은 의문을 제기했다. 첫째는 발굴 과정에 광범위한 학자군이 참여하지 않았다는 것이다. 북한 학자들만 발굴에 참여해 신뢰성에 문제가 있다는 것이다. 둘째는 연대 추정 방법과 그에 대한 면밀한 설명이 부족하다는 것이다.

북한은 그렇게 해서 실존설과 신화설 사이 논란이 많은 단군을 실존 인물로 단정했다. 고조선의 중심 위치와 관련해 중국 랴오닝성遼寧省 지역이라는 설과 평양이라는 설이 남북한 역사학계에서 맞서 있었는데, 이것도 평양으로 단정지었다. 더욱이 북한의 학자들은 1993년 이전에는 고조선 중심지가 랴오닝성 지역이라고 주장했다. 그러다 갑자기 단군릉을 평양에서 발굴했다고 주장한 것이다.

이런 점으로 보면 북한의 단군릉 발굴 주장은 검증이 필요한 것으로 보인다. 그런데 북한이 그 시점에 단군릉 발굴을 발표하고 대대적으로

능을 조성한 것은 정치적 의도를 가진 것으로 보인다. 정치적·외교적으로 어려운 상황에서 민족의 시조 단군이 실존인물이고 평양에 고조선이 있었다고 한다면, 이는 북한 주민들에게 민족적 자존감과 자부심을 높여주는 것이 될 수 있었다. 또 북한이 주장하는 조선민족제일주의를 정당화하는 데에도 기여하게 된다.[7] 더욱이 평양에 민족의 기원이 있었다는 것은 남한과의 경쟁에서 우위를 차지하는 데에도 유리한 요소가 될 수 있었다. 북한은 이미 1993년 평양 동남쪽 제령산에 있는 고구려 시조 동명왕의 능과 개성에 있는 고려 시조 왕건의 능도 개건改建했는데, 이것도 단군릉 복원과 같은 맥락에서 이루어진 것이라고 할 수 있다.

남북 쌀 회담과 인공기 사건

북한은 1993년부터 심각한 식량난을 겪고 있었다. 농업생산성이 떨어진 데다가 자연재해도 겹쳤다. 국제사회의 지원이 지속되고 있긴 했지만 그래도 여전히 부족했다. 남한도 지원의 필요성을 느끼고 있었다. 어려운 상황에서 지원을 함으로써 남북 관계를 개선해보고 싶은 생각이 있었다. 1995년 3월 김영삼 대통령이 독일 방문 중 식량 지원 의사를 밝혔다. 북한도 여기에 응해 전제 조건이 없다면 받겠다는 의사를 보내왔다. 1994년 7월 김일성 사망 당시 남한 정부의 전군에 대한 비상경계태세 발령과 조문 거부로 불만이 가득한 상태이긴 했지만, 북한은 워낙 어려운 상태였다. 구체적인 문제를 논의하기 위해 1995년 6월 17일부터 21일까지 중국 베이징에서 쌀 회담이 열렸다.

남한의 재정경제원 차관 이석채와 북한의 대외경제협력추진위원회 고문 전금철이 협상했다. 그런데 이때 남한 내 일부 세력은 협상을 달가워하지 않았다. 그래서 베이징에서 진행되는 회담을 방해했다. 통일원 차관 송영대는 회담을 돕기는커녕 국가안전기획부 간부처럼 통제하려고 했다.[8] 우여곡절 끝에 합의가 이루어졌다. 남한이 북한에 쌀 15만 톤을 무상으로 지원하기로 했다. 원산지 표기는 하지 않기로 하고 남한의 선박으로 수송한다는 데까지 합의가 이루어졌다. 분단 이후 남한 당국의 북한에 대한 첫 식량 지원 합의였다.

합의에 따라 6월 말 쌀 수송이 실행되었다. 남한 선박 씨아펙스호가 우선 쌀 2,000톤을 싣고 북한의 청진항에 들어섰다. 당초 남북은 선박에 태극기와 인공기를 달고 입항하기로 합의했다. 하지만 북한은 태극기를 내리고 인공기만 달도록 했다. 그 상태로 하역 작업이 진행되었다. 이 사실이 알려지면서 남북 관계는 급랭되었다. 하지만 7월 제2차 쌀 회담에서 북한이 사과하고 재발방지 약속을 함으로써 일단락될 수 있었다.

하지만 8월에 또 하나의 사건이 발생했다. 쌀 수송선 삼선비너스호의 1등 항해사가 청진항에 들어가면서 항구를 촬영하다가 적발되어 선원 21명이 억류되었다. 억류 8일 만에 풀려나기는 했지만, 쌀 지원에 대한 남한의 여론은 많이 식어 있었다. 김영삼 대통령은 8월 15일 광복절 기념사에서 남북한과 미국, 중국이 참여하는 4자회담을 열어 한반

김영삼 정부는 북한에 쌀 15만 톤을 무상으로 지원하기로 했는데, 이는 분단 이후 남한 당국의 북한에 대한 첫 식량 지원이었다.

도 문제를 근본적으로 풀자는 제안을 할 계획을 갖고 있었지만, 씨아펙스호와 삼선비너스호 사건으로 그런 내용은 빼버렸다. 9월에 제3차 쌀회담이 다시 베이징에서 열렸으나 추가 지원에 대한 합의는 나오지 못하고 쌀 회담 자체도 그것으로 끝나고 말았다. 10월 15일 김영삼 대통령은 『뉴욕타임스』와 회견을 하면서 "당분간 남북 대화는 없다"고 밝혀 남북 관계는 일시 해빙을 지나 다시 심한 경색에 빠졌다.

그런데 남북 쌀 회담은 북한의 기본적인 생존 전략과는 어울리지 않는 것이었다. 당시 북한은 남한과는 거리를 두면서 미국과의 관계 개선을 통해 체제 안전을 보장받고 경제를 살려보겠다는 전략을 갖고 있었다. 하지만 식량난이 심해지면서 남한의 지원을 받게 된 것이다. 대화의 동력이 강한 상황이 아니었던 것이다. 김영삼 정부는 남북 관계 개선을 통해 정부에 대한 지지도를 높여 보려는 생각이었지만, 현장에서 발생하는 악재를 넘어설 만큼 남북 관계 개선에 대한 분명한 인식과 논리를 갖추고 있지 못했다. 문제가 생기고 여론이 나빠졌을 때 이를 설득하기보다는 거기에 부응하는 방향으로 대응했다. 그래서 김영삼 정부의 남북 관계는 냉탕과 온탕을 들락거릴 수밖에 없었다.

돈 오버도퍼Don Oberdorfer는 오랫동안 『워싱턴포스트』에서 기자생활을 하다가 1993년부터 존스홉킨스대학 국제대학원에서 교수생활을 하고 있었다. 그의 관심사는 한반도와 동북아시아 문제였다. 1991년에 북한을 방문한 적이 있는 그는 1995년 1월 중순 두 번째 방북길에 올랐다. 중국 베이징에서 러시아제 소형 항공기를 타고 평양으로 들어갔다. 순안공항에 그날 내린 비행기는 그가 타고 온 것이 유일했다.

1991년 방북 때와 달라진 것이 많았다.[9] 우선 군의 검문이 많아졌다. 오버도퍼가 탄 관용 벤츠도 검문에서 예외가 아니었다. 평양 시내에 들어서자 군인들이 훨씬 많아진 것이 눈에 띄었다. 모두 자동화기로 무장을 하고 있었다. 정권에 대한 도전 가능성 때문인지, 군부의 위상을 강화하기 위한 것인지 알 수는 없었지만 시내에 군인이 많아진 것은 분명했다. 1996년부터 병영국가화가 본격화되지만 1년 전부터 그런 전조가 나타나고 있었던 것이다.

오버도퍼가 탄 차량은 먼저 만수대에 있는 김일성 동상으로 향했다. 헌화를 위해서였다. 동상 아래에는 많은 꽃다발이 쌓여 있었고, 한겨울인데도 많은 참배객이 줄을 서서 기다리고 있었다. 초등학생들도 보였다. 확성기에서는 장중한 음악이 계속 흘러나오고 있었다. 오버도퍼 일행의 헌화 모습은 그날 밤 조선중앙TV에도 나왔다.

김일성이 사망한 지 6개월이 지났는데도 김일성은 여전히 북한 어디에나 살아 있었다. 텔레비전과 라디오, 각종 신문과 잡지, 문화행사, 학술회의 등 어디서나 '위대한 수령 김일성'이 나왔고, 그가 우선이었다. 오버도퍼의 눈에는 그것이 후계자 김정일로 권력이 이양되는 과정에서 발생할지 모르는 위험을 막기 위해 철저하게 계산된 정략으로 비쳤다.

북한 경제가 심각하게 어려운 가운데에서도 평양은 그다지 부족해 보이지 않았다. 1991년에 비해 승용차와 버스와 트럭 등이 많아졌고, 오버도퍼도 일주일 체류하는 동안 물자 부족을 실감할 만한 일은 경험하지 못했다. 1차 방북 때에 비해 에너지 문제가 일부 해소된 것 같기도 했다. 물론 평양에서 미국인이 느끼는 것이어서 그것이 북한 전체의 모습을 말해주는 것이 아님을 오버도퍼도 알고 있었다.

당시 북한 고위 관료들의 관심은 미국과의 관계 개선이었다. 그가 만난 외교부장 김영남과 조선노동당 대남 비서 김용순이 직접 그런 이야기를 했다. 오버도퍼는 평양에 체류하는 동안 여러 차례 북한 측과 회의를 했는데, 북한 측은 예외 없이 북미평화협정 체결을 이야기했다. 군사정전위원회 북한 측 대표단도 철수한 상태여서 북한은 특히 평화협정 문제를 집중적으로 거론했다.

남북 대화와 관련해서는 '단호하게 거부한다'고 했다. 김영남은 회담이 재개되려면 남한의 공식 사과가 있어야 한다고 강조했다. 김일성 사망 후 남한이 즉각 군에 비상경계태세를 발령하고 조문을 거부한 것에 대해 사과해야 한다는 것이었다. 북미제네바합의에 남북 대화 재개를 약속하긴 했지만 그것은 미국의 요구 때문에 합의문에 넣은 것이고, 북한은 당시의 격분을 여전히 누그러뜨리지 않고 있었다.

그런데 이것도 오버도퍼의 눈에는 두 가지로 다가왔다. 하나는 수령을 존경하는 북한 사람들의 순수한 분노이고, 또 하나는 북미 관계 개선에 매진하는 동안 남한을 배제하기 위한 전술이었다. 어느 쪽에 더 무게 중심이 실린 것인지는 정확히 분간해내기 어려웠다.

어쨌든 1995년 당시 평양 사람들을 만나면서 미국인으로서 느낀 점은 우방 남한과 미국에 접근하고 있는 북한 사이에서 미국의 운신은 훨씬 어려워졌다는 것이다. 북한은 미국에 가까워지려 하고, 남한은 북한의 대미 접근을 막으려는 상황에서 미국은 한동안 어려운 외교를 해야 할 것이라고 생각했다.

1996~1997년

제9장

×××

고난의 행군

극심한 경제난

북한의 경제난은 1990년대가 되면서 심화되었다. 농업생산성이 떨어지면서 식량난이 심각한 상태가 되었다. 1995년과 1996년 북한의 곡창지대인 황해북도 은파군과 인산군 등이 큰 수재를 당하면서 식량난은 극심해졌다. 1997년에는 심한 가뭄과 서해안 해일로 식량 생산이 더욱 줄었다. 식량 생산의 감소는 배급 체계의 붕괴로 이어졌다. 사회주의 체제의 근간이라 할 수 있는 배급 체계가 흔들리기 시작한 것이다.

1996년 초까지 1인당 하루 평균 300그램 정도의 식량이 배급되었는데, 이후에는 일부 지역을 제외하고 배급이 끊겼다. 주민들은 국가의 배급에 식량을 의존할 수 없고 스스로 식량을 해결해야 했다. 식량을 구할 수 없는 경우가 대부분이어서 나무껍질을 벗겨 먹거나 나무뿌리와 풀뿌리를 캐서 먹는 사람이 많았다. 공장에서 기계를 뜯어 중국에서 고철로 팔아 식량을 사오는 경우도 많았다.

이와 같은 식량난은 2000년까지 계속되었는데, 그사이 많은 주민이 굶어죽는 사태까지 발생했다. 북한의 공식 인구통계 등을 면밀히 검토한 한 연구는 1994년부터 2000년까지 식량난으로 북한의 아사자가 적게는 25~60만 명, 많게는 25~117만 명 정도 되는 것으로 추정하고 있다.[1] 에너지 부족도 식량난 못지않게 주민들을 고통스럽게 했다. 주택들이 난방을 할 수 없었고 정전도 많았다. 평양조차도 일반 주택과 사무실에 난방이 끊어지는 경우가 많았다. 국영방송국도 송출을 포기하는 경우가 많았고, 기차 운행도 제대로 되지 않았다.

에너지난은 생필품 생산에 영향을 미쳤다. 공장 가동률은 30퍼센트에도 미치지 못해 주민 생활에 필요한 물품들이 국영상점을 통해 제대로 공급되지 않았다. 원자재 공급도 부족해 생필품 공장들은 멈춰서 있는 경우가 많았다. 북한에서 제2경제라고 부르는 군수경제는 민간경제에 비해 침체 정도가 덜했지만, 탈냉전의 상황 속에서 무기 수출은 줄어 어려워진 것은 마찬가지였다. 이와 같은 경제난은 수치로도 나타나 1990년부터 경제성장률은 마이너스를 기록하기 시작했고, 1998년까지 마이너스 성장률은 계속되었다.

전반적인 경제난을 생존의 위기로 파악한 북한은 1996년 『로동신문』, 『조선인민군』, 『로동청년』 등 북한 3대 신문에 실은 신년 공동사설을 통해 어려운 시기를 '고난의 행군' 기간으로 설정하고 이를 극복하기 위한 주민들의 내핍과 희생을 요구했다. 공동사설은 "전체 당원들과 인민군 장병들과 인민들은 사회주의 3대 진지(사상적 · 경제적 · 군사적 진지)를 튼튼히 다지며 백두밀림에서 창조된 고난의 행군 정신으로 살며 싸워나가야 한다"고 강조했다.

'고난의 행군'은 1938년 말에서 1939년 사이 김일성의 항일유격대가 일본군의 대대적인 토벌에 쫓길 때 굶주림과 혹한으로 고통받으면서도 강인한 의지로 어려움을 극복했다는 사례를 이르는 말이다. 식량난으로 고통받는 시기를 일제강점기 항일투쟁에 비유하면서 주민들을 독려한 것이다. 그때부터 '고난의 행군 정신'이 당적 구호가 되었고, 이는 주민들의 희생을 통해 위기를 극복하려는 북한의 핵심 정책 목표가 되었다. 김정일은 1996년 12월 김일성종합대학 창립 50주년을 기념한 비밀연설에서 북한이 직면한 심각한 식량난을 인정했다.

천리마제강연합기업소 쪽으로 가면서 보니 식량을 구하러 다니는 사람들이 길가에 쭉 늘어섰습니다. 다른 지방에 가보아도 어디에나 식량을 구하러 다니는 사람들로 차 넘치고 있으며 역전과 열차 칸에는 식량을 구하러 다니는 사람들로 혼잡을 이루고 있다고 합니다.[2]

이 연설문은 황장엽이 1997년에 탈북하면서 갖고 와서 외부에 알려지게 되었다. 이렇게 직접 식량난을 시인한 김정일은 '가슴 아픈 일'이라면서 식량 문제를 가장 긴급하게 풀어야 할 과제로 보았다. 북한 내부적으로도 문제를 충분히 인식하고 있었고, 문제 해결의 시급성도 알고 있었던 것이다.

북한의 대응책은 2가지였다. 하나는 외부의 지원이었다. 1996년부터 2000년까지 미국에서 약 140만 톤, 중국에서 약 90만 톤의 식량을 지원받는 등 국제사회의 지원을 대량으로 받았다.[3] 또 하나는 내핍 캠페인이었다. '하루 두 끼 먹기 운동'과 같은 철저한 절약·절제 운동을 전개했다. 내부의 자원을 남김없이 철저히 동원하려는 노력도 했다. 하지만 그런 구태의연한 방법으로는 경제난을 타개할 수 없었다. 문제의 근원이 내부 경제적 자원의 고갈, 경제 체제의 비효율성, 사회주의 국가의 붕괴, 외화난, 에너지난 등 복합적인 원인에 있었던 만큼 미봉책으로는 대처가 불가능했다.

경제개혁과 체제 개방을 통한 경쟁력 있는 경제구조의 구축만이 근본적인 해결책이 될 수 있었다. 그런데 북한은 그런 길로 가지 않았다. 일부 개방의 움직임이 있기는 했다. 1994년에는 1984년 제정된 합영법을 개정해 외국자본에 유리한 조건을 제공하려고 했다. 일부 지역을 특구로 지정해 외자를 도입하는 방안도 추진되었다. 그러나 이러한 조치들은 매우 제한적이었고, 북한은 이를 통해 외국의 자유주의 물결이 북한으로 유입되는 것을 철저히 차단했다. 하지만 구조적인 변화가 동반되지 않은 그런 대증요법으로는 경제를 살릴 수 없었다.

장마당의 확산

북한은 1958년에 개인 상공업의 협동화가 이루어지면서 시장을 폐지했다. 하지만 경제를 운영하는 과정에서 배급과 국영상점만으로는 주민들의 수요를 충족시키지 못하자 1964년에 시장을 부활시켰다. '농민시장'이라는 이름을 붙였다. 협동농장에서 또는 농민들이 일부 부업을 통해 생산된 농산물과 축산물을 농민들이 일정한 장소에서 주민들에게 직접 파는 곳이었다. 원래 10일에 한 번 열렸고, 하나의 군郡에 1개만 설치되어 있었다.

1990년대 중반 북한의 심각한 경제난으로 농민시장은 주민들의 수요를 충족시켜주지 못했다. 물건을 가져다 팔아야 할 사람도 많았고, 그것을 사서 생활을 해나가야 할 사람도 많았다. 국가가 배급으로 해결해주지 못했기 때문이다. 그래서 암시장인 '장마당'이 많이 생겨났다. 여기서 주민들은 식량, 연료, 의복 등을 팔고 샀다. 이 장마당은 경제난이 계속되면서 점점 확산되었다.

북한 당국도 식량난 해결에 일정 부분 기여하는 장마당의 확산을 묵인했다. 장마당이 확산되면서 상업 행위의 양태가 다양해지는 모습도 나타났다. 물건을 사서 다른 사람에게 되파는 '되거리장사', 고정된 자리가 없이 여기저기 옮겨다니며 물건을 파는 '메뚜기장사', 일정한 자리를 잡고 매대를 설치해 물건을 파는 '매대장사', 물건을 사서 다른 지역으로 이동해 판매하는 '달리기장사' 등 여러 형태가 나타난 것이다. 시장이 시간의 경과에 따라 단순한 형태에서 종합적인 형태로 발전해 간 것이다.

초기 장마당이 형성된 것은 무엇보다도 살기 어려워진 농민들이 농산물을 일정한 곳에 펼쳐놓고 팔면서부터였다. 그래서 북한은 농민들의 생활 향상을 위해 협농농장 운영 방식을 바꾸기도 했다. 1996년에

북한은 농민들이 텃밭에서 기른 농작물을 팔 수 있도록 농민시장을 허용하고, 연료, 의복, 식량 등이 거래되는 장마당을 묵인해 식량난을 타계해 나갔다. 농산물과 생필품이 거래되고 있는 평안남도 안주시의 장마당.

분조관리제를 개선한 것인데, 분조의 구성원을 줄이는 방식이었다. 기존 10~25명이던 분조원을 7~8명으로 줄였다. 이렇게 되면 한두 가족이 하나의 작업 단위를 이루어 농사일을 할 수 있었다. 이는 효율성 제고로 연결될 수 있었다.

그리고 분조에 생산 목표량을 정해주고 이 목표를 초과한 농산물은 분조원이 가져갈 수 있도록 했다. 하지만 이것도 제대로 운영되지 않았다. 목표량을 어떻게 정하느냐에 따라 분조원들의 사기는 달라졌고, 그런 것이 체계적으로 운영되지 못해 개선책은 별 효과를 보지 못했다. 농민들은 협동농장 이외에 스스로 개간한 '뙈기밭'을 가꾸어 산출한 농산물을 장마당에 내다 팔았다.

주민들의 생존을 위해 생겨난 장마당이 일부에 의해 부를 축적하는 수단으로 활용되면서 부의 편재 현상도 나타나기 시작했다. 중국과의 밀무역을 통해 재산을 모으는 사람도 생겨나고, 일본 등에서 친인척에게서 송금을 받아 일정한 재산을 갖는 사람도 나왔다. 암시장, 밀무역 등의 증가로 단속과 규제를 담당하는 관리들이 뒷돈을 챙겨 재산을 늘리는 경우도 나타났다.

장마당의 확산은 북한의 철저한 통제 체제가 이완되고 있음을 단적으로 보여주는 것이었다. 통제 기능의 약화로 인구 이동을 통제할 수 없게 되었다. 이는 통제의 주요 수단으로 활용되었던 주민생활총화나 근로단체 등을 통한 조직생활의 불철저화도 가져왔다. 그뿐만 아니라 실제로 최소한의 먹을 것마저 보장해주지 못하는 정권에 대한 주민들의 신뢰는 약해졌다. 주민들 사이에서는 김일성·김정일 개인숭배에 대한 회의가 나타나기 시작하고, 북한 사회를 지배하고 있던 주체사상에 대한 추종도 약화되었다. 북한 당국에 대한 불만을 공개적으로 표출하는 경우까지 나타났다.[4]

이렇게 1990년대 중반 '고난의 행군'은 북한 주민들에게는 살아남기 위한 목숨 건 투쟁의 기간이었고, 그런 과정에서 북한 사회의 통제는 완화되고 이전에 볼 수 없었던 새로운 모습이 나타나기 시작했다.

사회 전체의 병영국가화

경제난과 그에 따른 체제 이완에 대한 북한의 대응은 군에 기대는 것이었다. 군에 사회주의 북한을 수호하고 난국을 타개하는 역할을 맡겼다. 이러한 병영국가화는 1996년에 본격화했다. 1960년대 초 김일성의 항일유격대가 생활한 방식, 즉 유격대장 김일성에게 모든 것을 의지한 채 온갖 고난을 무릅쓰면서 독립과 사회주의 혁명만을 생각하면서 생활하는 방식을 주민들에게 요구했다. 유격대 국가를 지향한 것이다. 1990년대 중반 북한은 이와 유사한 형태를 지향했다. 다만 좀 다른 것은 1960년대 유격대국가론은 주민들의 생활양식과 인식을 유격대식으로 할 것을 요구한 반면, 1990년대 중반은 사회의 다른 어떤 세력보다 군에 기대면서 군을 중심으로 국가를 운영하려고 했다는 것이다.

군의 민간에 대한 관여와 지도·감독이 확대되는 현상은 병영국가화를 단적으로 보여주는 것이었다. 군에 대한 감찰 기능은 1990년대 초까지는 인민무력부 보위국이 맡아서 했다. 군의 조직으로 군 자체에 대한 감찰만을 담당했다. 이것이 1992년에는 보위사령부로 독립·승격되었다. 이에 따라 산하 군단, 사단, 연대, 대대의 보위부는 해당 부대 당위원회 통제에서 벗어나 오직 보위사령부 당위원회의 통제를 받으면서 '일선 보위부-보위사령관-김정일'로 연결되는 직보直報 체계를 갖추게 되었다. 그러면서 보위사령부의 권한은 점점 강화되어 군대뿐만 아니라 주민들까지 감찰하게 되었다.

1996년 신년 공동사설에서는 '붉은기 사상'을 내세워 주민들이 항일투쟁 시기의 자력갱생, 간고분투, 수령 결사옹위, 혁명적 낙관주의 등의 정신을 갖출 것을 요구했다. 1996년 한 해 동안 김정일의 공식 행사가 47건이었는데, 그 가운데 군 관련 행사나 군부대 방문이 30건이었다. 병영국가화 현상은 1997년에 훨씬 강화되었다. 1997년 1월 전년도에 중단했던 동계훈련이 부활했다. 심각한 경제난 가운데서도 막대한 연료와 탄약 등을 쓰면서 행군, 사격, 전투 훈련 등을 실시했다. 군이 사회의 많은 부분을 지도·감독하는 현상도 1997년부터 나타났다.

우선 중좌(중령)나 상좌(중령과 대령 사이) 계급의 군 장교가 군(郡) 협동농장관리위원회에 파견되어 협동농장을 관리하기 시작했다. 각 작업반에는 대위 1명이 배치되어 농장원들의 출퇴근과 파종, 김매기 등 모든 작업을 관장하게 했다. 공장과 기업소도 인근의 중대급 이상의 부대가 하나씩 맡아서 관리하는 형태가 되었다. 또, 철도운송 부문도 지역마다 소좌나 중좌급을 팀장으로 하는 5~10명 단위의 관리팀이 중심이 되어 매표와 화물 적재, 승하차 질서 등을 관장하게 했다.[5]

혁명적 군인정신을 따라 배우는 운동도 전개되었다. 군에서 전범을 창출해내고 이를 사회에서 배우도록 한 것인데, 종전에 사회에서 만들어낸 모범을 군에서 따라 배우도록 하던 것과는 반대의 현상이 나타난 것이다. 그에 따라 군의 위상은 강화되었다. 당중앙위원회 산하에 있던 군사위원회는 중앙군사위원회로 명칭이 바뀌면서 중앙위원회와 동격이 되었다. 조선인민군 총참모장과 총정치국장 등 군 최고위 간부들은 당내에서 서열이 높아졌다. 또, 창군기념일인 4월 25일과 휴전협정 체결 기념일(북한은 '조국해방전쟁 승리의 날'로 부른다)인 7월 27일 등 군과 관련된 날이 국가명절이 되었다.

이러한 병영국가화는 김정일의 당에 대한 불신에 기인한 것이었다. 김정일은 1996년 12월 김일성종합대학 창립 50주년 연설에서 다음과 같이 당 간부들을 나무랐다.

오늘 우리 당 안에 반당·반혁명 종파분자들은 없지만 당 조직들이 맥을 못추고 당 사업이 잘 되지 않다 보니 사회주의 건설에 적지 않은 혼란이 조성되고 있다. 사회의 당 조직들이 맥을 추지 못하고 당 사업이 잘 되지 않는 기본 원인은 당 중앙위 일꾼들을 비롯한 당 일꾼들이 일을 혁명적으로 하지 않기 때문이다. 지금 사회의 당 일꾼들은 군대 정치일꾼들보다 못하다.[6]

이와 같이 김정일이 당보다는 군에 의존하려는 경향은 김정일과 북한 정권의 '피포위 의식'에서 나온 것이라 할 수 있다. 사회주의 우호국의 소멸과 핵 문제, 이후 미국의 압박은 북한으로 하여금 외부 위협이 강대함을 느끼게 하고 적대 세력으로 포위되었다는 의식을 갖게 했다. 이러한 인식하에서 김정일은 군에 의지하는 것 이외에 다른 대안이 없었던 것으로 보인다.

'남북미중' 4자회담 제안

1995년 8월 15일에 김영삼 대통령이 하려던 4자회담은 1996년에 다시 추진되었다. 1996년 봄 빌 클린턴 대통령은 일본 방문을 계획하고 있었다. 한국 방문은 하지 않는다는 생각이었다. 김영삼 대통령은 일본에 온 클린턴이 한국에 들르지 않고 바로 가게 되면 자신이 무시당한 것으로 여길 여론을 의식했다. 클린턴이 한국에 오도록 해야 했다. 그래서 나온 아이디어가 4자회담이다. 클린턴을 제주도로 초청해 한미 대통령이 함께 4자회담을 제안하자는 것이었다. 미국도 4자회담 제안에 동의했다. 미국은 북미제네바합의가 원만하게 지켜지도록 해서 북한이 핵을 포기하도록 하는 데 관심을 두고 있었다. 4자회담은 그런 여건을 조성하는 데 도움이 되는 것이었다.

김영삼과 클린턴은 1996년 4월 16일 제주도에서 회담을 갖고 4자회담을 제안했다. 남북미중이 만나 항구적인 한반도 평화협정 체결 문제를 논의하자는 것이었다. 북한의 수용도 촉구했다. 중국의 반응은 긍정적이었다. 이때 김영삼 정부는 남북 사이의 협상이 우선 진행된 이후 미국과 중국이 참여하는 것이 좋겠다고 생각했다. 북한도 반응을 내놨다.

회담 제안 이틀 후 외교부 대변인이 조선중앙통신의 질문에 답하면서 "한반도 평화 보장 문제는 우리와 미국 사이에 결정되어야 하는 문제인데, 미국 측이 왜 갑자기 4자회담 제안을 내놓았는지 그 취지와 목적이 명백치 않으며, 4자회담 당사자들 사이에 진정한 평화협정을 맺으려는 것인지, 아니면 다른 목적이 있는지 알 수 없다. 미국 측의 제안에 다른 기도가 깔려 있지는 않은지, 그리고 현실성이 있는지 따져보고 있는 중이다"라고 말했다.[7]

긍정 반응이었다. 북한은 통상 자신들의 뜻과 맞지 않는 제안에 대해서는 즉각 비난하거나 거부 의사를 분명히 한다. 알아보고 있다는 것은 거의 수용을 의미하는 것이었다. 북한은 1974년 북미 양자회담을 통한 평화협정 체결을 주장했다가 거부되자, 이후 남북미 3자회담을 여러 차례 주장했다. 하지만 이것도 미국에 의해 거부되었다. 미국이 3자회담을 제안한 적도 있는데, 그때는 북한이 거부했다. 그런 과정이 서로에게 불신을 가중시키기도 했다. 하지만 1996년은 북한이 미국과의 접촉면을 더 늘려야 하는 상황이었다. 식량지원이 필요했고, 종국에는 미국과 관계 정상화까지 가야 했다. 북한은 여러 통로를 통해 미국에 식량지원을 요청했다. 여기에 긍정적인 답변을 주면 4자회담에 응하겠다는 메시지였다.

그러던 중 1996년 9월에 강릉 잠수함 침투사건이 발생했다. 김영삼 정부는 다시 강경책으로 돌아섰다. 남한은 북한이 사과하지 않으면 4자회담, 대북지원, 한반도에너지개발기구KEDO의 역할 어느 것도 할 수 없다고 주장했다. 이후 남한·북한·미국 사이 다양한 접촉을 거쳐 12월에 북한이 유감 표명과 재발방지 약속을 하고, 4자회담 논의는 다시 진행되었다.

1997년 3월 뉴욕에서 열린 4자회담 설명회에 북한이 참석해 남북미가 모여 회담 개최 문제를 논의했다. 이후 세 차례의 예비회담을 거쳐 12월 제1차 4자회담이 스위스 제네바에서 열려 남북미중 즉, 한반도 평화협정의 핵심 당사국으로 거론되는 4개국이 만나 처음으로 평화 체제 문제를 논의했다. 1998년 3월에는 제2차 회담이 열렸고, 1999년 8월까지 여섯 차례 회담이 개최되었다.

남한은 한반도 비핵화 등 기존의 합의에 대한 북한의 이행을 강조하고, 북한은 미국의 식량지원, 제재 완화, 북미 관계 개선, 북미평화협정 체결, 주한미군 철수 등을 주장하며 접점을 찾지 못했다. 이 때문에 1999년 8월 제6차 회담 이후 더는 진행되지는 못했다. 하지만 남한과

정전협정의 당사국들이 한자리에 모여 평화협정 문제를 논의한 것은 중요한 선례를 제공할 수 있다는 점에서 큰 의미가 있었다.

강릉 잠수함 침투사건

1996년 9월 18일, 남한과 미국이 동시에 제안한 4자회담에 대해 북한이 긍정 반응을 보인 이후 북한과 남한과 미국이 만나 4자회담 개최 방안에 대해 논의하는 문제가 거론되고 있었다. 남북 관계가 조금은 풀릴 것 같은 분위기였다. 그날 새벽 1시가 조금 지났을 때 이진규라는 택시기사가 강원도 강릉시 강동면 안인진리의 해안도로를 지나고 있었다. 도로변에 몇 명의 남자가 앉아 있는 모습을 보았다. 손님을 태우고 있어 보고 지나쳤다. 새벽 시간에 도로가에 남자들이 모여 있는 것을 이상하게 느낀 이진규는 다시 그 자리로 가보았다. 사람들이 있던 곳에서 좀 떨어진 바다에 뭔가가 떠 있었다. 돌고래일 수도 있다고 보고 자세히 관찰했는데 살아 있는 것은 아니었다. 이진규는 바로 경찰에 신고했다.

경찰과 군이 합동으로 출동해 확인한 결과 북한의 소형 잠수함이었다. 길이 35미터, 폭 3.8미터, 배수량 300톤 규모의 상어급이었다. 군경 4만여 명이 동원되어 수색 작전에 들어갔다. 18일 오후 상륙 지점 인근의 청학산에서 북한 군인 시신 11구가 발견되었다. 뒤통수에 총을 맞은 시신들이었다. 대대적인 수색에 생포를 피하기 위해 집단자살한 것이

조선인민군 정찰국 해상처 22전대 소속 침투조의 임무는 강릉 근처의 공군기지, 레이더시설, 발전소 등 주요 시설을 정찰하고, 남한군의 경계 태세를 파악하는 것이었다. 강릉 근처 해안에서 발견된 북한의 잠수함.

다. 그 가운데에는 조선인민군 대좌도 있었다. 그날 오후에 인근에서 한 명이 체포되었다. 이름이 리광수였다.

잠수함의 조타수였던 리광수의 자백에 따라 침투 과정이 밝혀졌다. 침투조는 조선인민군 정찰국 해상처 22전대 소속이었다. 공작요원, 안내원, 승조원 등 모두 26명이었다. 9월 14일 새벽 5시 함경남도 낙원군의 퇴조항에 있는 잠수함 기지를 출발했다. 남으로 내려와 해안으로 접근하다가 17일 밤 11시쯤 파도에 휩쓸려 좌초했다. 18일 새벽 1시쯤에는 잠수함을 버리고 육지로 상륙했다. 그렇게 상륙해 있다가 새벽 1시가 조금 넘은 시각에 택시기사 이진규에 의해 목격된 것이다. 이들의 임무는 강릉 근처의 공군기지, 레이더시설, 발전소 등 주요 시설을 정찰하고, 남한군의 경계 태세를 파악하는 것이었다.

이후 수색 작전이 계속되어 2주 만에 11명이 사살되었다. 2명은 11월 초에 비무장지대 부근에서 사살되었다. 나머지 한 명은 월북했다. 수색 작전 중 남한 측도 피해를 입었다. 군인 8명, 경찰관 2명, 민간인 4명이 목숨을 잃었다.

이 사건으로 김영삼 정부는 다시 대북 강경책으로 돌아섰다. 쌀 지원으로 온건책을 쓰다가 인공기 사건으로 강경으로 바뀌었고, 4자회담 제안으로 온건책을 쓰다가 잠수함 사건으로 다시 강경으로 전환된 것이다. 남북경제협력도 중단했고, 4자회담 추진도 중단했다. 미국은 북미제네바합의가 원만하게 이행되어 핵 문제가 해결되는 것이 중요하다고 생각했다. 남과 북이 추가적인 도발을 하지 않고 원만하게 문제가 해결되어 다시 대화 분위기가 되는 것이 미국의 희망이었다. 미국은 북한과 여러 차례 접촉해 남북한과 미국 3자가 만나는 자리를 마련하는 데 관심을 쏟았다. 그런 과정을 거쳐 1996년 12월 북한이 유감 표명을 하고 1997년 3월 북한이 남한과 미국의 4자회담 설명회에 참석하면서 다시 대화가 시작되었다.

그런데 4자회담에 대한 논의가 진행되는 과정에 왜 다시 이러한 사건이 발생했을까? 첫째는 병영국가화의 영향이었다. 북한은 위기에 대응하는 방식으로 군에 의지하고 군에 많은 역할을 부여해 군의 위상이 많이 높아져 있었다. 이는 군의 강경 세력의 주장이 강화되었고, 대남 전략도 강경하게 진행되었을 것이다. 그래서 정찰 활동도 확대하고 잠수함까지 파견하는 등 남한 정찰도 자연스럽게 전개한 것이라고 볼 수 있다.

둘째는 이러한 대남작전을 드러내는 것이 북한으로서는 크게 불리한 것이 아니라고 판단했던 것으로 보인다. 남북 관계가 긴장으로 가는 것이 북한의 대내적 결속을 위해 도움되는 측면이 있었다. 대외적으로도 한반도 긴장을 통해 미국을 자극해서 북미제네바합의 이행과 북미 관계 개선 쪽으로 미국을 추동할 수 있었다. 어쨌든 이 사건으로 북한은 대화의 국면에서도 군부 강경 세력을 중심으로 강경책도 함께 구상하고 이를 실행하고 있음을 새삼 확인할 수 있었다.

황장엽 망명

북한의 조선노동당 국제 담당 비서 황장엽은 1997년 1월 28일 일본 도쿄에서 열리는 조총련 주최 심포지엄에서 연설하기 위해 평양을 떠났다. 일본에 도착해 심포지엄에서 연설하고 조총련 관계자들을 만나면서 바쁜 일정을 보냈다. 2월 11일에는 도쿄를 떠나 베이징에 도착했다. 다음 날 오후 기차를 타고 평양으로 갈 예정이었다. 황장엽은 다음 날 아침에 머물고 있던 북한 대사관을 나왔다. 잠시 선물을 사가지고 오겠다고 나온 것이다. 그 길로 황장엽은 택시를 탔다. 그러고는 한국 총영사관으로 향했다. 곧바로 영사관 건물로 들어가 신변보호를 요청했다.

이후 군사 작전과도 같은 망명 작전이 시작되었다. 북한은 중국에 황장엽의 출국을 허가하지 말 것을 요청했다. 중국은 북한의 입장을 고려하지 않을 수 없었다. 5주 동안 황장엽의 출국을 허락하지 않았다. 남한은 되도록 빨리 황장엽을 데려가려고 했다. 중국은 서울로 바로 가는 것은 절대 안 된다며 버텼다. 그래서 우선 필리핀으로 보냈다. 거기서 다시 서울로 갈 수 있었다. 이렇게 해서 북한 최고위급 인사가 망명했다. 공항에 도착한 황장엽은 함께 망명한 조선여광무역연합총회사 총사장 김덕홍과 함께 만세삼창을 외쳤다. 이 장면은 남한에서 텔레비전으로 생중계되었다.

황장엽은 일제강점기인 1923년 평안남도 강동군에서 출생해 평양상업학교를 거쳐 일본 주오中央대학 법학과를 다녔다. 태평양전쟁 당시 강제 징용되어 강원도 탄광에서 일하다가 해방을 맞았다. 고향으로 돌아가 잠시 교사를 하다가 모스크바대학으로 유학을 갔다. 거기서 철학을 공부했다. 1954년에 김일성종합대학 교수가 되었고, 1965년에는 총장에 임명되었다. 1972년에는 최고인민회의 의장에 선출되었고, 1979년에는 당비서가 되어 주체사상연구소장과 조선사회과학자협회 위원장 등을 겸임했다. 1984년부터는 조선노동당 국제 담당 비서가 되었다. 1997년 2월 망명할 때까지 그 자리에 있었다.

황장엽은 주체사상의 이론적 정립에 핵심적인 역할을 했다. 그 때문에 김일성·김정일과 가까이 지내면서 북한 사회에서 최고위직에 해당하는 직책에 올랐다. 망명할 이유가 없는 것처럼 보였다. 하지만 김정일 시대는 그와 맞지 않았다. 김정일은 경제적·정치적 어려움에 직

황장엽은 주체사상의 이론적 정립에 핵심적인 기여를 한 인물이다. 북한 사회에서 최고위직이 망명함에 따라 북한 사회는 큰 충격에 빠졌다. 비행기에서 내리면서 만세삼창을 외치는 황장엽과 김덕홍.

면해 개혁보다는 통제를 강화하면서 군에 의지해 통치하려고 했다. 항일빨치산투쟁 당시의 간고분투의 정신을 강조하는 '붉은기 사상'도 강조했다. 이런 현상에 대해 황장엽은 불만이었고, 그 불만을 가끔 표출하기도 했다. 북한 당국은 황장엽에 대해 경계하고 감시하기 시작했다.

황장엽은 자아비판을 하기도 했다. 하지만 김정일은 이를 받아들이

지 않았다. 1996년 7월쯤에는 황장엽이 위협을 느끼기 시작했다. 이때부터 망명을 고려했고, 11월에는 결심을 굳혔다. 그러면서도 주체사상을 선전하는 활동을 적극적으로 했다. 북한 당국의 의심을 피하기 위해서였다. 그러다가 1997년 1월 도쿄에 출장을 가게 되었고, 돌아오는 길에 베이징에서 한국 총영사관으로 망명했다.

망명 직후 북한은 '남한에 의한 납치'라고 주장했다. 그러면서 중국 정부에 출국을 막아줄 것을 요청했다. 하지만 상황이 여의치 않고 황장엽이 서울로 들어가자 '변절자여 갈 테면 가라'는 식으로 태도가 바뀌었다. 북한이 문제가 아니라 변절한 황장엽이 문제라는 것이었다. 이는 북한 내부를 향한 메시지였다. 그의 행동을 비열한 것으로 몰아 그의 망명으로 인한 파장을 최소화하려는 것이었다. 더욱이 김정일의 당 총비서 추대를 통한 김정일 시대의 개막을 준비하고 있던 북한으로서는 황장엽의 망명을 되도록 거론조차 할 필요가 없는 일로 폄하해야 할 상황이었다. 그래서 북한은 적극적으로 황장엽을 비난한 것이다.

남한과 미국, 일본 등에서 그의 망명은 북한 붕괴론에 힘을 실어주기도 했다. 하지만 북한은 어려운 1990년대를 그럭저럭 버텼고, 붕괴론자들의 기대대로 되지는 않았다. 황장엽이 남한과 미국, 일본 등에서 주목을 받은 것은 김일성과 김정일, 북한 권부의 핵심부를 직접 관찰한 인물이기 때문이었다. 그는 김정일과 관련해 논란이 많았던 부분에 대해 중요한 증언을 제공하기도 했다. 백두산 밀영 출생의 조작, 일제강점기 혁명가들이 김일성·김정일을 찬양하는 구호를 새겨놓았다는 구호나무의 허구성 등이 대표적이다. 그의 많은 증언과 기록은 북한을 관찰할 때 한쪽으로 경도되는 것을 경계하는 데 상당한 기여를 했다고 할 수 있다.

이집트 대사 장승길의 망명

황장엽이 남한으로 망명한 지 6개월이 된 1997년 8월 22일에 이집트 주재 북한 대사 장승길도 비슷한 길을 선택했다. 이번에는 미국 대사관이었다. 장승길은 이날 낮 '외출을 다녀오겠다'면서 나가 연락이 두절되었다. 부인, 형인 프랑스 주재 북한무역대표부 장승화 참사관, 장승화의 아들과 딸 등도 함께 잠적했다. 카이로의 외교가에 이 소식이 전해진 것은 이틀 뒤인 8월 24일이었다. 외교 활동을 벌이던 한 나라의 대사가 가족과 함께 사라졌으니 충격이었다. 하지만 그에 대한 소식은 한동안 일체 전해지지 않았다.

그의 소식은 뜻밖에 미국에서 나왔다. 8월 26일 미 국무부가 장승길이 미국으로 망명했다고 발표했다. 당시 장승길 일행은 이미 미국에 들어가 있었다. 미 중앙정보국CIA이 망명 작전을 순식간에 해치웠고 발표 시점에는 이미 1차 조사까지 마무리해놓고 있었다. 그런데 어떻게 그렇게 빨리 망명을 시킬 수 있었던 것인지 그 과정이 아직 밝혀지지 않고 있다. 통상은 망명이 완료되면 그 과정도 조금씩 흘러나와 망명 경로가 밝혀지는데, 장승길의 망명은 그렇지 않았다. 다만 추정이 있을 뿐이다. 장승길이 미국 대사관으로 들어갔고, 중앙정보국이 가짜 여권을 만들어주어 이집트를 빠져나갔을 것이라는 추정이다. 이집트 정부도 모르게 망명 작전이 이루어졌을 것이라는 이야기다. 이집트가 중간에 관여했더라면 그렇게 빨리 망명이 이루어질 수가 없었다는 점에서 가짜 여권설이 상당히 설득력이 있다.

그리고 망명 이후에는 신분도 공개되고 언론 인터뷰도 나오는 것이 통상적인데, 장승길은 망명 이후 일체 모습을 드러내지 않았다. 자신이 이를 원했고, 중앙정보국이 정보 제공을 대가로 그의 신변을 철저하게 보호했기 때문에 가능한 일로 보인다. 장승길은 스커드미사일 중동 수출의 지휘자 역할을 했다. 북한과 중국의 군사적 커넥션과 북한의 미사일 개발 상황 등에 대한 많은 정보를 갖고 있었을 것이다. 중앙정보국으로서는 대어를 낚은 것이고 그래서 그가 원하는 대로 철저하게 신변을 보호해준 것으로 볼 수 있다.

장승길은 45세이던 1994년 이집트 대사가 될 만큼 북한에서 전도양양한 외교관이었다. 이집트 대사는 북한에서 비중 있는 자리였다. 이집트가 북한의 전통적인 우방인 데다 중동에 대한 미사일 수출의 통로였기 때문이다. 장승길은 북한에서 외무성 부부장을 지냈고, 부인 최혜옥은 가극 〈꽃파는 처녀〉의 주연배우를 했던 유명인이었다. 황장엽만큼이나 외관상으로는 망명할 이유가 없었다. 1991년에 콩고 주재 북한 대사관의 1등 서기관 고영환이 남한으로 망명하긴 했지만, 북한 대사가 망명한 경우는 처음이었다.

문제는 아들 장철민이었다. 당시 19세였는데, 자유분방했다. 외국 친구들과 잘 어울렸고, 북한 체제를 비판하기도 했다. 그 아들이 1996년부터 행방불명 상태였다. 이집트 당국이 조사를 해본 결과 장철민은 캐나다로 망명을 한 상태였다. 그는 캐나다로 망명하기 전 당시 이집트 주재 한국 대사 임성준에게 전화를 해서 남한으로 가고 싶다고 말하기도 했다. 임성준은 미성년자 납치 의혹 등으로 남북 관계에 파장이 우려되어 그를 타일러 전화를 끊었다.[8] 장철민은 영국계 국제학교에 다니고 있었는데 필리핀 출신 여학생과 사귀었다. 그러느라 귀가가 늦어지고 아버지와 다투는 일이 많아졌다. 아버지가 장철민을 감금하기까지 했다. 그래서 홧김에 망명을 결심하게 된 것이다.

장승길은 망명 당시 귀국을 얼마 안 남기고 있었는데, 귀국하면 이것이 문제될 가능성이 있었고, 아들과는 만날 수 없게 된다는 생각에서 망명을 택한 것으로 보인다. 장승길은 특히 자신과의 다툼으로 망명까지 하게 된 아들을 버리고 귀국하기 어려웠던 것 같다. 김정일 체제에 대한 실망감과 거부감 때문에 망명한 황장엽과는 다른 이유였다. 장승길은 미국에서 아들 장철민과 만났다. 하지만 그에게는 또 하나의 아들이 있었다. 장남이었다. 그는 평양에 남겨진 상태였다.

김정일 총비서 추대

김정일은 1994년 7월 김일성이 사망한 이후 기존의 국방위원장과 조선인민군 최고사령관 직책을 갖고 북한을 통치했다. 당의 최고위직인 총비서와 국가기구 최고위직인 국가주석은 승계하지 않은 채 북한 사회 전반에 대한 통치권을 행사한 것이다. 그러다가 김일성이 사망한 지 만 3년이 지난 1997년 10월 8일 당 총비서에 추대되었다. 당중앙위원회와 당중앙군사위원회가 합동회의를 열고 김정일을 총비서로 추대해 특별보도 형식으로 발표했다.

당시 조선노동당 규약에 따르면 총비서는 당중앙위원회 전원회의에서 선출하게 되어 있었다. 하지만 1997년 당시 북한은 전국적인 당 조직의 추대 결의를 받아서 당중앙위원회와 당중앙군사위원회가 합동회의를 열고 만장일치로 추대하는 형식으로 김정일을 총비서에 올렸다. 북한은 이에 대해 이렇게 설명했다.

> 당의 수반을 추대한 사업에서 지속되어온 관례를 마스고(깨고) 온 나라 전체 당원들과 인민들의 앙양된 정치적 열의와 드높은 혁명적 분위기 속에서 우리식으로 당 총비서를 추대한 것은 온갖 풍파와 시련을 헤쳐나가는 오랜 역사적 행정에서 영도자와 인민 사이에 사상의지적, 도덕의리적, 혈연적 관계로 맺어진 혼연일체의 위력을 시위하는 역사적 사변이었다.[9]

비상한 여건에서 비상한 방식으로 김정일을 총비서에 추대함으로써 그의 권위를 더욱 강화하고, 시련과 난관을 극복해나가려는 북한의 의도를 엿볼 수 있다. 북한은 총비서 추대가 단순히 당중앙위원회와 당중앙군사위원회의 의사가 아니라 전 인민의 의사임을 강조하고, 그러한 형식을 갖추기 위해 애를 썼다. 1997년 4월에는 〈김정일 장군의 노

김일성의 유훈에 따라 통치하는 유훈통치 형태의 비상 과도기 체제를 벗어나기 위해 북한은 김정일을 총비서로 추대했다.

래〉를 공개해 선전했다. 인민무력성이 주도해 만들어낸 이 노래는 전 인민을 상대로 현상공모하는 절차까지 거쳤다. 인민들의 찬양 분위기를 조성하기 위한 것이었다.

9월에는 조선인민군 당대표자회와 각 성과 중앙기관의 당대표자회, 평안남도를 비롯한 각 도와 직할시 당대표자회 등이 잇따라 열려 김정일을 당 총비서로 추대하는 결정서를 만장일치로 채택했다. 이와 같은 과정, 즉 아래로부터의 합의 추대 과정을 거쳐서 10월 8일 당중앙위원회와 당중앙군사위원회에서 공식적으로 총비서에 추대한 것이다.

총비서 추대 이후에는 전국 각지에서 이를 축하하는 경축대회와 경축집회가 연이어 열렸다. 대회장마다 〈김정일 장군의 노래〉가 울려 퍼졌고, 당과 군과 인민이 일심단결해 목숨 걸고 혁명의 수뇌부를 사수하자는 결의가 이어졌다. 세계 각국에서도 1,300여 명의 국가 · 정당 수반들이 축전을 보냈고, 80여 개 나라에서 경축행사가 진행되었다.[10]

총비서 추대는 군 영도권 승계에 이어 당 영도권에 대한 승계를 마무리 지은 것이다. 김일성 사후 김일성의 유훈遺訓에 따라 통치하는 이른바 유훈통치 형태의 비상 과도기 체제를 벗어나 정상적인 당과 국가 운영 체제를 확립했음을 의미했다. 이는 우선 당 최고 직책의 공석에 따른 내부적 불안을 불식하는 효과를 발휘할 수 있었다. 대외적으로는 사회주의의 위기 속에서 세계 사회주의 정당들과의 연대를 강화하는 데도 도움이 되었다. 사회주의 정당들과의 연대는 정당 사이의 외교를 통해 이루어지기 때문에 당 총비서의 존재는 연대를 활성화하는 측면이 있을 수 있다. 사회주의 국가의 최고 직책이 당 총비서인 만큼 북한이 경제난과 외교적 고립을 벗어나기 위한 노력을 하는 데도 당 총비서직 승계는 필요했다.

20대 초반

청년의

1996~1997년

대북지원단체 '좋은 벗들'이 1990년대 후반 중국의 동북 3성(랴오닝성, 지린성, 헤이룽장성)에서 북한 사람들을 만나 그들의 생활에 대해 조사했다. 이들은 먹고 살기 위해 중국으로 넘어간 사람들이다. 탈북자는 아니고 대부분 식량을 구해 다시 가족들이 있는 북한으로 가려는 사람들이었다. 그 가운데 한 사람이 A다. 신변보호를 위해 그들은 이름을 밝히지 않았다.[11] 몇 년 전 고급중학교를 졸업한 20대 초반이다. 그는 1996~1997년에 중국과 국경을 맞대고 있는 량강도 지역에서 주로 생활을 하다가 중국으로 넘어가기도 하면서 생활했다.

A의 가족은 원래 아버지와 어머니, 여동생까지 해서 4명이었다. 그런데 어머니는 1990년대 초 공장에서 손이 기계에 말려들어가 과다출혈로 사망했고, 아버지는 식량난이 심화되던 1994년에 봄에 간암으로 사망했다. 여동생은 1996년부터 함경남도 단천시에 있는 이모집에 가서 생활하고 있었다.

A는 아버지가 사망한 1994년에 고급중학교를 졸업했다. 공장에 취직을 했지만 운영이 되지 않았고, 배급도 되지 않았다. 먹고살 길은 장사밖에 없다고 생각하고 장사를 시작했다. 집에 있는 옷가지와 몇 가지 가재도구를 팔아 빵장사를 했다. 장마당에서 빵을 싸게 사서 다른 장마당에 이윤을 붙여 파는 것이었다. 되거리장사였다. 장마당마다 싼 것이 있고, 비싼 것이 있어 이런 장사가 가능했다.

하지만 이것도 여의치는 않았다. 경제 사정이 더 안 좋아지면서 장사가 잘 되지 않았다. 1996년이 되면서 더 어려워졌다. 그래서 여동생을 이모집으로 보내고 금속장사를 시작했다. 함경북도 청진시에 있는 김책제철소와 김책시의 성진제강소까지 가서 금속류를 사서 함경북도 무산군과 회령군으로 다니면서 팔았다. 소속된 공장에는 가끔씩 들러 신고를 했다. 그런데 금속류를 사고파는 것은 단속이 심해 1년 정도 하다가 그만두었다.

그다음에 한 것이 생선장사다. 함경남도 함흥시에 가서 생선을 사서 량강도 혜산시에서 팔았다. 혜산은 중국과 국경이 인접한 도시여서 돈이 넘쳤다. 오징어를 1만 원어치 사서 팔면 1만 5,000원이 되기도 했다. 처음엔 꽤 괜찮은 편이었다. 그런데 돈이 흐르는 곳이다 보니 사기와 협잡 등 범죄가 많았다. 좀 어리숙한 A는 이런 범죄의 표적이 되었다. 도둑들한테 물건을 통째로 빼앗기기도 하고 물건값을 제대로 못 받는 경우도 많았다. 결국 손해를 많이 보고 돈이 떨어져 장사도 못하게 되었다.

이후 A는 날품팔이를 했다. 혜산에 있는 식당들에 물을 길어다 주는 일을 하고 하루 30원을 벌었다. 당시 임연수어 2마리 값이었다. 20원은 죽을 사먹고, 10원은 담배를 사서 피웠다. 못살아도 담배는 꼭 피워야 하는 사람들이 북한 주민들 가운데는 많았다. 혜산 주변 농촌에서 감자를 캐는 일도 했다. 감자 캐는 일은 임금은 안 주고 먹여주고 재워주기만 했다. 나무를 해다 주면 하루 50원을 받았다. 하지만 단속이 심해 계속하기는 어려웠다.

혜산에서 할 것이 마땅치 않아 A는 중국으로 넘어갔다. 국경경비대가 10미터 간격으로 경비대원들을 세워두었지만, 그 간격이 넓은 곳이 있었다. 거기를 그냥 뛰어 강을 건넜다. 강을 절반 정도 건너자 경비대원도 더는 따라오지 않았다. 당시만 해도 단속이 그렇게 심하지는 않았다. 중국에서는 산속 움막에서 생활하면서 가끔씩 도시로 나와 쓰레기를 주워 먹으며 생활했다. 밥을 빌어먹기도 하고 때론 먹을 것을 훔치기도 했다. A는 한동안 그렇게 생활하다가 중국 공안에 잡혀 북한으로 강제 송환되었다.

A는 초범이어서 큰 벌은 받지 않는 대신 '혜산 927수용소'에 수용되었다.

'927수용소'는 1997년 북한 당국이 식량을 못 구해 거지(꽃제비) 생활을 하는 사람들을 수용하기 위해 만든 시설이었다. 1997년 9월 27일에 김정일의 지시에 따라 만들어져서 '927수용소'라는 이름이 붙었다. 필요한 지역에 하나씩 설립했는데, 북한 사람들은 그냥 '927'로 불렀다. 여기에 수용되어 있다가 분류가 끝나면 원래 살던 지역으로 데려다 주었다.

'혜산 927수용소'는 '혜산 여관' 4~6층에 설치되었다. 4층은 지도원실, 5~6층은 수용소였다. 여건은 아주 열악했다. 5평 정도의 방에 50명이 수용되는 경우도 있었다. 앉아서 자야 되는 경우가 많았고, 벼룩과 빈대도 많았다. 식사는 세끼 옥수수가루로 만든 죽물이 전부였다. 파라티푸스, 영양실조, 동상, 옴 등에 걸린 사람이 많았다. 가끔씩 죽어나가는 사람도 있었다. 시체는 인근 산에 묻었다. 지도원들은 그런 열악한 상황에서도 자신들의 이속을 챙겼다.

중국에서 강제 송환되어온 사람들이 입고 온 옷 중에 괜찮은 것이 있으면 그걸 싸게 샀다. 예를 들어 100원짜리 옷을 20원 정도에 샀다. 자신이 하기보다는 수용 인원 가운데 한 사람을 시켜 옷을 사게 했다. 그러고는 이 옷을 다시 장마당에서 100원에 팔았다. 역시 사람을 시켜서 했다. A는 거기서 20일을 지냈다. 초범인데다 소속 공장이 있어서 비교적 쉽게 나올 수 있었다. 하지만 그 이후 그의 삶이 달라지진 않았다.

A의 생활을 통해서 확인되는 것처럼 1996~1997년 북한 주민들의 삶은 생존 투쟁이었다. 일할 곳이 없고 배급이 없어진 상황에서 때로는 장마당에서 물건을 팔고, 날품팔이를 하고, 꽃제비 생활도 하면서 목에 풀칠을 해야 하는 상황이었다. 그것도 안 되면 국경을 넘어 중국으로 갔다. 하지만 그것도 녹녹지 않았다. 숨어서 일을 하면서 돈을 벌고 식량을 구한다는 것이 여간 어려운 일이 아니었다. 그런 인민들의 일상적인 고통 가운데서도 중간 지도층은 그 상황을 이용해 자신들의 이익을 채우는 부정과 비리를 저지르고 있었다.

1998~1999년

제10장

×××

김정일 체제 공식 출범

소떼를 몰고 군사분계선을 넘다

1998년 6월 16일 오전 9시쯤 트럭 한 대가 판문점 군사분계선을 넘었다. 트럭에는 소 8마리가 실려 있었다. 그 뒤를 이어 트럭 49대가 잇따라 군사분계선을 통과했다. 그렇게 모두 500마리 소가 북한으로 넘어갔다. 정주영 현대그룹 명예회장이 보낸 것이다. 이것을 CNN 등 세계 언론이 보도했고, 지금도 '정주영 소떼 방북'으로 불리며 남북 관계사의 주요 사건으로 거론된다.

아이디어는 정주영이 직접 냈다. 정주영은 이미 1989년 1월에 방북한 적이 있었다. 외자 도입을 위해 북한이 초청했을 때였다. 당시 정주영은 금강산 개발에 관심을 표했지만, 그 이후 진전은 없었다. 1998년 김대중 정부 출범 후 다시 논의가 시작되어 진전이 되었다. 정주영은 육로로 군사분계선을 넘어 북한으로 가고 싶었다. 그래야 홍보 효과가 컸다. 북한에서는 거부했다. 정주영은 육로가 아니면 안 가겠다고 버텼다. 아시아태평양평화위원장 김용순이 북한 군부를 설득할 명분을 달라고 했다. 북한 군부는 군사분계선을 개방하는 데 반대하고 있었다. 정주영이 충남 서산에서 키우는 소 1,000마리를 지원하겠다고 했다. 소를 가져가려면 육로로 갈 수밖에 없지 않겠느냐는 생각이었다. 당시 북한에서는 소를 보물처럼 여겼다. 북한 군부도 동의해 소떼 방북이 이루어지게 되었다.[1]

민간인으로는 처음으로 군사분계선을 넘은 정주영은 소떼와 함께 방북해 북한과 금강산 관광 사업을 포함한 남북경협 사업 추진에 합의를 이루었다. 10월 27일에 소 501마리를 싣고 다시 방북했다. 정주영은 김정일을 직접 만나 서해유전 개발, 평양화력발전소 건설, 경의선 철도 복원, 자동차 조립생산, 휴전선 직후방 산업공단 개발 등을 추진하기로 합의했다. 이러한 합의는 오랫동안 침체되어 있던 남북 교류를 활성화하는 큰 계기가 되었다. 금강산 관광 사업은 빠르게 진척되어 1998년 11월 18일에 현대 유람선 금강호가 동해항을 출항에 북한의 장전항에 입항했다. 분단 이후 처음으로 남한의 대규모 관광객이 북한으로 입국하게 된 것이다. 이렇게 해서 남북 교류사에서 중요한 위치를 차지하는 금강산 관광이 본격적으로 시작되었다.

김대중 정부는 출범과 함께 햇볕정책을 바탕으로 남북 교류 활성화에 주력했다. 김대중 자신이 남북 관계와 통일 문제에 대해 깊은 관심을 갖고 있었고, 북한과 대화하고 교류해야 한다고 생각했다. 햇볕정책은 그의 신념을 정책화한 것으로, '무력 도발 불용', '흡수통일 배제', '화해 ·

정주영은 민간인으로는 처음으로 군사분계선을 넘어 금강산 관광 사업을 포함한 남북경협 사업 추진에 합의했다. 1998년 6월 16일 소 500마리를 싣고 트럭 50대가 군사분계선을 통과했다.

협력 적극 추진'이라는 3대 원칙을 기반으로 한 대북화해정책이었다.

안보는 튼튼히 하면서, 흡수통일 우려를 배제하고, 정부 · 민간 구분 없이 물적 · 인적 교류를 활성화한다는 생각이었다. 인적 · 경제적 교류가 충분히 활성화되었을 때 그 속에서 형성된 신뢰를 바탕으로 정치적 · 군사적 대화도 가능하다는 기능주의의 명제를 그대로 따르는 정책이었다. 1998년 4월 30일에는 기업의 방북과 대북투자를 허용하고 남북경제협력도 기업의 자율 판단에 따라 하도록 하는 '남북경협 활성화 조치'를 발표하는 등 김대중 정부는 햇볕정책을 구체적인 조치로 실현하고 있었다.

북한은 심각한 식량난에서 벗어나지 못하고 있었다. 에너지난과 외화난도 여전히 심각했다. 김정일은 1997년 10월 당 총비서에 취임하고, 1998년에는 헌법을 바꿔 완전한 김정일 체제를 형성하려는 준비 작업을 하고 있었다. 이러한 상황에서 필요한 것이 경제적 성장이었다. 인민들을 먹여 살릴 수 있을 때 국가안보와 정권의 안정도 가져올 수 있는 것이었다. 실제로 정주영을 만난 자리에서가 김정일이 가장 관심을 갖고 질문한 것은 '남한의 빠른 경제성장이 어떻게 가능했는가'였다.[2]

북한 군부는 남한에 대한 군사적 우위를 확보하는 것을 중시하고 있었지만, 온건파는 경제성장이 북한의 살 길이라고 여기고 있었다. 김정일은 김대중 정부 출범 이후 대북화해정책을 관찰하면서 온건파에 힘을 실어주었다. 남한 정부와의 정부 대 정부의 협상이나 협력은 망설이고 있었지만, 민간과의 협력 사업에는 적극적이었다.

현대그룹은 정주영이 1989년 1월 남한 기업인으로는 처음으로 방북해 조선대성은행 이사장 최수길과 '금강산 관광 개발 및 시베리아 공동 진출에 관한 의정서'를 체결하는 등 오래전부터 대북 투자에 관심을 갖고 있었다. 여기에는 북한 지역인 강원도 통천을 고향으로 둔 정주영의 개인적인 정서와 저임금이면서 질 높은 1,000만 북한 노동자를 활용하면 경제적으로도 큰 수익을 확보할 있다는 현대그룹의 기업 마인드가 작용했다.[3]

1989년 1월 방북 이후 북핵 문제가 국제 문제가 되면서 더는 논의가 진행되지 못하다가 김대중 정부가 남북 교류를 적극적으로 권장함에 따라 다시 대북 사업을 추진하게 된 것이다. 이렇게 3자의 이해관계가 일치하면서 1998년 6월 소떼 방북은 이루어지게 되었고, 이후 금강산 관광, 남북한 철도 · 도로 연결, 개성공단 개발 등의 주요 사업이 시행되었다.

금창리 사건과 대포동 미사일 시험 발사

1998년 8월 10일자 시사주간지 『타임』에 북한에 대한 단신 기사가 실렸다. 북한의 핵단지가 있는 영변의 동북쪽 40킬로미터 지점에 있는 금창리에서 거대한 지하시설 공사가 진행 중이라는 것이었다. 작은 단신 기사여서 주목을 못 받았다. 하지만 이 기사는 일주일 후 『뉴욕타임스』에 실리면서 주목의 대상이 되었다. 이 신문의 외교안보 전문기자 데이비드 생어David Sanger가 미국의 정보기관을 상대로 면밀히 취재해 8월 17일자 신문에 장문의 기사를 썼다. 기사 내용은 수천 명의 사람이 산에 굴을 파고 있고, 그 굴 속에 원자로와 폐연료봉 재처리시설이 건설될지도 모른다는 내용이었다.[4] 이후 많은 신문이 관련 기사를 보도했다. 북한이 아주 위험하다는 내용이었다.

미국 정부도 가만있지 않았다. 현장을 직접 확인해봐야겠다는 것이었다. 북한에 핵시설이 있으면 북미제네바합의는 의미가 없어지는 것이었다. 북한은 미국의 요구를 일축했다. 그것은 군사시설이고 군사시설을 사찰하려고 하는 것은 주권 침해라고 맞섰다.

그 와중에 대형사건이 하나 더 발생했다. 8월 31일 북한이 개발 중이던 장거리 미사일 대포동 1호를 동해상에 시험 발사했다. 첫 장거리 미사일 시험 발사였다. 시험 발사가 성공하진 못했지만, 1,500킬로미터를 날아가 일본 열도를 넘어서 떨어졌다. 일본은 패닉 상태가 되었고, 미국도 격분했다. 공화당 주도의 의회와 보수 언론들을 중심으로 북미 제네바합의를 폐기하고 경제제재를 강화해야 한다는 여론이 높아졌다. 그동안 클린턴 행정부가 북한에 대해 포용정책을 추진했는데, 이를 전면 전환해 봉쇄 · 압박 정책을 구사해야 한다는 것이었다. 특히 공화당은 대북 정책의 전면 재검토를 강하게 압박했다. 클린턴 행정부는 1998년 11월 전 국방부 장관 윌리엄 페리를 대북정책 조정관으로 임명해 대북 정책 전면 재검토에 들어갔다.

페리는 서울과 평양을 오가면서 의견을 듣고 북한에 대한 미국의 정책 방향에 대한 조사 · 연구 작업을 계속했다. 김대중 정부는 미국의 대북 정책이 강경으로 바뀌지 않도록 하기 위해 미국에 의견을 적극적으로 전달했다. '북한은 붕괴되지 않는다', '북한을 있는 그대로 보자', '대화를 통해 해결하는 것이 가장 좋다' 등이었다. 그동안 북한과 미국은 금창리 현장 방문을 위한 협상도 진행해 1999년 3월 16일 독일 베를린에서 합의에 이르렀다. 미국이 현장조사를 하고 대신 60만 톤의 식량을 제공한다는 것이었다. 현장 방문은 실현되었고, 핵시설은 없는 것으로 확인되었다.

이후에도 대북 정책 재검토 작업은 계속되어 페리는 1999년 10월 '페리 보고서'를 내놓았다. 북한은 핵과 미사일을 포기해야 하고, 미국은 경제제재와 북미 관계 정상화 같은 인센티브를 제공해야 한다는 것이었다. 이런 이슈들을 놓고 북미가 일괄 타결하는 것이 가장 좋다는 내용이었다. 기존의 포용정책에서 크게 벗어나지 않는 것이었고, 김대중 정부의 의견과도 유사한 것이었다. 그렇게 금창리 사건은 해결되었지만, 이는 미국의 북한에 대한 불신이 매우 깊었음을 여실히 보여준 사건이었다.

북한의 장거리 미사일 발사에 따라 북미 미사일 협상은 가속화되었다. 그런데 북미 미사일 협상은 1996년 4월부터 계속되고 있었다. 북한은 미사일을 이란, 시리아, 파키스탄 등에 수출하고 있었는데, 미국이 이를 중단시키기 위해 협상을 진행하고 있었다. 1996년 4월 1차 협상에 이어 1997년 6월 2차 협상이 있었다. 하지만 북한이 수출 중지로 인한 손실을 보상하라며 30억 달러를 요구해 협상에 큰 진전을 이루지 못했다. 그러던 와중에 1998년 8월 북한이 대포동 1호 시험 발사를 단행한 것이다. 북미는 1998년 10월에 3차, 1999년 3월에 4차 미사일 협상을 했지만 성과를 보지 못했다.

그래서 북미는 고위급회담으로 문제를 해결하기로 했다. 북한의 외무성 부상 김계관과 미국의 국무부 한반도평화담당 특사 찰스 카트먼 Charles Kartman이 1999년 9월 베를린에서 만나 협상을 진행했다. 9월 12일에는 합의에 이르러 북한은 미사일 추가 시험 발사를 유예하는 대신 미국은 경제제재를 일부 해제하기로 했다. 일단 문제를 일단락 지은 셈이었다. 하지만 근본적인 해결은 아니었다. 시험 발사 유예였으니 이를 더 진전시키기 위해서는 협상을 해야 했다. 미국이 약속한 경제제재 해제도 부분적 수출입 규제 완화에 그치고, 테러지원국 지정은 그대로 남겨둔 것이어서 이에 대한 협상도 해야 했다.

북한은 장거리·첨단 미사일 시험 발사를 통해 미국에 대한 협상력을 높이려고 했다.
2012년 12월 평안북도 철산군 동창리 기지에서 발사한 장거리 미사일 '은하 3호'.

2000년 7월에 5차, 11월에 6차 협상이 이루어졌다. 2000년 10월 매들린 올브라이트Madeleine Albright 국무부 장관이 김정일과의 회담으로 미사일 문제가 진전되기도 했지만, 북한에 대한 보상 문제가 난제로 남아 있었다. 사찰의 구체적인 방법도 여전히 최종 합의가 어려운 부분이었다. 그러다 클린턴 행정부가 끝나면서 더는 북미 미사일 협상은 열리지 않게 되었다.

북한은 2006년 7월 장거리 미사일 대포동 2호를 시험 발사하는 등 장거리 미사일 시험 발사를 계속하고 있었다. 2009년 4월에는 3번째 장거리 미사일 시험 발사를 하고, 김정은 정권 출범 이후인 2012년 4월에 4번째, 12월에 5번째 장거리 미사일 시험 발사를 실시했다. 4번째까지는 실패였지만, 5번째 '은하 3호'는 성공이었다. 이후에도 북한은 중·장거리 미사일과 잠수함발사탄도미사일SLBM에 대한 시험 발사를 계속하고 있었다.

이렇게 북한이 장거리·첨단 미사일 시험 발사를 계속하는 데에는 2가지 이유가 있는 것으로 보인다. 하나는 일본은 물론 미국까지도 위협할 수 있는 첨단무기를 개발함으로써 북한의 능력을 과시해 주민들의 결속과 김정은 체제를 공고화하기 위한 것이다. 또 하나는 체제 안정과 경제성장을 위해 협상 대상으로 상정하고 있는 미국과의 협상을 위한 도구로 활용하려는 것이다. 시험 발사를 통해 미국을 자극해 협상의 장을 마련할 수 있고, 협상이 시작되면 개발된 미사일이 자신들의 협상력을 강화시켜줄 수 있다고 본 것이다. 이런 의도를 갖고 북한은 장거리·첨단 미사일을 개발하고 있는 것이다.

김정일 시대의 헌법

북한은 1990년 4월 제9기 최고인민회의 대의원 선거를 실시한 이후 8년 이상 선거를 하지 못했다. 헌법상 4년에 한 번 선거를 하게 되어 있었지만, 국제 정세의 급변과 심각한 경제난 속에서 선거를 치르지 못한 것이다. 그러다가 1998년 7월 제10기 최고인민회의 대의원 선거를 실시하고, 대의원 687명을 선출했다. 9월 5일 제1차 회의가 소집되었는데, 여기서 헌법을 크게 고쳤다. 우선 서문을 신설해 개정헌법을 '김일성헌법'으로 명명했다. 김일성에 대한 영원한 추앙을 표현한 것이다. 본문에는 새로운 체제를 법적으로 구현하는 내용을 대폭 담았다.

첫째, 주석제를 폐지하고, 국방위원장의 권한을 강화했다. 김일성을 '영원한 주석'으로 추대하면서 국가주석직을 폐지했다. 대외적으로 국가를 대표하는 기능은 최고인민회의 상임위원장이 하도록 했다. 국방위원장은 '일체 무력을 지휘 통솔하여 국방 사업 전반을 지도'하는 직책으로 규정해 1992년 헌법에 있던 권한에 '국방 사업 전반 지도'를 추가함으로써 그 권한을 크게 확대했다.

둘째, 정무원을 내각으로 개편했다. 중앙인민위원회와 정무원을 폐지하고 정무원을 내각으로 개편해 행정부의 권한을 강화했다. 종전의 정무원이 국가주석의 지시를 받는 기관이었다면, 내각은 행정에 대해 책임을 지는 기관이 되었다. 새 헌법은 내각을 '최고 주권의 행정적 집행기관'이면서 '전반적 국가관리기관'으로 규정했다. 구헌법의 권한에 '전반적 국가관리기관'이라는 성격이 추가된 것이다.

셋째, 경제 관련 분야에서는 사적 소유 범위를 확대했다. 가축과 주택을 개인이 소유할 수 있도록 했다. 개인 소유 재산은 상속할 수도 있게 했다. 생산수단의 소유 주체에 대해서는 종전 '국가와 협동단체'에서 '국가와 사회·협동단체'로 확대해 사회단체도 생산수단을 소유할 수 있게 했다.

넷째, 대외무역에 대한 통제를 완화했다. 대외무역의 주체도 종전 '국가가 하거나 국가의 감독 밑에서 한다'는 조항을 '국가 또는 사회·협동단체가 한다'로 수정했다. 대외교역의 활성화를 기대하고 개정한 것으로 보인다. 외국과의 기업 합영·합작을 장려하는 조항도 신설했다. 외국 자본의 투자를 유인해보겠다는 의도였다.

다섯째, 거주·여행의 자유를 인정하는 조항을 신설했다. 식량난으로 철저한 통제가 어려워진 상황을 반영한 것이다. 사적 경제활동의 증가라는 현실을 인정하는 조치이기도 했다.

이렇게 바뀐 1998년 헌법의 특징은 형식적으로는 권력 분산과 경제 개혁의 내용을 포함하는 것이었다. 하지만 당시 소련이나 중국, 베트남 등에서 추진하던 경제개혁 노선에는 크게 미치지 못했다. 정치·국방 부문도 실제로는 국방위원장으로 권력이 집중되었다. 이렇게 대폭 개정된 1998년 헌법은 김정일이 권력 승계를 완전히 마무리하고 공식적으로 자신의 체제를 법적으로 완성했음을 선언하는 의미를 갖고 있었다.

김정일의 국방위원장 취임

개정헌법이 김정일 체제를 법적으로 완성하면서 그 핵심은 국방위원회와 국방위원상의 권한 강화였다. 구헌법상 국방위원회의 지위는 '국가주권의 최고 군사지도기관'이었다. 이것이 새 헌법에서는 '국가주권의 최고 군사지도기관이며 전반적 국방관리기관'으로 크게 확대되었다. 국방위원회가 군대뿐만 아니라 국정 전반을 실질적으로 장악할 수 있게 했다. 국방위원회의 구성도 구헌법에서는 위원장을 포함해 위원 5명으로 구성되어 있었으나, 신 헌법에서는 위원장, 제1부위원장, 부위원장을 포함해 10명으로 구성하도록 개정되었다. 규모가 2배로 확대된 것이다. 국방위원장에 대해서는 '일체 무력을 지휘 통솔하여 국방 사업 전반을 지도'하는 권한을 갖는 것으로 규정했다.

최고인민회의 제10기 제1차 회의는 헌법을 개정한 뒤 김정일을 국방위원장에 다시 추대했다. 김정일은 강화된 국방위원장으로 일체 무력 통솔권과 국방 사업 전반에 대한 지도권을 갖게 되었다. 국방 사업 전반에 대한 지도권은 군사에 관한 권한만을 의미하는 것이 아니라 정치와 경제와 군사 등 국무 전반을 이르는 것이었다. 이는 최고인민회의 상임위원장 김영남의 국방위원장 추대 연설에서 잘 드러났다.

그는 국방위원장에 대해 "나라의 정치, 군사, 경제 역량의 총체를 통솔 지휘하여 사회주의 조국의 국가 체제와 인민의 운명을 수호하며, 나라의 방위력과 전반적 국력을 강화 발전시키는 사업을 조직 영도하는 국가의 최고 직책이며, 우리 조국의 영예와 민족의 존엄을 상징하고 대표하는 성스러운 중책"이라고 말했다(『로동신문』, 1998년 9월 6일).

내부적으로 국방위원장은 정치, 경제, 군사 등 국가 사업 전반을 통할하는 지위이자 폐지된 국가주석직을 대체하는 것으로 정리해놓고 있었다. 최고인민회의 상임위원장이 형식상 국가수반이라면, 국방위원장은 실질적인 국가수반이었다. 이렇게 실질적인 국가수반인 국방위원장에 추대됨으로써 김정일은 당 총비서, 국방위원장, 군 총사령관의 직책을 모두 차지해 당·정·군에서 최고 수위에 오르게 되었다. 이로써 김정일 체제가 완전한 체계로 공식 출범하게 되었다.

국방위원회 제1부위원장에는 조명록(조선인민군 총정치국장), 부위원장에는 김일철(인민무력부장)과 리용무(조선인민군 차수)가 선출되었다. 국방위원에는 김영춘(조선인민군 총참모장), 연형묵(자강도당 책임비서), 리을설(호위사령관), 백학림(사회안전상), 전병호(당 군수 담당 비서), 김철만(제2경제위원장)이 선임되었다. 김정일이 국방위원회 위원들의 도움을 받아 북한 전체를 통치하게 된 것이다.

그런데 이렇게 국방위원장을 헌법상으로는 '일체 무력을 지휘 통솔하여 국방 사업 전반을 지도'하는 직책으로 하고, 실제로는 국가 사무 전반을 통할한 이유는 당시 북한의 상황과 관련이 있다. 극심한 경제난 속에서 경제에 대한 책임은 총리에게 있는 것으로 하고, 국방위원장은 국방 사업에 대해 책임지는 형식을 취해 경제난에 대한 책임에서 회피하려고 한 측면이 있다.[5]

하지만 내용상으로 국방위원장이 절대적인 권한을 지닌 최고 지도자였다. 형식상으로는 총리와 최고인민회의 상임위원장에게 일부 권한이 나누어진 것으로 보이지만, 실질적으로는 김정일 국방위원장에게 권력이 집중된 체제였다. 김일성 체제와 다름없는 '유일적 수령 체제'였다.

국가 건설 목표, '강성대국'

'강성대국'이라는 용어는 1998년 4월 8일 김정일의 자강도 현지 지도를 보도한 조선중앙방송 보도에 처음 등장했다. "혁명 정신으로 일어날 때 조국은 강성대국으로 만방에 위력을 떨칠 것이다"라는 보도 내용이 들어 있었다. 1997년 7월 22일에는 『로동신문』 정론에도 등장했다. 하지만 이를 개념화해 제시한 것은 1998년 8월 22일 「강성대국」이라는 제목의 『로동신문』 정론을 통해서였다. 이 정론은 "이념·정치·군사 강국에 기초해 경제강국을 건설해 강성대국을 완성할 것"이라고 밝혔다. 9월 5일 김정일 체제의 공식 출범을 앞두고 '강성대국론'을 정식으로 제시한 것이다. 이후 강성대국론은 김정일 정권의 국가 목표로 북한의 공식 매체를 통해 빈번하게 제시되었다.

강성대국론은 '부강하고 융성한 나라를 만들겠다는 것'이다. 북한은 김정일 체제 출범과 함께 북한 주민들에게 희망과 용기를 주는 국가 비전을 제시할 필요가 있었다. 김일성 사망 후 북한은 '고난의 행군(1995~1997년)', '사회주의 강행군(1997년 말~1998년)'이라는 구호를 제시하며 주민들의 희생을 요구했다. 하지만 새로운 시대가 열린 만큼 새로운 희망을 주민들에게 불어넣을 필요가 있었다. 그런 차원에서 강성대국론이 제시된 것이다.

구체적으로는 사상, 정치, 군사, 경제의 강국을 만들겠다는 것이다. 사상강국은 온 사회가 수령의 사상으로 통일되어 있는 나라, 정치강국은 수령 주위에 인민이 단결하여 철저한 자주정치를 실현하는 나라를 말한다. 군사강국은 제국주의자들의 무력 침공을 물리치고 자주권과 존엄을 지키는 나라, 경제강국은 자립적 민족경제의 토대 위에서 끊임없이 발전하는 나라를 말한다.

강국의 건설도 사상강국, 정치강국, 군사강국, 경제강국 순으로 이루어져야 한다는 것이다. 그러면서 북한은 주체사상으로 사상강국과 정치강국은 이미 실현했고, 강한 군사력 확보로 군사강국도 실현했기 때문에 경제강국의 실현만 남았고, 이것이 이루어지면 완전한 강성대국을 이룰 수 있다고 주장했다. 이와 관련해 1999년 1월『로동신문』, 『조선인민보』, 『청년전위』의 신년 공동사설은 "우리의 정치사상적, 군사적 위력에 경제적 힘이 안받침될 때 우리나라는 명실공히 강성대국의 지위에 올라설 수 있다"고 밝혔다.[6] 강성대국의 실질적인 목표는 '인민들의 물질문화생활 보장'과 '제국주의와의 대결에서 사회주의의 승리를 위한 물질적 담보'였다. 이를 위해 농업, 전력산업, 석탄산업, 경공업, 과학기술 부문 등에 대한 구체적인 방침도 제시되었다. 그 목표 연도는 2012년이라고 구체적으로 제시되었다.

하지만 2012년 강성대국 건설이 어려워지자, 북한은 2011년에 '강성국가'라는 용어로 목표를 바꾸었다. 강성대국보다는 어감이 약한 용

강성대국론은 김정일 시대 국가 목표이면서 인민동원을 정당화하려는
통치 이념으로 기능했다. 북한 주민들에게 강성대국을 독려하는 포스터.

어를 선택해 목표를 줄인 것이다. 2012년에는 '강성부흥'으로 다시 변
경했다. 경제성장을 이룰 수 없음을 스스로 인정하고 주민들의 기대를
낮추려고 한 것이다.

　강성대국론은 김정일 시대 국가 목표이면서 이 목표 제시를 통해 인
민동원을 정당화하려는 통치 이념으로 기능했다. 그런 의도를 갖고 북
한이 제시한 것이다. 강성대국론은 통치 이념화되면서 주민들을 결속

시키는 기능까지 수행했다. 하지만 이를 달성하려는 실천적 전략은 전통적인 것이었다. 민족적 자립경제를 강조하고 자력갱생을 외치는 것이었다. 장대한 모토와 구시대적인 실천 전략이라는 부조화로 결국 강성대국론은 자기완성의 길을 가지 못했다.

군이 가장 우선, '선군정치'

김정일 정권은 강성대국이라는 포괄적인 목표를 제시하면서 사상·정치·군사 강국의 완성을 기반으로 경제강국을 지향했지만, 실제로는 모든 부문에 앞서 군을 중시하는 선군정치를 동시에 제시했다. 논리적으로는 강성대국론이 총론, 선군정치론이 각론의 성격이었지만, 선군정치가 지나치게 강조되면서 주객이 전도되는 과정을 겪었다.

북한이 '선군先軍'이라는 용어를 처음 사용한 것은 1997년 10월 7일 조선중앙방송의 방송 내용에서였다. 이후 '선군정치'라는 용어는 1998년 5월 26일 『로동신문』 정론에 등장했다. 강성대국론을 제시한 1998년 8월 22일 『로동신문』의 정론 「강성대국」에서도 선군정치의 구체적인 개념도 함께 밝혔다. "군대를 중시하고 그를 강화하는 데 선차적 힘을 넣는 정치"를 선군정치라고 설명했다. 다시 말해 "인민군대를 강화하는 데 최대의 힘을 넣고 인민군대의 위력에 의거하여 혁명과 건설의 전반 사업을 힘있게 밀고 나가는 정치"가 선군정치라는 것이다. 요컨대 군을 다른 어떤 부문보다 중요하게 여기면서 자원 분배와 정책의 우선순위를 군에 두는 정치라고 말할 수 있다. 병영국가 북한이 김정일 체제의 공식 출범 즈음에 '선군정치'를 본격적으로 내세운 것이다.

김정일은 선군정치와 관련해 "나의 기본 정치 방식이며 우리 혁명을 승리에로 이끌어나가기 위한 만능의 보검"이라면서 선군정치가 김정일 시대 정치노선의 근간임을 분명히 밝혔다.[7] 선군정치는 점차 이념화되어 김정일 시대의 정치 이념으로 자리 잡았다. 2009년에 개정된 헌법과 2010년에 개정된 당 규약에서는 북한이 추구하는 이념으로 공산주의가 삭제된 대신 선군정치가 들어갔다.

선군정치의 구체적인 방법에 대해서는 "인민군대를 핵심으로 하여 혁명대오를 튼튼히 꾸리고 혁명적 군인정신을 무기로 하여 사회주의 건설을 밀고 나가는 것"이라고 강조했다.[8] 이렇게 북한은 정치적·경제적으로 어려워진 상황에서 사회주의 건설을 계속하기 위해 병영국가화의 단계를 넘어 선군정치를 내세웠다. 군을 앞세워 사회 전반을 이끌어가도록 하겠다는 것이다.

이와 같은 김정일 정권의 선군정치 지향에 따라 군은 모든 것에 우선하는 지위를 확보했다. 국방위원장이 국가 전반을 통치하도록 한 1998년 9월 5일 개정헌법은 선군정치에 제도적인 바탕을 제공해주었다. 이후 김정일의 현지 지도 대상은 대부분 군부대였다. 국가 자원 배분에서 우선권도 군에 있었다. 군의 고위층은 주석단의 높은 서열을 차지했다. 경제 건설 사업도 군이 담당하게 되었다. 군은 공장, 기업소, 농장, 광산을 운영하고, 무역회사까지 거느리게 되었다.

이렇게 김정일 정권이 선군정치론을 내세우게 된 이유는 무엇일까?

북한은 김정일 체제가 출범하면서 '선군정치'를 본격적으로 내세웠다. 선군정치는 "군대를 중시하고 그를 강화하는 데 선차적 힘을 넣는 정치"를 말한다. 함경남도 원산에 있는 선군정치 선전기념물.

첫째는 군을 통해 사회 통제를 확보하겠다는 의도였다. 당보다는 아직은 나름의 역량과 효율성을 갖고 있는 군을 활용해 북한 사회를 통치하는 것이 옳다고 본 것이다. 둘째는 외부의 위협이 증대되고 외교적 고립이 심화하는 가운데에서 군을 내세워 안보를 확보하고 체제 안전을 보장하려는 시도였다. 셋째는 경제난 속에서 한정된 자원과 역량을 군에 우선 투자함으로써 경제를 회복시켜보겠다는 생각이었다. 경제도 군을 중심으로 발전시켜 그 효과가 민간으로 확대되도록 하려는 것이다.

북한은 선군정치를 내세워 북한 사회를 이끌어가겠다고 강조했지만, 어려운 환경에서 경제난의 심화를 정당화하려는 하나의 구실 담론의 성격도 갖고 있었다. 1990년 이후 계속된 식량난과 그로 인한 주민들의 고통에 대해 김정일 정권은 구실이 필요했고, 선군정치는 '군에 자원을 먼저 투입하다 보니 경제가 안 좋아졌다'고 설명할 수 있는 근거가 될 수 있다. 이는 북한 사회의 지도노선이라는 적극적 의미와 비교되는 선군정치의 소극적 의미라고 할 수 있다.

햇볕정책과 서해교전

북한은 정부가 아닌 현대그룹과의 협력은 진행하면서도 남한 정부와의 직접 협상과 협력에는 선뜻 나서지 않았다. 김대중 정부의 햇볕정책에 대해 탐색전을 계속하고 있었다. 1998년 봄 북한은 차관급회담을 제안했다. 농사를 위한 비료가 필요했고, 남한 정부의 속내를 알아볼 필요가 있었다. 먼저 회담을 제안한 것으로 보아 김대중 정부가 김영삼 정부보다 대화에 적극적일 거라고 인식하고 있었던 것으로 보인다. 1994년 6월 남북정상회담을 위한 부총리급 예비회담 이후 김영삼 정부 동안 당국 간 회담은 없었다.

차관급회담은 1998년 4월 11일부터 17일까지 중국 베이징에서 열렸다. 남한에서는 통일부 차관 정세현, 북한에서는 아시아태평양평화위원회 부위원장 전금철이 수석대표로 나왔다. 남한은 비료를 지원할 수 있지만, 이산가족상봉과 연계되어야 한다고 주장했다. 반면 북한은 먼저 비료를 주고 이후 이산가족상봉 문제를 논의해야 한다고 주장했다. 남한이 이산가족면회소 설치 협의를 위한 적십자회담을 여는 데 북한이 동의하면 비료를 지원하겠다고 수정 제의했지만 북한은 응하지 않았다. 그러면서 남한의 포용정책을 반북·반통일 대결정책이라고 비난했다. 김대중 정부의 햇볕정책에 대해 탐색 차원에서 회담을 제안했고, 남한이 상호주의에 입각한 주고받기를 내세우자 회담을 결렬시킨 것이다.

북한은 현대그룹과의 협력 사업을 속도감 있게 진전시켰다. 그러면서 당국 간 회담에는 응하지 않았다. 1999년 6월 3일에 이르러서야 당국 간 회담을 합의하게 되었다. 6월 21일 차관급회담을 열어 이산가족상봉 문제를 협의하기로 했다. 비료 20만 톤은 7월에 지원하기로 미리 합의했다. 북한의 상호주의 완화 요구를 수용해 비료를 먼저 주기로 한 것이다. 하지만 비료가 모두 전달되기 전에 이산가족상봉 문제를 타결하기로 해서 남한의 요구 사항도 만족시킬 수 있도록 했다.

말하자면 상호주의의 요소 가운데 동시성의 요소를 완화해 동시가 아니더라도 서로 주고받으면 된다는 인식에 따른 합의였다. 남한의 요구도 실현되도록 해서 '상호주의를 포기한 것이냐'는 남한 보수 언론의 비판을 피하려고 했다. 당시 남한의 보수 언론들은 북한에 상호주의를 엄격하게 적용해야 한다면서 김대중 정부의 햇볕정책을 견제하는 기사를 많이 쓰고 있었다.

우여곡절 끝에 차관급회담이 합의되었는데, 회담이 열리기 전에 상황이 급변했다. 6월 15일 서해에서 북방한계선NLL을 넘어온 북한 함정과 남한 경비정 사이 포격전이 벌어졌다. 남한 장병 7명이 부상을 입고, 초계함 1척의 기관실이 파손되었으며, 고속정 3척이 일부 파손되었다. 북한의 인명 피해는 확인되지 않았지만, 함정 1척이 격침되고 5척이 대파되었다. 남북의 군사적 긴장은 고조되었다. 21일에는 남한 관광객이 북한 안내원에게 한 발언이 문제되어 금강산에서 억류되는 사건이 발생했다. 남한은 석방을 요구하고 신변안전보장 조치가 이루어질 때까지 관광을 중단시켰다. 북한은 남한과 협상을 벌여 6월 25일 관광객을 석방하고, 신변안전보장 조치를 취해 8월 5일에야 관광이 재개되었다.

이러한 와중에 6월 22일 베이징에서 남북차관급회담이 열렸다. 남북이 긴장 상황이어서 회담이 원활할 리 없었다. 북한은 서해교전이 남한의 고의에 의한 것이라며 사과를 요구했다. 7월 1일 다시 회담을 열었지만, 북한의 입장은 마찬가지였다. 남한은 이산가족상봉 문제 협의를 주장했지만 수용되지 않았다. 결국 성과 없이 끝나고 말았다. 그렇게 남북차관급회담은 1998~1999년에 세 차례나 열렸지만 성과는 없었다.

당시 북한은 현대그룹과 협력 사업을 성사시키고 있었다. 거기서 경제적인 실익도 확보했다. 1996년부터 미국과 미사일 협상을 진행하고 있었으며, 1998년 8월부터는 금창리 시설에 대한 현장 방문을 놓고 미국과 접촉하고 있었다. 북한은 우선 이런 부분에 집중하면서 남한의 태도를 관찰하고 있었다. 그러면서 기회가 있으면 남한의 일방적인 양보와 시혜를 요구했다.

남한의 햇볕정책에 대해서는 경계를 하고 있었다. 1999년 6월 4일자 『로동신문』을 통해 "포용정책의 진속(속마음)은 반인민적 식민지 제도를 공화국 북반부에까지 연장시키려는 대결 정책"이라고 비난했다. 1999년 8월 17일 조선중앙통신은 외무성 대변인 담화를 통해 남한의 포용정책이 "미국의 평화적 이행 전략의 변종으로 화해와 협력의 미명 아래 우리를 개혁·개방으로 유도하여 자유민주주의 체제에 흡수통일하려는 모략 책동"이라고 힐난했다. 흡수통일을 경계하면서 김대중 정부의 대북정책의 진정성을 가늠해 보려는 관망·경계의 자세를 갖고 있었던 것이다.

지방 공장

지배인의

1998~1999년

1998년의 일이다. 평안북도 어느 군의 군당 조직부에 성이 정씨인 지도원이 있었다.[9] 그의 직무는 서해연안에 있는 작은 지방산업공장 근로자들의 당 생활을 지도하는 것이었다. 절인 생선을 담는 나무통을 만드는 공장이었다. 이 공장에는 원래 근로자가 20여 명이 있었다. 하지만 당시에는 운영되지 않고 있었다. 1995~1997년 사이 '고난의 행군'을 거치면서 공장은 폐허가 되다시피했다. 당시 가동되는 공장이 30퍼센트 정도였으니, 대부분의 공장이 문을 닫았다. 이 공장도 예외가 아니었다. 기름이 없고 물건을 만드는 데 쓸 원료가 없었다.

정씨는 공장을 일으켜보겠다는 생각을 했다. 군당 책임비서에게 공장의 지배인으로 보내달라고 했다. 더 낮은 자리로 전출시켜달라는 것이었다. 군당 책임비서는 말렸다. "어려운 시국에 여기 있으면 먹고사는 데에는 문제가 없는데 왜 거길 가느냐"고 했다. 정씨는 강력하게 자기 의지를 피력했다. 공장을 다시 돌려보겠다는 것이었다. 책임비서는 그의 소원대로 해주었다.

정씨는 공장으로 내려갔다. 공장에는 노인 경비원 1명과 회계원 1명이 전부였다. 설비들은 모두 1960년대의 것이었다. 선반과 보링머신boring machine 등이 모두 낡아 쓸 수가 없었다. 공장의 지붕도 낡아 하늘을 제대로 가리질 못했다. 정씨는 먼저 공장 근로자들에 대해 조사했다. 그중 젊은 청년 8명을 골랐다. 그들을 찾아갔다. 공장에 다시 나와달라고 부탁했다. 식량과 월급을 약속했

제10장 **김정일 체제 공식 출범**

다. 근로자들은 믿지 못했다. 지배인은 자신의 1차 계획을 말해주었다. 공장 설비를 뜯어 중국에 팔아 식량과 월급을 주겠다고 말했다. 불법이었다. 지배인은 자기가 모든 걸 책임지겠다고 했다. 그때서야 근로자들이 하나둘 나섰다.

작업은 시작되었고 설비는 해체되었다. 1950~1960년대 김일성이 직접 내려준 설비들도 있었다. '선물설비'라고 부르는 것이었다. 이것을 뜯어서 파는 것은 중죄였다. 지배인은 그것마저 뜯었다. 해체한 설비를 작은 고기잡이 배에 싣고 서해로 나갔다. 중국 어선을 만나 밀가루, 설탕, 콩기름과 바꿨다. 그것을 근로자들에게 나눠주었다.

군 검찰소가 이를 알고 문제 삼았다. 군 당위원회에 정씨를 구속하자고 했다. 군당 책임비서가 이를 보류했다. 잘못은 분명한데 정씨의 공장 재건에 대한 의지가 워낙 강하니 잠시 두고 보자는 것이었다. 북한은 검찰도 당의 지휘 아래 있어 군 검찰소도 어쩌지 못하고 지켜보았다. 정씨 자신이 검찰소에 나가 죄값은 나중에 받겠으니 공장을 세울 때까지 시간을 좀 달라고 호소했다. 그렇게 해서 정씨는 시간을 벌게 되었다.

정씨는 2차 계획 실행에 나섰다. 청년 8명을 무인도로 데려갔다. 거기서 바지락을 줍게 했다. 일주일에 한 번씩은 가족들을 무인도로 데려가 만날 수 있게 했다. 바지락은 중국 어선에 팔았다. 외화를 마련한 것이다. 가족들에게는 오리 사육을 시켰다. 연간 1만 마리의 새끼오리를 40일간 사육해 인근 오리농장에 넘기기로 했다. 그렇게 해서 돈을 모았다.

자금이 좀 모이자 지배인은 똑똑한 청년 2명을 평양의 인민대학습당으로 보냈다. 북한 최대의 종합도서관으로 보내 공부를 하게 한 것이다. 주제는 현대적인 공장을 짓는 방법이었다. 이들은 외국 문헌들을 보면서 어떤 설비를 어떻게 구입해야 하는지, 전압을 안정적으로 유지하려면 어떤 장치를 해야 하는지, 비용은 얼마나 드는지 등을 자세히 조사했다.

이렇게 노력한 끝에 현대적인 수산물 가공 용기공장을 건설할 수 있었다. 정씨가 지배인으로 내려온 지 2년 반 만이었다. 그러고는 정씨는 군 검찰소를 찾아갔다. 벌을 받겠다는 것이다. 당위원회에서 논의를 하지 않을 수 없었다. 그의 성과는 대단한 것이어서 평가하지 않을 수 없었다. 하지만 선물설비까지 뜯어 팔았으니 그런 사람을 치켜세울 수는 없었다. 죄는 묻지 않되 상도 주지 않는 것으로 정리했다. 그래서 그는 '추천할 수 없는 영웅'으로 남았다.

당시 북한의 당이나 정부가 시스템 차원에서 움직이면서 주민 생활을 책임지는 것은 매우 어렵고, 대신 개인들의 '영웅적 행위'에 기대고 있음을 이 지배인의 사례를 통해 여실히 확인할 수 있다. 하지만 이런 사례는 매우 드물고 특이한 경우라고 할 수 있다. 북한의 많은 주민은 이러한 영웅을 만나지 못한 채 도처에서 스스로 먹고사는 문제를 해결하기 위해 자구책을 강구해야 했다.

제1장 김정일 후계 공식화

1   이종석, 『조선로동당연구: 지도사상과 구조 변화를 중심으로』(역사비평사, 1995), 337쪽.
2   김일성, 「조선로동당 건설의 역사적 경험(1986. 5. 31.)」, 『주체사상연구』(태백, 1989), 161~162쪽.
3   조선로동당 중앙위원회 당력사연구소, 『김정일동지략전』(조선로동당출판사, 2009), 257쪽.
4   허담, 『김정일 위인상 1』(조선로동당출판사, 1995), 86~91쪽.

제2장 김정일, 외교에 나서다

1   조선로동당 중앙위원회 당력사연구소, 『김정일동지략전』(조선로동당출판사, 2009), 261쪽.
2   조선로동당 중앙위원회 당력사연구소, 앞의 책, 279쪽.
3   이종석, 『북한-중국관계: 1945~2000』(중심, 2000), 262쪽.
4   이종석, 앞의 책, 287쪽.
5   사회과학원, 『조선전사 33』(과학백과사전출판사, 1982), 434쪽.
6   김영권, 「인터뷰: 라종일 전 한국 국정원 차장 "아웅산 테러범 강민철은 남북 대치의 희생자"」, 『VOA』, 2014년 6월 7일.
7   돈 오버도퍼, 이종길 옮김, 『두 개의 한국』(길산, 2002), 228쪽.
8   「Telegram from Pyongyang to Bucharest, SECRET, Urgent, No.061.041」, February 07, 1973, History and Public Policy Program Digital Archive, Archives of the Romanian Ministry of Foreign Affairs Archives, Matter 220(http://digitalarchive.wilsoncenter.org/document/114580).
9   돈 오버도퍼, 이종길 옮김, 앞의 책, 227쪽.

10 김학준, 「북한은 신뢰할 수 있는 존재인가?: 북한에 관한 남한 사회의 논쟁과 관련하여」, 『신뢰연구』, 제12권 제1호(한림대학교 한림과학원, 2002), 6쪽.

11 「Letter from Government of North Korea」, May 13, 1974, History and Public Policy Program Digital Archive, Gerald R. Ford Presidential Library, Ford Vice Presidential Papers, Office of Assistant for Defense and International Affairs, Files 1973~1974(http://digitalarchive.wilsoncenter.org/document/114199).

12 「Telegram from Pyongyang to Bucharest, No.059.298」, October 23, 1975, History and Public Policy Program Digital Archive, Romanian Ministry of Foreign Affairs Archives, Matter 220/Year 1975/Country: Democratic People's Republic of Korea-US, Folder 1642, Concerning the Democratic People's Republic of Korea's Relations with the US(http://digitalarchive.wilsoncenter.org/document/114105).

13 돈 오버도퍼, 이종길 옮김, 앞의 책, 231쪽.

14 이 내용은 김현희, 『김현희 고백록: 이제 여자가 되고 싶어요 2』(고려원, 1991), 208~242쪽을 참조했다.

제3장 경제난을 타개하다

1 조선중앙통신사, 『조선중앙연감 1986』(조선중앙통신사, 1986), 18쪽.
2 사회과학원, 『조선전사 34』(과학백과사전출판사, 1992), 123쪽.
3 박인규, 「에잇, 전두환보다도 못한…」, 『프레시안』, 2016년 2월 26일.
4 돈 오버도퍼, 이종길 옮김, 『두 개의 한국』(길산, 2002), 235쪽.
5 「전두환 전 대통령, 85년에 북 허담과 극비 면담」, 『한국경제』, 1996년 10월 19일.
6 돈 오버도퍼, 이종길 옮김, 앞의 책, 245쪽.
7 돈 오버도퍼, 이종길 옮김, 앞의 책, 248쪽.
8 강진욱, 「북, NPT 가입에서 북-미 제네바합의까지」, 『통일뉴스』, 2003년 1월 22일.
9 이 내용은 고영환, 『북한 외교관 고영환이 밝히는 평양 25시』(고려원, 1992), 174~176쪽, 213~214쪽을 참조했다.

제4장 김일성의 준퇴진

1 김일성, 『세기와 더불어 7』(조선로동당출판사, 1996), 155쪽.
2 돈 오버도퍼, 이종길 옮김, 『두 개의 한국』(길산, 2002), 249쪽.
3 돈 오버도퍼, 이종길 옮김, 앞의 책, 250쪽.
4 돈 오버도퍼, 이종길 옮김, 앞의 책, 252쪽.
5 「Pyongyang Times」, May 31, June 7, July 19, 1986; 서대숙, 서주석 옮김, 『북한의 지도자 김일성』(청계연구소, 1989), 259쪽 재인용.
6 이 내용은 문용수, 『아, 따뜻한 남쪽나라: 김만철 일가 북한 탈출 비화』(지문사, 1987), 26~27쪽, 37~38쪽, 179쪽, 236~239쪽, 243~250쪽을 참조했다.

제5장 탈냉전과 체제 경쟁

1 돈 오버도퍼, 이종길 옮김, 『두 개의 한국』(길산, 2002), 281쪽.

2 돈 오버도퍼, 이종길 옮김, 앞의 책, 282~283쪽.

3 양영식, 『통일정책론: 이승만 정부로부터 김영삼 정부까지』(박영사, 1997), 231쪽.

4 베이징 채널과 관련된 내용은 돈 오버도퍼, 이종길 옮김, 앞의 책, 299~302쪽을 참조했다.

5 「두 개의 조선을 추구하는 제2의 분열 방안」, 『로동신문』, 1989년 9월 14일.

6 「사망한 최덕신 육군 중장 예편, 5·16 뒤 외무장관 등 역임, 비리 관련 물의 빚자 美 망명, 86년 북으로」, 『동아일보』, 1989년 11월 18일.

7 조명훈의 북한 여행에 대한 부분은 조명훈, 『북녘일기』(산하, 1988), 29~66쪽을 참조했다.

제6장 북한의 위기의식과 남북 해빙

1 김일성, 「인민군대 중대 정치 지도원들의 임무에 대하여(1991. 12. 25.)」, 『김일성 저작집 43』(조선로동당출판사, 1996), 261쪽.

2 돈 오버도퍼, 이종길 옮김, 『두 개의 한국』(길산, 2002), 314쪽.

3 돈 오버도퍼, 이종길 옮김, 앞의 책, 328~329쪽.

4 「北 한반도 평화를 위한 10개항 군축 제안 발표(1990. 5. 31.)」, 『DailyNK』, 2005년 5월 31일.

5 채명석, 「가네마루 방북은 일본 외무성 작품」, 『시사저널』, 1990년 12월 27일.

6 김형기, 『남북관계 변천사』(연세대학교출판부, 2010), 173쪽.

7 정진호, 「1991년 남북한 유엔 동시 가입」, 『경향신문』, 2011년 9월 16일.

8 이 내용은 알렉산더 제빈, 엄충섭 옮김, 『평양 서울 그리고 모스크바』(동아일보사, 1991), 159~173쪽, 221~229쪽을 참조했다.

제7장 제1차 북핵 위기

1 이재호, 「북미중 물밑 대화, 한국은 '방청객' 될 수도」, 『프레시안』, 2016년 5월 12일.

2 이원섭, 『민족화합을 위한 시론: 차라리 소가 되고 싶다』(필맥, 2003), 24~25쪽.

3 임동원, 『피스메이커』(중앙북스, 2008), 293쪽.

4 한완상, 「청 안기부, '훈령 조작' 이동복 처벌 뒷짐」, 『한겨레』, 2012년 7월 31일.

5 정연주, 「허종 북한 유엔 부대사 일문일답」, 『한겨레』, 1993년 3월 19일.

6 김일성, 「청년들은 당의 영도를 높이 받들고 주체혁명 위업을 빛나게 완성하자(1993. 2. 22.)」, 『김일성 저작집 44』(조선로동당출판사, 1996), 98~99쪽.

7 이 내용은 장명수, 「평양 기행」, 황병선 외, 『기자들이 가본 북한: 남북교류행사 취재기자들의 방북기』(도서출판 다나, 1993), 267~290쪽을 참조했다.

제8장 김일성 시대의 종언

1 리영희, 「전쟁을 부추기는 자들이 있다」, 『한겨레』, 1994년 4월 2일.
2 김재목, 『북핵 협상 드라마』(경당, 1995), 337~338쪽.
3 조엘 위트 · 대니얼 포네먼 · 로버트 갈루치, 김태현 옮김, 『북핵 위기의 전말: 벼랑 끝의 북미 협상』(모음 북스, 2005), 277쪽.
4 조엘 위트 · 대니얼 포네먼 · 로버트 갈루치, 김태현 옮김, 앞의 책, 283쪽.
5 이병광, 「홀 준위 지친 모습으로 분계선 통과」, 『경향신문』, 1994년 12월 31일.
6 장정수 · 김성걸, 「북-미 군사접촉 유지 양해」, 『한겨레』, 1994년 12월 31일.
7 김성보 · 기광서 · 이신철, 『사진과 그림으로 보는 북한 현대사』(웅진지식하우스, 2004), 231쪽.
8 한완상, 「통일원 차관의 '베이징 쌀 회담 방해'에 민망」, 『한겨레』, 2013년 10월 3일.
9 이 내용은 돈 오버도퍼, 이종길 옮김, 『두 개의 한국』(길산, 2002), 525~530쪽을 참고했다.

제9장 고난의 행군

1 이석, 「1994~2000년 북한 기근: 초과 사망자 규모와 지역별 인구 변화」, 『국가전략』, 10권 1호(세종연 구소, 2004), 141쪽.
2 김정일, 「우리는 지금 식량 때문에 무정부 상태가 되고 있다(1996년 12월 김일성종합대학 창립 50돌 기 념 김정일의 연설문)」, 『월간조선』, 1997년 4월호.
3 김영훈, 「미국과 국제사회의 대북 식량지원」, 『KERI 북한농업동향』, 제12권 제2호(한국농촌경제연구원, 2010), 15~16쪽.
4 이종석, 『북한의 역사 2』(역사비평사, 2011), 171쪽.
5 정영태, 『북한의 국방위원장 통치체제의 특성과 정책전망』(통일연구원, 2000), 9~10쪽.
6 김정일, 앞의 글.
7 박완신, 『마음으로 여는 통일』(답게, 2001), 222쪽.
8 노효동 · 정묘정, 「北 이집트 대사 망명사건 막전막후」, 『연합뉴스』, 2012년 1월 2일.
9 조선로동당 중앙위원회 당력사연구소, 『김정일동지략전』(조선로동당출판사, 2009), 442쪽.
10 조선로동당 중앙위원회 당력사연구소, 앞의 책, 443쪽.
11 A에 대한 이야기는 좋은 벗들, 『혜산 927』, 『북한 사람들이 말하는 북한 이야기』(정토출판, 2000), 162~183쪽에 자세히 나와 있다.

제10장 김정일 체제 공식 출범

1 한준규, 「[광복 70년, 분단 70년 결정적 장면] (3) 화해 물꼬 튼 소떼 방북－이익치 前 현대증권 회장 인 터뷰」, 『한국일보』, 2015년 8월 11일.
2 한준규, 앞의 기사.
3 한준규, 앞의 기사.
4 David Sanger, 「North Korea Site An A-Bomb Plant, U.S. Agencies Say」, 『New York Times』, 1998. 8. 17.

5 최성, 『김정일과 현대북한체제』(한국방송출판, 2002), 196~197쪽.

6 「올해를 강성대국 건설의 위대한 전환의 해로 빛내이자」, 『로동신문』, 1999년 1월 1일.

7 「우리 당의 선군정치는 필승불패이다」, 『로동신문』, 1999년 6월 16일.

8 「올해를 강성대국 건설의 위대한 전환의 해로 빛내이자」, 『로동신문』, 1999년 1월 1일.

9 이 내용은 호혜일, 『북한 요지경: 남북정상회담의 북측 경호원 출신이 전하는 생생한 북한 실상』(맑은소리, 2006), 94~101쪽을 참조했다.

연표

1980년

1월	12일	조국평화통일위원장 김일, 남한 총리 등에 회담 제안
2월	6일	남북총리회담을 위한 실무 접촉(8월까지 4차례 실무 접촉)
5월	7~9일	김일성, 유고슬라비아 · 루마니아 방문
9월	24일	북한, 남북총리회담 실무 접촉 중단 선언
10월	10~14일	조선노동당 제6차 당대회(김정일 후계 공식화, 고려민주연방제 제시)

1981년

1월	12일	전두환, 남북한 최고 책임자 상호 방문 제안
1월	19일	조국평화통일위원장 김일, 전두환 제안 거부
9월	9일	도경제지도위원회 설치
12월	20~24일	중국 총리 자오쯔양 평양 방문

1982년

2월	28일	제7기 최고인민회의 대의원 선거

3월   31일   김정일, 논문 「주체사상에 대하여」 발표
4월 26~30일   중국공산당 총서기 후야오방 · 군사위원회 주석 덩샤오핑, 방북
4월   15일   주체사상탑 제막
9월 15~26일   김일성, 중국 방문

1983년

1월   18일   전두환, 남북정상회담 제안
6월   2~12일   김정일, 중국 비공식 방문
10월   8일   북한, 남북미 3자회담 제안
10월   9일   아웅산 폭탄 테러(남한 부총리 서석준 등 17명 사망)

1984년

1월   10일   북한, 남북미 3자회담 다시 제의
3월   9일   부주석 김일 사망
5월   4일   중국공산당 총서기 후야오방 방북
5월   17일~   김일성, 소련 · 폴란드 · 동독 · 체코슬로바키아 · 헝가리 · 유고슬라비아 ·
7월   1일   불가리아 · 루마니아 방문
9월   8일   합영법 제정
9월   29일   북한, 남한에 수재민 구호물자 제공
11월   15일   제1차 남북경제회담(1986년 1월까지 5차례 회담)
11월   20일   남북적십자 예비회담
11월 26~28일   김일성, 중국 방문

1985년

5월 28~29일   제8차 남북적십자회담(이산가족 고향 방문 · 예술단 상호 방문 합의)
7월   27일   통일혁명당을 한국민족민주전선으로 개칭

8월	9일	평양 고려호텔 준공
8월	27~28일	제9차 남북적십자회담
9월	4~6일	조선노동당 대남 담당 비서 허담, 서울 방문(전두환 면담)
9월	20~23일	이산가족 고향 방문단 · 예술단 교환 방문
10월	16~18일	국가안전기획부장 장세동, 평양 방문(김일성 면담)
12월	3~4일	제10차 남북적십자회담
12월	12일	핵확산금지조약 가입

1986년

3월	8일	쿠바 국가평의회 의장 피델 카스트로 방북
6월	23일	비핵 · 평화 지대 창설 제안
6월	24일	남포시 서해갑문 준공
10월	22일	김일성, 소련 방문
11월	2일	제8기 최고인민회의 대의원 선거

1987년

1월	15일	김만철 일가(11명) 탈북
5월	20~26일	김일성, 중국 방문
9월	24일	일본 사회당 대표단 방북
11월	29일	KAL 보잉 707 여객기 공중 폭발

1988년

4월	21일	노태우, 남북정상회담 제안
7월	7일	노태우, 7 · 7 선언 발표
9월	8일	김일성, 남북정상회담 제안에 긍정 입장 표명(정권 수립 40주년 보고대회)

| 11월 | 30일~ | 청와대 정책보좌관 박철언 평양 방문 |
| | 12월 2일 | |

1989년

1월	23일	정주영 현대그룹 명예회장 방북
3월	25일~	문익환 목사 방북
	4월 3일	
7월	1~8일	제13차 세계청년학생축전(전대협 대표 임수경 참가)
9월	11일	노태우, 한민족공동체통일방안 제시
9월	14일	『로동신문』 통해 한민족공동체통일방안 거부
11월	5일	김일성, 중국 방문

1990년

3월	14일	중국공산당 총서기 장쩌민 방북
4월	22일	제9기 최고인민회의 대의원 선거
5월	24~26일	제9기 최고인민회의 제1차 회의(김정일, 국방위원회 제1부위원장 선출)
9월	4~6일	제1차 남북고위급회담(1992년 9월까지 8차례 회담 진행)
9월	28일	북·일 3당(조선노동당·자민당·사회당) 공동선언 발표
9월	30일	한국–소련 수교
10월	9일	남북통일축구 평양대회
10월	21일	남북통일축구 서울대회

1991년

4월	24일~	제41차 세계탁구선수권대회 출전, 남북단일팀 여자단체전 우승
	5월 6일	
6월	14~30일	제6차 세계청소년축구선수권대회 출전, 남북단일팀 8강 진출

9월	17일	남북한 유엔 동시 가입
10월	4일	김일성, 중국 방문
12월	10~13일	제5차 남북고위급회담('남북 사이의 화해와 불가침 및 교류협력에 관한 합의서' 채택)
12월	24일	조선노동당 중앙위원회 제6기 제19차 전원회의(김정일, 군 최고사령관 추대)
12월	28일	라진·선봉 자유경제무역지대 지정
12월	31일	'한반도 비핵화 공동선언' 가서명

1992년

1월	16일	김우중 대우그룹 회장 방북
1월	20일	한반도 비핵화 공동선언 채택
1월	22일	북·미 첫 고위급회담
1월	30일	국제원자력기구와 핵안전협정 체결
2월	7일	김정일 생일 '민족 최대명절'로 지정
4월	9일	제9기 최고인민회의 제3차 회의(헌법 개정, 국방위원장 위상 강화)
4월	13일	김일성 '대원수' 칭호 수여
4월	20일	김정일 '공화국 원수' 칭호 수여
8월	24일	한국—중국 수교

1993년

3월	8일	김정일 군 최고사령관, 준전시상태 선포
3월	12일	핵확산금지조약 탈퇴 선언
3월	19일	비전향 장기수 이인모 송환
4월	7~9일	제9기 최고인민회의 제4차 회의(김정일, 국방위원장 추대)
6월	2~11일	제1차 북미고위급회담
7월	14~19일	제2차 북미고위급회담
10월	5일	남북특사 교환 실무 접촉(1994년 3월까지 8차례 접촉)
12월	8일	조선노동당 중앙위원회 제6기 제21차 전원회의(제3차 7개년 계획 미달 시인)

1994년

3월	3~19일	제8차 남북특사 교환을 위한 실무 접촉(불바다 발언)
5월	24일	조선인민군 판문점 대표부 개설 발표(군사정전위원회 폐쇄)
6월	13일	국제원자력기구 탈퇴
6월	17일	김일성-지미 카터 회담(북미고위급회담 재개 합의)
7월	8일	김일성 사망
10월	21일	제3차 북미고위급회담 타결(북미제네바합의)
12월	17일	미군 정찰 헬기 북한 지역에서 격추

1995년

2월	25일	조선노동당 정치국 상무위원 오진우 사망
6월	17~21일	남북차관급 쌀 지원 회담(대북 쌀 지원 합의)
6월	27일	쌀 수송선 씨아펙스호 인공기 게양 사건
7월	15~19일	남북차관급 쌀 지원 회담(북한 인공기 게양 사건 사과)
8월	5일	쌀 수송선 삼선비너스호 항해사 억류 사건
9월 10월	26일~ 1일	남북차관급 쌀 지원 회담(결렬)

1996년

1월	19일	'사회주의노동청년동맹'을 '김일성사회주의청년동맹'으로 개칭
4월	16일	한미 정상, 남북미중 4자회담 제안
9월	18일	강원도 강릉 앞바다 무장공비 침투
11월	19일	판문점 북한 연락사무소 폐쇄

1997년

2월	12일	조선노동당 국제 비서 황장엽 망명
8월	24일	이집트 주재 북한 대사 장승길 미국 망명
10월	8일	김정일 당 총비서 추대(당중앙위원회·당중앙군사위원회 합동회의)
12월	9~10일	제1차 4자회담(1999년 8월까지 6차례 회담 진행)

1998년

4월	18일	김정일, 민족대단결 5대 방침 발표
6월	16일	현대그룹 명예회장 정주영, 1차 소떼 방북
6월	22일	강릉 앞바다에 북한 잠수정 침투
7월	26일	제10기 최고인민회의 대의원 선거
8월	31일	장거리 미사일 대포동 1호 시험 발사
9월	5일	최고인민회의 제10기 제1차 회의(개헌, 주석제 폐지·국방위원장 권한 강화)
10월	26일	현대그룹 명예회장 정주영, 2차 소떼 방북
11월	18일	금강산 관광 유람선 현대 금강호 첫 출항

1999년

5월	14~15일	미국 한반도 평화회담 특사 찰스 카트먼 방북
5월	25~28일	미국 대북정책 조정관 윌리엄 페리 방북
6월	15일	서해교전 발생(제1연평해전)
6월	22~26일	제1차 남북차관급회담
7월	1~3일	제2차 남북차관급회담
8월	12~13일	남북 노동자축구대회(평양)
9월	7~11일	독일 베를린 북미고위급회담(미사일 시험 발사 유보, 대북 경제제재 완화 합의)
9월	15일	윌리엄 페리, '페리 보고서' 제출

찾아보기

북한 현대사 산책 4

ⓒ 안문석, 2016

초판 1쇄 2016년 12월 26일 찍음
초판 1쇄 2016년 12월 30일 펴냄

지은이 | 안문석
펴낸이 | 강준우
기획 · 편집 | 박상문, 박효주, 김예진, 김환표
디자인 | 최진영, 최원영
마케팅 | 이태준, 박상철
인쇄 · 제본 | 대정인쇄공사

펴낸곳 | 인물과사상사
출판등록 | 제17-204호 1998년 3월 11일

주소 | (121-839) 서울시 마포구 서교동 392-4 삼양E&R빌딩 2층
전화 | 02-325-6364
팩스 | 02-474-1413
www.inmul.co.kr | insa@inmul.co.kr

ISBN 978-89-5906-426-7 04900

       978-89-5906-422-9 (세트)

값 15,000원

이 도서의 국립중앙도서관 출판시도서목록(CIP)은 서지정보유통지원시스템 홈페이지(http://seoji.nl.go.kr)와
국가자료공동목록시스템(http://www.nl.go.kr/kolisnet)에서 이용하실 수 있습니다.
(CIP제어번호 : CIP2016031736)